Felix Dahn

Felix Dahns sämtliche Werke poetischen Inhalts

Felix Dahn

Felix Dahns sämtliche Werke poetischen Inhalts

ISBN/EAN: 9783743486461

Hergestellt in Europa, USA, Kanada, Australien, Japan

Cover: Foto ©ninafisch / pixelio.de

Felix Dahn

Felix Dahns sämtliche Werke poetischen Inhalts

Gedichte

von

Felix Dahn.

Erster Band.

Leipzig

Druck und Verlag von Breitkopf und Härtel

1898.

Jugend-Gedichte

1848—1855.

——•◦•——

(Erste Sammlung.)

Den Jugendgenossen

zu eigen.

Lyrisches.

Mein Lieben und mein Hassen.

All mein Lieben und mein Hassen will ich freudig laut euch sagen,
Frei die Seele sprudeln lassen, mag's euch, mag's euch nicht behagen:
Denn das ist des Mannes Ehre, hart verdient durch den Gedanken,
Daß er frei sein Herz bewähre, sonder Scheu und sonder Schwanken.

Männer hass' ich, die, gebunden dumpf in düsterm Aberglauben,
Andern, die das Licht gefunden, gern die Augen möchten rauben;
Weiber hass' ich, welche schmachten in süß frömmelnder Verzückung,
Gott den Herrn zu täuschen trachten mit liebäugelnder Berückung.

Doch ich liebe Männerherzen, die am Väterglauben halten,
Nicht um Neues leicht verscherzen die erprobte Kraft des Alten, —
Liebe sehr, daß fromme Frauen, engelgleich auf Erden waltend,
Auch auf Himmelsengel bauen, im Gebet die Hände faltend.

Männer hass' ich, die vergessen, daß da herrscht die Allgemeinheit,
Und die Welt am Maße messen ihrer Selbstsucht, ihrer Kleinheit, —
Frauen hass' ich, die die Liebe, ihres Daseins Zier und Krone,
Lassen blühn dem frechen Diebe, nicht der treuen Kraft zum Lohne.

Doch ich liebe, die im Geisterheiligtum als Priester dienen,
Gott allein ihr Ordensmeister und kein andrer über ihnen: —
Frauen lieb' ich, die die Bronnen ihrer Seele keusch verschließen,
Bis sie in der Frühlingssonnen überschwänglich überfließen.

Deutsche Weisheit, Kunst und Sitten lieb' aus meines Herzens Macht ich:
Deutsche, die gekränkt sie litten, — ja, die hass' ich und veracht' ich.

Dies mein Lieben und mein Hassen, dies die Farben meiner Fahnen:
Wen's verdrießt, der soll mich lassen, fort geh' ich auf meinen Bahnen,
Aber meine Hand soll fassen, wer sich fühlt gleich mir getrieben:
Es verderbe was wir hassen und es lebe was wir lieben!

Weltfreude.

Schön ist die Welt! ruf' ich mit frohen Sinnen,
    Ich jubl' es laut aus überzeugter Brust;
        Die Welt ist schöner als der kühnste Traum:
        Ein Göttliches erfüllet Zeit und Raum, —
    Es rieseln tausend Quellen reicher Lust:
Schließ' auf dein Herz und laß sie dich durchrinnen!

Denn ist's nicht Glück, zu gehn im Licht der Sonne?
    Ist's nicht Genuß, zu schlürfen Rebensaft?
        Ist nicht die Rose lieblich anzuschau'n?
        Ist nicht Musik die Stimme holder Frau'n?
    Ist's Freude nicht, zu fühlen Jugendkraft?
Ein Lied zu dichten, ist es keine Wonne?

Ich will für mein Teil Himmel nur die Erden:
    Mein Paradies ist nur von dieser Welt
        Und nur mit Menschen kann ich glücklich sein;
        O wären hunderttausend Jahre mein!
    Ich fühle mich von solcher Kraft geschwellt,
Die sie durchlebte sonder Müdewerden.

––––––––

Variation.

„Und ob die Wolke sie verhülle, die Sonne bleibt am Himmel stehn",
    Ihr Kern ist lauter Lichtes Fülle, ein lichter Kern kann nie vergehn.
O strebe, Herz, mit deinem Trachten nur solche Lust und Freuden an,
    Die keine Wolke ganz umnachten, kein Zufall ganz dir trüben kann.
Das Licht sei alle deine Wonne, dein ganzer Kern sei lichterfüllt:
    Dann bist du selbst wie eine Sonne, die kein Gewölk mehr lang verhüllt.

––––––––

Das Fest.

Durch die hohen Marmorbogen zieht die Freude festlich ein,
   Schimmernd kommt es angezogen wie ein Meer von Sonnenschein;
   Wiegt euch höher, stolze Wogen, rauscht in frohen Siegesreihn,
   Jubelnd will die Welt durchflogen, nicht durchseufzet will sie sein!
Laßt der Schönheit Perle glänzen aus des Reichtums Muschelschale,
   Schmückt das Haupt mit Blütenkränzen, schmückt mit Rosen die Pokale,
   Duft und Glanz aus tausend Lenzen schlürfet aus mit Einem Male,
   Und die Lust laßt euch kredenzen in der Anmut schlanker Schale.
Auf, entfalte deine Fahnen, Gott der Liebe, Wonneheld,
   Der auf tausend Siegesbahnen im Triumph durchzieht die Welt,
   Weh' in brausenden Orkanen, bis des Zwanges Schranke fällt,
   Und die trunknen Herzen ahnen, was das All zusammenhält!
Augen, die sich nie gesehen, sei'n in raschem Gruß vertraut,
   Herzen, die geschieden gehen, söhnt euch aus, Ein Freudelaut,
   Seelen, die zusammenwehen, koset einsam, ungeschaut:
   Wunder sollen hier geschehen, wo ein Gott sich Tempel baut!
Schlinget euch wie schöne Schlangen durcheinander, freie Locken!
   Tauchet euch, ihr jungen Wangen, in das Rot von Blütenflocken,
   Auf, Musik! voran gegangen, rühre deine Zauberglocken,
   Daß die Brust, in Rausch gefangen, fühlt vor Lust den Atem stocken.
Denn hier soll die Freiheit walten, fessellos die Schönheit schreiten,
   Nieder mit den bösen Falten laßt das Kleid der Lüge gleiten,
   Laßt den Augenblick gestalten: — Wunder kann nur er bereiten,
   Laßt die Blume sich entfalten frei gewordner Menschlichkeiten!
Denn das ist des Festes Weihe, daß die Menschheit von der Last
   Einmal sich der Not befreie und des Werktags dumpfer Hast,
   Daß in ihrer Kämpfe Reihe trete holde Sabbatrast,
   Da die Schönheit auch gedeihe in der Freude Goldpalast.
Was sie nie wird ganz erreichen, stellt sie dar als sei's errungen,
   Was in ew'ger Flucht wird weichen, wird gebannt und festgezwungen,
   Freudig um die kampfesbleichen Schläfe wird der Kranz geschlungen,
   Wir errichten Siegeszeichen: — schöner Trug, du bist gelungen!

———

Manneskraft und Frauenmilde.

Dem Manne wohl, der maßvoll ist und klar,
 Dem nicht die Leidenschaft das ehrne Band
 Schwer und betäubend um die Stirne wand,
Ein dumpfer Knecht zu sein auf immerdar.
Dem Weibe wohl, das, aller Härte bar,
 In sanfter Seele das Geheimnis fand,
 Zu wandeln unter linder, leiser Hand
In holden Lenz, was Sturm und Winter war.
Gezähmten Gluten Manneskraft sei gleich,
 Die alles, was da schön und gut, bereiten,
 Und ringsum Licht, doch nirgend Brand verbreiten.
Die Frau sei wie die Abendröte weich,
 Die alles, mag es dunkel widerstreiten,
 Versöhnend zieht in ihren Glanzbereich.

Abendstimmung.

I.

O selig, wer in stiller Treue ein ernstes Tagwerk hat bestellt,
 Tritt er, daß er sich nun erfreue, hinaus ins abendliche Feld!
Es duftet süß die Lindenblüte, die Amsel singt im Ulmenbaum,
 Und lieblich klingt durch mein Gemüte die Abendglocke wie ein Traum.
Die liebe Sonne blickt mit Segen noch einmal auf die stille Welt,
 Und denkt: „ich darf der Ruhe pflegen, denn nun ist alles wohlbestellt.“
Wohl mir: nicht hab' ich mich zu scheuen vor diesem Frieden nach der That,
 Darf mich der Sabbat-Ernte freuen: — ich auch bestellte meine Saat.
Die Sonne zog in goldnen Gleisen, die Blüte hat geschmückt den Plan,
 Das Vöglein sang die holden Weisen: — und ich hab' auch mein
            Werk gethan.

II.

Nun, da der liebe Abend kam mit seinem guten Wesen,
 Nun laß dein Herz von allem Gram, von aller Pein genesen.

Das ist die allerschönste Stund', wann die Abendgloden gehen,
Und still und sanft vom Himmelsrund die hellen Sterne sehen.
Laß in die Seele voll und ganz den Besperton dir klingen,
  Laß von des Abendsternes Glanz dein ganzes Herz durchdringen:
Dem Ton ward nur ein Augenblick, die Ewigkeit dem Sterne, —
Und doch vollendet sein Geschick ein jeder still und gerne.
So tön' auch du und leucht' auch du, wie dein Geschick beschieden
Und einst vertön', erlisch mit Ruh' im ew'gen Abendfrieden.

Mädchenblumen.

Kornblumen.

Kornblumen nenn' ich die Gestalten,
  Die milden, mit den blauen Augen,
Die, anspruchlos, in stillem Walten,
  Den Tau des Friedens, den sie saugen
Aus ihren eignen klaren Seelen,
  Mitteilen allem, dem sie nah'n,
Bewußtlos der Gefühlsjuwelen,
  Die sie von Himmelshand empfahn:
Dir wird so wohl in ihrer Nähe,
  Als gingst du durch ein Saatgefilde,
Durch das der Hauch des Abends wehe
  Voll frommen Friedens und voll Milde.

Mohnblumen.

Mohnblumen sind die runden
Rotblutigen, gesunden,
  Die sommersproß-gebraunten,
  Die immer froh gelaunten,

Kreuzbraven, kreuzfidelen,
Tanz-nimmermüden Seelen,
  Die unter'm Lachen weinen,
  Und nur geboren scheinen,
Die Kornblumen zu necken,
Und dennoch oft verstecken
  Die weichsten, besten Herzen
  Im Schlinggewächs von Scherzen
Die man, weiß Gott! mit Küssen
Ersticken würde müssen,
  Wär' man nicht immer bange,
  Umarmest du die Range,
Sie springt, ein voller Brander,
Aufflammend auseinander!

Epheu.

Aber Epheu nenn' ich jene
  Mädchen, mit den sanften Worten,
Mit dem Haar, dem schlichten, hellen,
  Und den leis gewölbten Brauen,
Mit den braunen, seelenvollen
  Rehenaugen, die in Thränen
Stehn so oft, in ihren Thränen
  Grade sind unwiderstehlich;
Ohne Kraft und Selbstgefühl und
  Schmucklos, mit verborgner Blüte,
Doch mit unerschöpflich tiefer,
  Treuer, inniger Empfindung
Können sie mit eigner Triebkraft
  Nie sich heben aus den Wurzeln,
Sind geboren, sich zu ranken
  Liebend um ein ander Leben: —
An der ersten Liebumrankung

Hängt ihr ganzes Lebensschicksal:
Denn sie zählen zu den seltnen
Blumen, die nur einmal blühen.

— · —

Wasserrose.

Kennst du die Blume, die märchenhafte,
  Sagen-gefeierte Wasserrose?
Sie wiegt auf ätherischem, schlanken Schafte
  Das durchsichtige Haupt, das farbenlose,
Sie blüht auf schilfigem Teich im Haine,
  Gehütet vom Schwan, der umkreiset sie einsam.
Sie erschließet sich nur dem Mondenscheine,
  Mit dem ihr der silberne Schimmer gemeinsam.
So blüht sie, die zaubrische Schwester der Sterne,
  Umschwärmt von der träumerisch dunkeln Phaläne,
Die am Rande des Teiches sich sehnet von ferne,
  Und sie nimmer erreicht, wie sehr sie sich sehne. —
Wasserrose, so nenn' ich die schlanke,
  Nachtlockige Maid, alabastern von Wangen,
In dem Auge der ahnende, tiefe Gedanke,
  Als sei sie ein Geist und auf Erden gefangen.
Wann sie spricht, ist's wie silbernes Wogenrauschen,
  Wann sie schweigt, ist's die ahnende Stille der Mondnacht
Sie scheint mit den Sternen Blicke zu tauschen,
  Deren Sprache die gleiche Natur sie gewohnt macht.
Du kannst nicht ermüden, ins Aug' ihr zu schauen,
  Das die lange, die seidene Wimper umsäumt hat
Und du glaubst, wie bezaubert von seligem Grauen,
  Was je die Romantik von Elfen geträumt hat.

———

Eine Phantasie.

Ich fühl's in der Sehnsucht-atmenden Brust: es verschuf in mir die
Natur sich!

Nicht in Menschengestalt, der im Staube des Pfads verwischt die
ätherische Spur sich,

Nicht Menschengeschick, das in ewigem Kampf feindseligen Ringens
dahinlebt,

Das da schreitet so schwer mit gepanzertem Schritt und auf Bahnen
der Mühe dahinstrebt, — —

Nicht solches war ein geziemendes Los für meine weichere Seele!

Was hauchtet ihr Himmlischen sie nicht ein der melodischen Philo-
mele? —

Ein lieblich Geschick ist das luftige Los der beflügelten Schar des
Gesanges!

Sie heben sich frei aus der irdischen Not in die Reiche des Lichtes,
des Klanges.

Sie tauchen sich jubelnd ins Wolken-Meer, der Sonne, der jungen,
entgegen,

Sie fangen sich weg den frühesten Strahl aus des Morgens schimmerndem Segen.

Und ruh'n sie auf Erden, so treten sie nicht auf den stäubenden
Grund, wie wir andern,

Nein, Blüten und Duft und Frühlingsgebüsch ist der selige Pfad,
den sie wandern.

Sie sorgen sich nimmer um Speisen und Trank, um Gewinn sie
nimmer sich mühen,

Doch darben sie nicht und verschmachten sie nicht, solange die
Blumen noch blühen.

O wär' ich die selige Nachtigall, die Beruf und Leben erfüllt hat,

Wann sie Menschen und Wald in den zaubrischen Duft ihres süßen
Gesanges gehüllt hat!

Die Berge.

Als sich zuerst in seiner Pracht der Himmel
    Hat eingewölbt ob der gewordnen Welt,
Und sich das erste Mal mit dem Gewimmel
    Der goldnen Sterne jugendschön erhellt, —
Da hat die Erde, kurz erst losgerissen
Und aufgetaucht aus feuchten Finsternissen,
Gefühlt ein unaussprechlich starkes Sehnen
    Zu jenem Gott im blauen Baldachin
In bräutlich sel'ger Inbrunst sich zu dehnen,
    Zu küssen auf die hellen Augen ihn;
Schon hob ihr Herz sich schwellend ihm entgegen: —
Doch Gott gebot ihr Halt auf halben Wegen.
Denn Ordnung sollte sein fortan auf Erden,
    Kein wildes Chaos unterscheidungslos:
Der Erde Sehnsucht mußte stille werden.
    So blieben stehn die Berge, hehr und groß:
Bei ihrem Anblick fühlt noch heut' das Herz
Den starken Zug der Sehnsucht himmelwärts.

Mein Herz.

Mein Herz ist wie das Eisen: so lang es bleibet kalt,
Da hämmert dran und klopfet vergeblich die Gewalt,
Und wenn daran nicht früher des Schmiedes Hammer bricht,
So kann er's wohl zerschlagen, doch formen kann er's nicht.
Du mußt's durch Huld und Güte dir erst empfänglich glühn,
Daß helle Liebesfunken goldfeurig daraus sprühn.
Dann magst du's biegen, formen und schmieden wie du's liebst,
Und ewig trägt's, — wie Eisen, — die Form, die du ihm giebst.

Frühlingslieder.

I. Im Februar.

Die Fenster auf, die Thüren weit, der Frühling ist erschienen,
Es naht der Fürst der Freudigkeit, laßt freudig uns ihm dienen!
Hört ihr der Vögel Jubel nicht, seht ihr nicht Blumen blühen,
Und Sonnenstrahlen warm und licht vom blauen Himmel sprühen?
O fraget nicht nach Monatzeit, in Zweifeln bang beklommen:
Wo Sonne kam und Seligkeit, da ist der Lenz gekommen!

II.

Die Finken schlagen, der Lenz ist da!
  Und keiner kann sagen, wie es geschah.
  Er ist leise kommen wohl über Nacht
  Und plötzlich erglommen in aller Pracht:
  Es rieseln die Quellen, es wehet lau,
  Die Knospen schwellen, der Himmel ist blau,
  Laßt läuten die Glocken fern und nah,
  Sie sollen frohlocken: der Lenz ist da!
Hinaus in die Fluren, ins grüne Land!
  Das sind seine Spuren am Bachesrand,
  Da ist er gegangen in nächtiger Stund',
  Die Lust auf den Wangen, ein Lied in dem Mund.
  Und um ihn, im Kreise lustig gereiht,
  Da wandelte leise sein Elfengeleit:
  Wo er immer geschritten, da blühen zu Hauf
  Aus den weichen Tritten die Primeln auf,
  Da hat aus seinen Locken der säuselnde Wind
  Narcissen und Glocken entführet gelind.
  Wohin nur ein Weilchen sein Auge geschaut,
  Da blühen die Veilchen, daß alles blaut,
  Seines Liedes klingendes, kleinstes Wort
  Flog als ein singendes Vöglein fort,
  In Thälern und Gründen fern und nah
  Mit Jauchzen zu künden: der Lenz ist da!

Jetzt kommen sie wieder, die Tage der Wonne,
  Die Tage der Lieder, der Blüten, der Sonne
Und das allversorgende Himmelsblau, —
Jetzt kommen die Morgende voller Tau,
Mit dem duftigen, roten Wolkengeleit,
Den lieblichen Boten lieblicher Zeit,
Kommt der warme Regen zur Dämmerstund',
Der funkelnde Segen für Blumenmund'.
Und drauf der berauschende süße Duft
Und die lauschende, ahnende Abendluft.
Und wann schon der milde Friedensstern
Übers Gefilde blickt von fern, —
Die Lerche sich schwinget auf noch einmal,
Daß sie erringet den letzten Strahl:
Die am höchsten bringet ins blaue Zelt,
Als Botin bringet den Dank der Welt,
Und den Sternenschranken des Himmels nah
Tönt's: Gott! wir danken, dein Lenz ist da!

III.

O der Himmel wie blau,
O wie grün ist die Au,
O wie würzig die Luft,
O wie üppig der Duft!
Duft, Freude und Klang
Steigt Wolken entlang,
Unermeßlich reich,.
Einem Dankopfer gleich,
Das, ein Frühlingsaltar,
Gott die Erde bringt dar!
O wie kann in der Welt
Unter dem Himmelszelt
So voll Sonnenschein
Nur ein Seufzer sein!

IV.

Wenn ich ein schönes Mädchen wäre,
  Sollt'st, Frühling, du mein Buhle sein:
Denn wer aus aller Freier Heere
  Wer weiß wie du so süß zu frein?

Wer macht, kommt er von fern geschritten,
  Die Herzen all vor Liebe glühn,
Daß rings aus seinen Göttertritten
  Die Rosen und die Freuden blühn?

Wes Stimme kos't so schmeichelnd linde
  In Abendlüften liebestraut,
Wer schenkt wie du zum Angebinde
  Die Welt voll Blumen seiner Braut?

V.

Frühlingswinde, Frühlingsluft,
Finkenschlag und Maienduft,
Vogelsang und Sonnenschein,
Menschenjubel froh darein,
Ziehen im Triumph voran
Frühling deiner Siegesbahn!
Aus ist endlich Kampf und Streit
Und die Erde notbefreit,
Endlich brach des Winters Macht
Nieder die Entscheidungsschlacht.
Grollend muß er nordwärts fliehn,
Und die Frühlingswinde ziehn
Hart verfolgend hinter ihm
Mit dem Schwert der Cherubim!

Du bist die Herrlichste von allen.

Du bist die Herrlichste von allen, so sonder Falsch, so schön und rein,
Ein Stern, vom Himmel frisch gefallen, — er könnte selbst nicht
schöner sein.
Du bist ein stilles, liebverklärtes Gemüt, von Kindersinn beseelt,
Und das Bewußtsein deines Wertes, die einz'ge Tugend, die dir fehlt.

Der Genesenen.

Tröste dich, mein holdes Lieb, deiner bleichen Wangen: —
Ist doch schöner, was dir blieb, als was hingegangen.
Blieb die weiße Stirne doch edel, ernst und sinnig,
Schallt doch deine Stimme noch liebevoll und innig.
Wandelt doch die Schönheit nicht stets im Kleid der Farben:
Weiße Rosen klagen nicht, daß sie müßten darben.

Wie kann ein Herz, das liebet.

Wie kann ein Herz, das liebet, doch überselig sein!
Das todte Selbst zerstiebet, im andern lebt's allein.
Versunken und verloren mein Leben ist an dich,
Und wiederum geboren hat deine Liebe mich.
's ist wie ein tiefer Bronnen, darin du untergehst
Und in dem Reich der Wonnen beseligt auferstehst!

Die irdische Madonne.

„— Und die Ritter zogen vor Askalon und ehe sie den Feind
angriffen, knieten sie nieder und beteten brünstig zur heiligen Jung-

frau; und es ward eine schwere Schlacht; aber die Ritter siegten: und so viele von ihnen gefallen waren, die lagen alle treu auf ihren Schilden." (Aus einer altfranzös. Chronik.)

Die frommen Ritter flehten auf Askalons Gefild
In brünstigen Gebeten zu der Madonna Bild,
Und zu dem heiligen Streite, den Glauben zu befrein,
Die Himmelsjungfrau weihte die edeln Kämpfer ein. —
Die ganze Welt jetzt schmachtet in Lasterfron entweiht
Und schnöde Selbstsucht nachtet auf der edeln Menschlichkeit:
Drum ziehn auf allen Wegen viel Ritter aus zum Streit:
Kein Priester spricht den Segen, uns giebt nur Gott Geleit.
Auf diesem Kreuzzug führ' ich des Menschentums Panier,
Dich, Erdenjungfrau, kür' ich zur Schutzpatronin mir
Und zu dir will ich beten, du hold Madonnenbild.
Wie einst die Ritter flehten auf Askalons Gefild.
Du segne meine Waffen, gieb Siegeszuversicht,
Laß mir den Feind entraffen mein freudig Banner nicht,
Fromm halte mich im Glauben zu der Geschichte Gott,
Die Hoffnung laß mir rauben nicht durch der Feinde Spott,
Rein halte mich im Handeln, als müßt' ich alle Zeit
Vor deinen Augen wandeln, du makellose Maid,
Treu halte mich im Lieben, wie die Ritter ihrem Schild
Im Tod noch treu geblieben auf Askalons Gefild.

Abschied.

Laß mich ziehn, ich kehre wieder wie ich scheide: treu und rein:
  Fällt der Bau des Himmels nieder, meine Treue fällt nicht ein.

Sieh', der Wald läßt furchtlos wandern seine Vöglein übers Meer,
  Weil er weiß, es zieht vom andern Strand sie sicher wieder her.

Furchtlos durch das Weltgewimmel läßt der Stern den Stern entfliehn,
  Wissend, durch den ganzen Himmel zieht's zur alten Stelle ihn.

Soll nicht Liebe fester binden Herz an Herz als Stern an Stern, —
  Heimwärts soll die Schwalbe finden und die Seele bliebe fern?

Denk' von Liebe nicht so nieder und von Treue nicht so klein:
  Laß mich ziehn: — ich kehre wieder wie ich scheide: treu und rein.

Der alte Lindenbaum.

Bei Liebchens Haus am Waldessaum am niedern Gartenthor,
  Da steht ein alter Lindenbaum mit grünem Haupt davor.
Als ich nun scheiden hab gemüßt und in die Fremde fort
  Hab wandern müssen ungeküßt und sonder Abschiedswort,
Hab' ich den alten Lindenbaum zum Wächter treu bestellt:
  „Ich wandre jetzt, mein lieber Baum, wohl in die weite Welt;
So halte du in guter Wacht mein Lieb und flüstre ihr
  Ins Schlafgemach bei lauer Nacht manch leisen Gruß von mir.
So lang ihr Herz bleibt treu und rein, laß ihr zu Lieb und Ehr'
  Lobsingen deine Vögelein als ob ich's selber wär'.
Doch steht ein böser Gast davor, der ihr die Treue raubt,
  So schüttle, öffnet sie das Thor, dein ehrenfestes Haupt.
Vom Wipfel bis zur Wurzel hin mit Rauschen rüttle dich,
  Und ruf' ihr warnend in den Sinn, wie tief sie kränke mich.
Jetzt lebe wohl, mein Baum! In acht halt's Liebchen rein und fromm:
  Gott gebe, daß du treu gewacht wann einst ich wieder komm'!"

Was liegt denn an der Welt!

O lasse dich küssen, süß Liebchen mein!
  Sieh, dicht ist das grüne Laubgezelt,
Niemand schaut durch als der Sonnenschein:
Und schaute die ganze Welt herein, —
  Was liegt denn an der Welt!

Schänk' ein, schänk' ein den goldigen Wein,
   Der das Herz wie Maiensonnen erhellt:
Wenn wir nur glücklich sind zu zwein, —
Mag die Welt darüber verdrießlich sein: —
   Was liegt denn an der Welt!

Stoß an, mein Liebchen, mit lustigem Klang,
   Ob das Glas in Scherben fällt:
Das Glas und die Welt, die halten noch lang,
Und zerspränge die Welt, wie das Glas zersprang: —
   Was liegt denn an der Welt!

Jugendkraft.

Ich habe gejagt das schnaubende Roß
   In donnernde Nacht und Gewitter,
Wann der feurige Strahl in die Eichen schoß,
   Sie zermalmend in flammende Splitter.

Ich hab erklommen den Felsengrad,
   Wo der gähnende Abgrund drohte,
Und habe gepflückt vom schwindelnden Pfad
   Die Alpenrose, die rote.

Ich hab' entgegen dem wilden Orkan
   Mein wilderes Lied gesungen,
Kam, ein hungriger Wolf, in den ächzenden Kahn
   Die heulende Welle gesprungen: —

Und den mutigen Geist soll ewige Nacht
   In die Bande der Erde zwängen?
Nein, ich fühl' es, die siegende Willensmacht
   Kann die Riegel des Todes sprengen.

In der Fremde.

I.

Kein Haus, kein Baum erinn'rungstraut, —
  Die Gesichter alle nicht bekannt, —
Und ungewohnt der fremde Laut: —
  Ich bin allein in fremdem Land!
Doch blieb der Brust Erinnerung
  Von alter Lieb' und altem Glück,
Doch blieb dem Geist der freie Schwung,
  Der ernste Wille noch zurück.
Das ist genug, das Wanderzelt
  Zu machen wie die Heimat traut: —
Frisch auf, und eine neue Welt
  Der alten ähnlich aufgebaut!

II.

Und ob ich das Leben mir reich geträumt, —
  Nie so stürmisch und wild ich es glaubte,
Wie es nun mir brausend zusammenschäumt
  Hoch über dem ringenden Haupte.
Nun, Schwimmer im rauschenden Menschenschwarm
  Nun gilt's, sich den Fluten zu stellen,
Und zu rudern mit starkem, mit sicherem Arm
  Nach dem Ziel durch den Strudel der Wellen.
Harr' aus, harr' aus, umbrandete Brust:
  Gedenke der Freude, zu landen,
Und zurück zu jauchzen mit Siegeslust:
  „Glück auf, ich habe bestanden!"

III.

Wie hold mit ihrem Schmuck mich kränzt
  Die bunte Lust des Lebens,
Wie hell in goldnem Becher glänzt
  Der Freude Wein: — vergebens!

Es wird mein Herz nicht froh dabei:
  Die Kränze sind mir Ketten,
Ich möchte gern die Seele frei
  Aus all' der Freude retten.
Tret' ich aus reicher Festespracht,
  Aus buntem Glanzgewühle
Hinaus in die geweihte Nacht
  Und ihre reine Kühle, —
So zieht's allmächtig fort mein Herz,
  Fort in die dunkle Ferne
Und schweigend winken heimatwärts
  Geheimnisvolle Sterne!

VI.

Rings um mich her in schwebendem Tanze
  Strahlende Reize wonnig sich wiegen,
Und mit Juwelen eifern im Glanze
  Leuchtende Augen, sicher zu siegen: —
O säh' ich nur den schwanken Schatten
  An fernen Liebchens Fensterlein
Im stillen Haus auf Waldesmatten: —
  Wie wollt mein Herz so selig sein!
Brausend erschallt mit süßem Berauschen
  Jubelmusik mir schmeichelnd ins Ohr,
Lockende Töne, hold zu belauschen,
  Klingen in herzbethörendem Chor: —
O hört' ich durch die alten Eichen
  Vor Liebchens Haus im Sternenschein
Den leisen Hauch der Nachtluft streichen: —
  Wie wollt' mein Herz so selig sein!

————

O Heil dir, daß du liebest.

O Heil dir, daß du liebest, du heißes junges Blut,
   Wie rettungslos sonst triebest du auf empörter Flut.
Mein Lebenskahn, mein schwanker, längst sank er sicherlich,
   Hielt nicht, ein heil'ger Anker, die starke Liebe mich.

„Auf Felsen baut die Liebe.“

„Auf Felsen baut die Liebe.“ — Du sprachst ein tiefes Wort,
   Des Zweifels Flut zerstiebe an diesem festen Hort.
Auf Felsen baut die Liebe: — zum Gipfel führt kein Pfad,
   Und weh dem kühnen Diebe, der ihrem Horste naht.
Auf Felsen baut die Liebe: — ein edler Königs-Aar,
   Der stolz und sicher bliebe, fiel' auch der Felsen gar.
Auf Felsen baut die Liebe: und ob der Felsen fällt, —
   Sie schwingt mit starkem Triebe sich heim ins Sternenzelt!

Die Herzenskapelle.

Im Herzen heg' ich eine Stelle, die ist so friedlich und geweiht,
   Wie eine stille Waldkapelle in grüner Abgeschiedenheit.
Der laute Tag mit hellem Scheine bringt in die süße Dämmrung nie:
   Nur leise glimmt vor heil'gem Schreine die ew'ge Ampel Poesie.

Sympathie.

Es schwebt in liebendem Umfangen still um den Himmel hin die Nacht,
   In Traum und Frieden ist vergangen, was meine Seele bange macht,

Ein tiefes, ahnungsvolles Sehnen weht durch die laue, dunkle Luft: —
   Durch meine Seele zieht ein Wähnen, als ob sie eine andre ruft.

Wer bist du, die so still und mächtig mich anzieht wie der Mond
das Meer?
Ich weiß nicht: — doch du liebst mich mächtig, denn meine Seele
zittert sehr!

———

Begegnung.

Es zog ein Schiffer singend durch den Teich,
    Waldüberdacht, in ewig dunkeln Thalen;
Er sang vom Lenz in einem goldnen Reich
    Voll Farbenglanz und Lieb' und Sonnenstrahlen.
Und eine bleiche Wasserrose trieb,
    Unaufgeknospt, auf mondlicht-schwanken Wellen:
Sie lauscht dem Sang von Licht und Lenz und Lieb', —
    Sie fühlt den zarten Kelch in Sehnsucht schwellen,
Sie schließt sich auf: — ihr erster Blick ein Glanz, —
    Sie weiß nicht, war's sein Auge, war's die Sonne? —
Den Dufthauch ihrer Seele voll und ganz
    Strömt sie ihm zu in junger Blütenwonne.
Er grüßt sie lächelnd: — und er fährt dahin!
    Die Rose taucht ins feuchte Grab für immer. —
Nie kam im goldnen Land aus seinem Sinn
    Das bleiche Bild vom Teich im Mondenschimmer!

———

Zurück!

Zurück, du lächelndes Bild
    Mit den blühenden, roten Wangen,
Mit den Engelszügen mild,
    Die in ewiger Heitre prangen!

All dein Verdienst: — deine Augen klar, —
  Hat dir abgekauft die Bleiche hier
Mit dem Blut ihres Herzens für immerdar: —
  Du hast fürder kein Recht an mir.

Schön ist dein goldenes Sonnenhaar,
  Dein Mund ist die Knospe der Rosen:
Doch dein Herz ist des warmen Lebens bar,
  Wie die Lilien, die düftelosen.

Sieh', hier dies Mädchen so still und bleich
  In dem dunkeln Auge den feuchten Strahl,
Sie hat mich geliebt, heiß, tief und reich
  Und für mich getragen schweigende Qual.

Du Blume, so sanft und sternenhaft,
  Im Gefilde des Traumes erblühet,
Tritt nicht gegen sie, daß die Leidenschaft
  Nicht dein lieblich Gebild verglühet!

Leb wohl, du Stern, so schön und rein! —
  Zu zart dein Glanz: — er mußte vergehn
Vor des Lebens feurigem Farbenschein: —
  Im Himmel vielleicht auf Wiederseh'n!

Vergessen.

Mich vergessen, — kannst du's wollen? Nein, es müsse sein, sagst du;
  Wenn du mußt, kann ich nicht grollen: aber ob du kannst, —
           sieh zu!
Man vergißt des Jugendkleides, das man trug in eitler Lust,
  Man vergißt des Prunkgeschmeides, welches lag auf unsrer Brust:
Aber erste Liebe lastet tief im Herzen goldesschwer:
  Wer im Himmel einst gegastet, der vergißt ihn nimmermehr!

Das Zauberwort.

Gleich einem Zauberschloß ist meine Seele:
    Geheimnisvolle Geister schließt sie ein,
Doch was die Tiefe schweigend in sich hehle,
    Wird nimmer offenkundig sein.
Viel Geister sind's, die leise drinnen hausen:
    In stiller Nacht oft hör' ich ihren Chor:
Es klingt, wie tief in Grotten Meeresbrausen:
    Sie stiegen gar zu gern empor.
Ihr Armen! euer Bann wird nie gebrochen:
    Der Zauberschlüssel, der euch führt ans Licht,
Es ist ein Wort, von einem Weib gesprochen: —
    Und dieses Wort, — sie spricht es nicht!

Die tote Liebe.

Die Liebe starb, die Hoffnungsreiche, die wir unsterblich glaubten
                      einst: —
  Doch wenn du klagst bei ihrer Leiche, die eigne Mordthat du beweinst.

Wenn uns die Engel Gottes fragen, die unsrer Hut und treuen Huld
  Die Himmelstochter übertragen: — ich weiß mich frei von Furcht
                      und Schuld!

Den Liebeskranz mit frommer Treue ich um die schöne Tote wand, —
  Doch ihre Wunde fließt aufs neue, berührt von deiner frevlen Hand!

Zu spät!

Im Herbst bin ich von Haus gegangen:
    Die Herbstzeitlose blühte spät.
Da sprach ich: „Liebste, wann mit Prangen
    Durch unser Thal der Frühling geht,

Dann kehr' ich heim, dann komm' ich wieder,
   Dann find' ich dich in alter Treu',
Der Fink schlägt die gewohnten Lieder
   Und Lieb' und Rosen blüh'n aufs neu!" —

Sie sah mich ziehn mit bangen Thränen.
   Der Frühling kam, doch ich blieb aus. —
Im Spätherbst endlich trieb das Sehnen
   Mich unaufhaltsam fort nach Haus.

Nun such' ich sie: — im Haus — im Garten: —
   Rings alles einsam wie das Grab:
Das Weinlaub fällt, wie matt vom Warten,
   Welk, lautlos von der Mauer ab.

Auf feuchtem Grund die Herbstzeitlose
   Mit letztem Seufzer zu mir spricht:
„Ich soll dich grüßen von der Rose —
   Sie harrte lang: — du kamest nicht!"

Vergleichung.

Nie hab' ich's so empfunden, wie teuer du mir bist,
   Als jetzt, da hingeschwunden die letzte Hoffnung ist.

Es gleichet mein Verlangen des Gletschers Silberhang: —
   Am schönsten beide prangen bei Sonnenuntergang.

Es gleichet mein Verlangen dem ernsten stillen Schwan: —
   Denn erst im Tode fangen sie laut zu werden an.

Es gleichet mein Verlangen dem dunkeln Meer-Delphin: —
   Es schmückt in Todesbangen erst Farbenschiller ihn.

O weh mir! mein Verlangen ist allem Schönen gleich:
   Es ist sein schönstes Prangen sein Untergang zugleich.

O hätt' ich niemals dich gesehen!

O hätt ich niemals dich gesehen und deines Auges dunkle Pracht, —
Ich würde jetzt nicht reuvoll stehen, im bangen Herzen öde Nacht!

So hoch die Leidenschaft getragen mein junges Glück im Schwindelflug,
So furchtbar ist es auch zerschlagen, als es der Blitz in Trümmer
schlug.

Ahnung.

Mir ahnt von einem Kinde in ferner grüner Mark:
Ihr Wort ist sanft und linde, ihr Herz ist tief und stark.

Mit Glockenblumen-Kränzen ihr Goldhaar schmückt sie gern:
Ihr Auge hat ein Glänzen, als wär's der Morgenstern.

Mich zieht's zu diesem Kinde, durchs Leben unbeirrt:
Ich weiß, daß ich sie finde, und sie mein eigen wird.

Wehmut.

Wann die Abendstunden nieder wallen, einst so reich an Glück,
Denk ich sehnend immer wieder an die schöne Zeit zurück,

Als mir jede Wolke däuchte einer Hoffnung rosig Kleid,
Jedes Sternlein eine Leuchte auf dem Pfad zur Seligkeit,

Als ein Liebeshauch sich regte, wo gebebt die Espe nur,
Einen Freudengott mir hegte jeder Blumenkelch der Flur! —

Sinket jetzt der Abend nieder, müßt's wie damals, mein' ich, sein,
Und es kommen wirklich wieder Blumen, Wolken, Sterneschein.

Ach, es sind die gleichen Stunden, doch des sel'gen Inhalts leer:
Denn die Lieb' ist draus entschwunden, und ich finde sie nicht mehr.

Wunsch.

O wüßt' ich wo einen stillen Ort,
  In kleinem Dorf, von der Straße weit,
Wo mich niemand kennte, wo kein Wort
  Noch hindrang von der Vergangenheit!
Bei dem kleinen Dorf wär' ein Kirchhof auch,
  Mit den Kreuzen von Holz im Grase dicht:
Da nistet der Sprosser im Fliederstrauch
  Und singet süß im Abendlicht.
Und die Dorfkirch-Glocke hat frommen Klang,
  Der zittert im Abendwinde fort
Bei friedlichem Sonnenuntergang: —
  O wüßt' ich wo einen solchen Ort!

———

Lieben und Verstehn.

Oft, wann mir aufgeht weit die weiche Seele,
  Nach Liebe dürstend, wie der Hirsch zum Quelle,
Wie wehe thut's, wenn ich die Freunde zähle,
  Daß keiner ausfüllt ganz die leere Stelle,
Daß keiner ganz von denen, die mich fanden,
  Auf meiner Seele Fragen Antwort giebt: —
Dann seufz' ich oft: „O wär' ich mehr verstanden, —
  Gewiß, dann wär' ich wohl auch mehr geliebt." —
Dann aber denk' ich: „liegt denn nicht mein Wesen
  Klar offen allen denen, die mich lieben?
Sie könnten, mein' ich, jede Silbe lesen,
  Die Gott ins tiefste Herz mir hat geschrieben.
Doch freilich, was die Liebe hat geschrieben,
  Man kann es nur mit Liebes-Augen sehn:"
Dann seufz' ich: „Würden sie nur mehr mich lieben, —
  Gewiß, sie würden besser mich verstehn."

———

Herbst.

I.

Was ist das für ein banger Schmerzenshauch,
  Der seufzend durch den kühlen Abend weht?
Noch sind die Büsche grün und blühend auch
  Die Rose noch, die Sommertochter, steht.
Noch tönt auch hie und da ein Vogelsang,
  Der sich der Lust noch nicht begeben will: —
Und dennoch atmet's so wehmütig bang
  Wie eine Todesahnung trüb und still.
Die Rose bebt, weil mahnend, schmerzgelind,
  Ein frühverstorben Blatt vom Schos ihr fällt,
Der Fink, hört er, wie still die Brüder sind,
  Im halben Lied erschrocken inne hält.
Was ist, daß schaudernd deiner Wangen Rot
  Natur, in jähem Schrecken du entfärbst,
Wie ahnend, daß ein Unheil dich bedroht?
  's ist deine Ahnung, Geist des Todes: Herbst!
Du kommst: — mit deinen düstern, kalten Schauern,
  Du kommst: — mit Dämmrungen, unheimlich-lang,
Du kommst: — mit Winden, die wie Seufzer trauern,
  Du kommst: — mit Nebeln, wie die Krankheit bang.
Du läßt in dieser Welt dein Recht dir kürzen,
  Dein strenges Herrscheramt, vom Frühling nicht,
Den Knoten der Notwendigkeit zu schürzen
  Und was da lebt zu fordern vor Gericht.

II.

Jetzt ist die kalte, unheilschwangre Zeit,
  Wann Abends bang das Haupt die Blumen hängen,
Stets fürchtend, ob die Sommer-Herrlichkeit
  Nicht diese Nacht schon Reif und Frost versengen.

Ihr armen zarten Frühlingskinder ach!
  Müßt rettungslos den sichern Tod erwarten:
Und zögert auch das kalte Ungemach, —
  Einmal gewiß erreicht es euren Garten.
So mag auf uns ein Gott bedauernd sehn,
  Der weiß, wie sicher und wie unabwendlich
Einst unsre Hoffnung muß zu Grabe gehn,
  Die wir geliebt so innig und unendlich!

III.

Die Blätter fallen, die Nebel lasten,
  Die Schwalben sammeln sich, heim zu ziehn;
Drückend die düstern Wolken rasten,
  Dann jagen sie fort in gespenstigem Fliehn.
Die Bäume mit den entblätterten Zweigen,
  Sie greifen jammernd hinaus in die Luft,
Die Blätter tanzen in wirbelndem Reigen,
  Bis sie fallen ermüdet und tot in die Gruft.
Es krankt, als könne sie nimmer genesen
  Von unendlichem Weh, die bange Natur,
Es fährt, als sei nie Frühling gewesen,
  Der Nordwind über die öde Flur.
Er hat den Ahnen, die fern einst kamen
  Vom goldigen Land, da die Sonn' aufgeht,
Der nordischen Wehmut wundersamen,
  Düsteren Hauch in die Seelen geweht:
Des schwermütigen Nordens altes Erbe:
  Die Ahnung, daß Himmel und Erde vergeht,
Ja, daß das Göttliche selber sterbe, —
  Das ist der Geist, der im Herbstwind weht.

Der Tod.

Einst saß ich, ein Kind, mit der alten Amme
    Allein in dem öden geräumigen Haus: —
Es brannte spärlich am Herde die Flamme, —
    Um die Mauern heulte Novemberbraus.
Durch den Nußbaum fuhr's wie tausend Gespenster,
    Der Sturm bog seufzend die Äste schwank, —
Den kalten Regen schlug er ans Fenster
    Und der entblätterten Rebe Gerank.
Ängstlich im Käfig huschte der Zeisig:
    Die Wanduhr stand: — schwer hing das Gewicht:
Die Ampel erlosch: — am Herde das Reisig
    Warf ins Gemach ein flackerndes Licht. —
Ich lauschte stille, mit banger Gebärde, —
    Hielt enge mich fest an der Alten Gewand:
Sie betete leis: — da war am Herde
    Die Flamme mählich herabgebrannt. —
Nun räumte sie weg die verkohlten Brände: —
    Nur an einem glomm noch ein Funke rot, —
Und knisterte noch — und erlosch am Ende —
    Da sagte sie: „Kind, sieh, so ist der Tod." —
Sie ist selber lang gestorben indessen, —
    Längst zog von dem alten Haus' ich fort:
Doch werd' ich mein Lebtag nimmer vergessen
    Die schaurige Stunde, das schaurige Wort.

Die Sterne.

Bevölkert nicht auch sie, die heil'gen Sterne
    Mit Menschen wiederum in euern Träumen:
Denn Eine reine Stelle wüßt' ich gerne
    Von Tod und Schmerzen frei in stillen Räumen.

Wie? Wann die Seele flieht betäubt, verwirret
   Vom ganzen schwülen Drang des Erdenlebens,
Und Friede suchend durch die Himmel irret, —
   Auch in den Sternen suche sie vergebens?
Wann sie sich sehnend hebt zu jenen Bahnen,
   Vertrauend, daß dort Ruh' und Friede walten, —
Soll Leidenschaft, soll Haß die dunkeln Fahnen
   Die blutgetünchten, dann auch dort entfalten?
Wo sie den matten Fittich senke nieder,
   Sie fände nur ein Glied der großen Kette?
Im ganzen Himmel träfe sie nur wieder
   Den Weltfluch, der vertausendfacht sich hätte?
O nein! bevölkert nicht auch jene Fernen
   Mit eurer Erdenheimat bittern Schmerzen: —
Gönnt ein Asyl des Friedens in den Sternen
   Und einen Traum der Einsamkeit dem Herzen!

Wie war doch einst in jungen Tagen!

Wie war doch einst in jungen Tagen mit Lust erfüllt das ganze Herz!
Ein Sonnenblick: — und fluggetragen, mit Jauchzen, flog es
                         himmelwärts.
Ein Finkenschlag: — es war entzücket: ein Frühlingsreis: — froh-
                         lockend schlug's,
Ein Mädchenblick: — es war beglücket: ein Freundeswort: — den
                         Himmel trug's!

Und nun? Ach, in die hellste Freude der Gegenwart voll Sonnenschein
Wirft der Erinnrung Fluchgebäude die langen Schatten schwarz
                         herein.
Es läßt der Schmerz den bösen Samen beim Scheiden in der
                         Brust zurück:
Der blüht, wann neue Lenze kamen, vergiftend neben deinem Glück.

Der welke Strauß.

Aus des Baches glatten Wogen sieh, was taucht empor so kraus?
    Zögernd kömmt's herangezogen: — ein verwelkter Blumenstrauß!
Dort, am feuchten Ast der Weiden blieb er hangen, schwankt er nun,
    Wie im Herzen, eh' sie scheiden, Lieberinnerungen thun.
Rosen sind's: — ich seh' es deutlich; ziertest einst du, buntes Laub,
    Einen warmen Busen bräutlich, der nun liegt in kaltem Staub?
Auch Vergißmeinnicht: — vom Herzen riß den Strauß vielleicht ein
               Mann,
    Der noch immer nicht verschmerzen diese blaue Lüge kann?
Veilchen auch, die vielgetreuen: — flocht die Sehnsucht wohl den
               Strauß,
    In die Wellen so zu streuen stille Grüße weit hinaus?
Immergrün: — Bild ew'gen Lebens! — War's ein Kranz, dem Tod
               geweiht,
    Glaubensfromm und doch vergebens um ein Grabeskreuz gereiht?
Sieh, da schwimmt er, fortgezogen, — einmal blickt er noch heraus,
    Nun versinkt er in den Wogen: — fahre wohl, du welker Strauß!

———————

Reue.

Es bringt so blutig scharf kein Dolch zu Herzen,
    Als bittre Reue, welche rückwärts späht,
Erkennend, wie wir unser Glück verscherzen,
    Und klug entscheiden, aber ach! zu spät.
Wenn wir ersehn, wie leicht es einst gewesen
    Der Leiden ganzer Kette zu entgehn,
Und wie, wenn jetzt wir sollten noch genesen,
    Die Sterne selber müßten rückwärts gehn.
Das ist ein Schmerz, — da möchten wir uns sehnen,
    Es walte Freiheit in der Welt nicht mehr,
Und was wir thun, so möchten gern wir wähnen,
    Verhängten unsre Sterne lang vorher!

———————

Frühlingslieder.

I.

Mit Frühlingskraft thut mich der Frühling kräften,
    Hinweg, Verzagtheit, du bist winterhaft!
Nun sproßt es rings und treibt mit frischen Säften:
    Nun hat mein Herz sich auch emporgerafft.
Die frohe Sonne strahlt mit süßem Wärmen,
    In jedem Lufthauch atmet Lebensbraus:
Nun bricht das Eis, nun bricht das trübe Härmen
    Und tausend Hoffnungsknospen schlagen aus.
Nun ist die Zeit der Zeichen und der Wunder,
    Das Herrlichste kann augenblicks geschehn:
Mein Herz, gehoffet kühn, gewünscht jetzunder: —
    Jetzt kann das Schönste in Erfüllung gehn!

II.

O Frühlingsnacht, o Frühlingsnacht voll zauberhaften Lichtes!
Gott hat den schönsten Vers gemacht heut' seines Weltgedichtes.
So rein, wie jene erste Nacht, die niedersank zur Erde,
Als müde sich der Tag gelacht von Gottes erstem: „Werde!"
Süß innig wie der Traum bist du, wie ihn die Jungfrau hegt,
Wann sie zum erstenmal zu Ruh sich, Lieb' im Herzen, legt.
Wollt'st du an deiner Sterne Kranz all deine Reize zählen, —
Dir würden, eh' zur Hälfte ganz du kämst, die Sterne fehlen!

III.

Holder Frühling! Als sich der Hellenen
    Schöne Götter zürnend uns entwandt,
Rührten dich der öden Erde Thränen
    Und du bliebst allein im kalten Land.
Zahllos schallen drum dir unsre Lieder:
    Seinen einz'gen Gott ehrt hoch der Nord,
Wann du nahst, so steigt sein Himmel nieder:
    Gottverlassen bleibt er, ziehst du fort.

IV.

„Was klagst du? Sieh, der Lenz ist kommen,
　So lieblich wie der letzte war,
Und statt der Blüten, die genommen
　Der Winter, beut er neue dar."

Ein Röslein blühte hier am Raine:
　Es freute mich oft wunderbar;
Viel andre blüh'n: — nicht mehr das Eine,
　Das Röslein, das mir teuer war.

„Du mußt im Leben dich gewöhnen,
　Das Ganze stets zu lieben nur: —
Das Einzle muß im Tod versöhnen
　Die es verletzt hat, die Natur."

Wie ihr leb' ich im allgemeinen:
　Doch dünket mich die Schuld nicht groß,
Noch eine Thräne nachzuweinen
　Dem Einzlen in sein Todeslos.

Das erste Lied.

Als ich mein erstes Lied gesungen,
　Was fühlt' ich da von Seligkeit!
Im Vollkranz der Erinnerungen
　Ist dies die Rose meiner Zeit.
Im Frühling war's, die Finken sangen,
　Der Himmel war so klar, so blau,
Die ersten Knospen leise sprangen,
　Und in den Lüften ging es lau.
Ich wußte nicht, was wog' und dränge
　So ungestüm in meiner Brust: —
Es waren werdende Gesänge,
　Ein Dichter war ich unbewußt.

Ich lag im Gras am jungen Quelle,
　　Der jüngst vom Eise sich befreit:
Ich sah in seiner Spiegelhelle
　　Des Himmels blaue Herrlichkeit.
Da war's als ob im Wellenrauschen
　　Ein groß Geheimnis ich erriet:
Auf sprang ich von dem süßen Lauschen
　　Und ging und sang mein erstes Lied!

Die Schönheit.

Die Schönheit ist mein Leben, mein Glück und mein Beruf,
　　Ihr hab' ich mich ergeben, zu der mich Gott erschuf.
Auf allen meinen Wegen such' ich nur ihre Spur,
　　Mein Heil, es ist gelegen in ihren Landen nur.
Und wie die Lerche selig im blauen Meere schwebt,
　　Darin sie silberkehlig den süßen Ton erhebt, —
Tief unter ihr versunken die dumpfe Lebensnot,
　　Des reinen Äthers trunken, gewiegt im Morgenrot: —
So meine Seele badet in der Schönheit Überschwang,
　　Weil Gott sie hat begnadet mit klingendem Gesang.

Schach Königin!

Du denkst in deinem stolzen Sinn: „er kann nicht widerstehen:
Gewiß ist mir des Siegs Gewinn und ihm das Untergehen,
Und wollt' er meines Geistes Mut noch glücklich widerstreben, —
Trifft ihn mein Blick mit aller Glut, da muß er sich ergeben."
　　Will sehn, ob ich nicht brechen kann, du Trotz'ge, deinen harten Sinn:
Dein Fehdehandschuh fiel: — wohlan, ich heb' ihn auf: — Schach
　　　　　　　　　　　　　　　　　Königin!

Wann nun dein Spottwort glatt und spitz nach meinem Herzen zielet,
Wann nun dein doppelschneid'ger Witz mit meinem Liebsten spielet,
Wann blitzend schnell und blendend wild du schwingst des Hohnes
Waffe,
Daß meinen Träumen zart und mild die blut'ge Wunde klaffe: —
Dann blitz' auch du, mein Flammenstahl: Begeistrung, Gottgegeben,
Beschirme treu dein Ideal: des Geistes Friedensleben.
Und zeige dich ein Gottesschwert und schmilz in heilgen Flammen
Den Spott, der kalt dagegen fährt, mit Himmelsglut zusammen: —
Der kalte Weltwitz sei belehrt, es führt der milde Friedenssinn
Im Notfall stark ein sieghaft Schwert: — Schach dir, du kluge
Königin!

Und wann du nun aus dunkeln Augen die Feuerfunken auf mich sprühst,
Die sengend heiß am Herzen saugen, und meiner Seele Quell
verglühst,
Wann die Musik nun deiner Worte betäubend süß sich um mich schlingt,
Und jedes trifft am schwächsten Orte und jedes allgewinnend klingt: —
Dann hilf, entsagende Begeistrung, du nordisch-heilig Jungfrau'nbild,
Und reiche mir der Selbstbemeistrung, der ewgen Reinheit
Sternenschild,
Daß machtlos von dem Schild der Klarheit die heißen Feuerpfeile
prallen
Und vor dem lauten Wort der Wahrheit die Zaubertöne matt
verhallen: —
Die Feuerprobe wie ein Held bestand der milde Friedenssinn
Und steht noch unbesiegt im Feld: — Schach dir, du schöne
Königin! —

Doch willst du Hohn und Hochmut lassen, der toten Selbstsucht
tote Götter,
Das ewig tadelsüch'ge Hassen, den armen Trost der armen Spötter,
Die bittre Schale von dir streifen, die fremd ist deinem edeln Kern,
Der Milde Segen fromm begreifen und sanft und licht sein wie
ein Stern,

Willst öffnen deiner Seele Tiefen, die goldesvollen, silberhellen,
Und rieseln lassen, die dort schliefen, des Gottesfriedens, lautre
Quellen: —
Dann beug' ich mich mit Dank und Segen, dann werf' ich meine
Waffen hin,
Und jauchzend ruf' ich dir entgegen: „Heil, meines Herzens
Königin!"

Kämpfen mußt' ich seit ich dachte.

Kämpfen mußt' ich seit ich dachte, ringen ohne Rast und Ruh',
Freude, wie sie andern lachte, wandte mir sich nimmer zu:
Sanftes Lieben und Genießen, — nimmer war's mein fröhlich Teil,
Wo der Jugend Blüten sprießen, öde war mein Weg und steil.
Liebeheischend, Liebefodernd, unerfüllet blieb mein Herz,
Seine Gluten, flammenlodernd, löschte der Enttäuschung Schmerz.
Mir ist Freude nicht beschieden, mir nicht süßer Liebe Lust,
Nur ein kalter Sternenfrieden walten soll in dieser Brust.
Da kamst du, die Freudenreiche, Glück und Lust in Aug' und Wort,
In der Hoffnung Blütenreiche locktest du das Herz mir fort:
Endlich Glück dem Glückeslosen, Glanz dem Dunkeln bot'st du dar,
Flocht'st des Glückes holde Rosen um des Kämpfers blutig Haar,
Sehnend streckt' ich aus die Hände: — doch es sprach die heilge Pflicht:
„Auf, mein Sohn, entsage, ende, solche Rosen blühn dir nicht! —
Deine Liebe sei die Wahrheit und dein Reichtum sei der Schmerz,
Und dein Glück, das sei die Klarheit: — und entsagen muß
bein Herz!"
Und ich folge ihr: ich fahre wieder rasch in Helm und Schild,
Schütteln muß ich aus dem Haare deine Rosen zart und mild,
Und das Glück muß ich entbehren, das du liebend mir gewährt:
Doch dein Herz soll mich verehren, wie es einen Helden ehrt.

Und du wähnst, du hast gesiegt.

Und du wähnst, du hast gesiegt
   Und du glaubst, ich sei bezwungen,
   Mein Panier, so hoch geschwungen,
   Sei von dir in Staub gerungen? —
Nein, du irrst: — sieh' wie es fliegt!
Du bist schön und klug und fein:
   Um mein Schild voll goldner Sterne
   Rosenketten schlängst du gerne,
   Daß es zu verrosten lerne
Und Trophäe dir zu sein.
Doch umsonst, ich wanke nicht!
   Sieh, ein Schlag: — die Ketten fallen,
   Nicht durch mich: — aus Himmelshallen
   Von den Sternenbrüdern allen
Kommt mir Hilfe, Kraft und Licht.

Im Herzen brennt die rote Wunde.

Im Herzen brennt die rote Wunde,
   Da ich dereinst in böser Stunde
   Mit scharfem Schwert mich selber traf:
Gern legt' ich Schild und Schlachtschwert nieder,
Und sänke, zu erstehn nicht wieder,
   In tiefen, traumlos dunkeln Schlaf.
Doch die Genossen mir zur Seite,
   Sie ringen hart in schwerem Streite,
   Die Fahne trug ich in dem Strauß: —
Und mag die Wunde blutig klaffen, —
Ich will nicht senken meine Waffen,
   Ich wanke nicht: ich harre aus!

Gleich jenem alten Sängerhelden,
Von dem des Nordlands Sagen melden,
Der, in der Brust den Todespfeil,
Noch laut wie nie sein Lied gesungen,
Und hoch wie nie sein Schwert geschwungen: —
Im Tod ward ihm der Sieg zu teil!

Sieg.

Und ob mein Herz ihr folgen müßte: — die gift'ge Wurzel reiß' ich aus!
Nicht wohnen darf ein schwarz Gelüste in meiner Seele reinem Haus.
Es darf kein schriller Mißklang tönen in meines Lebens Harmonie:
Die Schuld will ich im Schmerz versöhnen: mein Herz, es steht
als Opfer hie!
Ich werd' es nun und nimmer lernen, im Rausch zu töten Ernst
und Pflicht:
Den Himmel nicht samt allen Sternen, ja selber deine Liebe nicht
Erkauf' ich um den Preis der Lüge; mein Glück, es gilt so hoch
mir nicht,
Daß ich dafür gebeuget trüge in Schuld und Scham mein Angesicht.
Zu Füßen mir in Schlamm und Sünde rings wälzt sich das
Verderben her:
Ich fühl's, daß nimmer ich erstünde, wenn Einmal ich gesunken wär':
Kein Vater waltet mir im Himmel, mir meine Sünden zu verzeihn:
In dieses Lebens Kampfgewimmel auf eigner Kraft steh' ich allein:
Mein Zauberschild ist meine Reinheit, der undurchdringlich schirmt
und deckt,
Ich falle schutzlos der Gemeinheit, wenn ihn ein Makel nur befleckt:
Darum laß ab, mich zu umflechten mit deinem Zauber, böse Fei:
Noch blitzt das Schwert in meiner Rechten, ich bin ein Ritter, ich
bin frei!

An die Liebe.

Sehnsucht meines Lebens, Liebe, klar und licht,
    Harr' ich dein vergebens, kommst du, kommst du nicht?
Gehst im Lilienkranze nur auf blauen Höh'n,
    Nur im Sternenglanze, selber sternenschön?
Wann der Buchwald rauschte, oft schon lauscht' ich bang,
    Ob ich nicht erlauschte deiner Stimme Klang;
Oft, wann prachterglommen sich der Tag enthüllt,
    Dacht' ich: nun muß kommen die mein Herz erfüllt.
Oft aus Mädchenzügen mahnend sprach's zu mir
    Und mir war's, sie trügen leise Spur von dir: —
Wohl von deinem Glanze Strahlen dort und hie,
    Aber ach! die ganze Liebe sah ich nie!
Liebe, die ich meine, blondes, deutsches Bild,
    Stark wie Edelsteine und wie Veilchen mild,
Sehnsucht meines Lebens, Liebe, warm und licht,
    Harr' ich dein vergebens, Liebe, kommst du nicht?!

Weinlied.

Auf Hügeln freudig und sonnig, da wächst er, der goldene Wein:
    Drum ist er so froh und wonnig wie des Himmels Sonnenschein;
Da wächst er, von allem umgeben, was lieblich, köstlich und frank: —
    Drum spenden die heiligen Reben den wunderthätigen Trank.
Ihn tränken Gewitterregen mit erquickender Lebensflut: —
    Drum bringt er den Kranken Segen, den Betrübten frischen Mut.
Ihn fächeln die Frühlingswinde mit duftigem Flügelschlag: —
    Drum duftet er würzig-linde, wie ein blühender Maientag.
Die Schmetterlinge, sie schaukeln um ihn mit schillerndem Schein:
    Drum freundliche Bilder entgaukeln mit bunten Flügeln dem Wein.
Es segneten silberne Sterne die Reben manch stille Nacht: —
    Drum hebt zum Himmel uns gerne des Weines veredelnde Macht.
Er wächst, gehegt und umgeben von allem, was Freude schafft —:
    Drum spenden die heiligen Reben den wunderthätigen Saft.

Frohlocken.

I.

Nun ist mir erst die Welt erschlossen, nun weiß ich erst, ich bin ein
Mann:
Seit deine Liebe ich genossen, nun weiß ich, was ich tragen kann:
Vor keinem Schmerz mehr will ich zagen, da ich der Lust war
stark genug:
Der kann die Wucht der Hölle tragen, der stark die Last des
Himmels trug.

II.

Nun will ich hohen Hauptes wallen, nun ist kein Sterblicher mir gleich,
Denn keiner von den Armen allen küßt deine Lippen rot und weich:
Nun wallt mein Herz mir feuerblütig: frohlockend blick' ich rings um
mich,
Und jauchzen möcht' ich übermütig: „Nie ward ein Mann geliebt
wie ich!"

Nach einem Ball.

Sag', woher bist du kommen, du liebliches Bild?
  Bist ein Strahl du, entglommen dem Sternengefild?
  Kamst von Schwänen gezogen, über silberne Seeen
  Auf klingenden Wogen, vom Lande der Feeen?
    Stiegst aus Maienglocken, eine Elfe, du gar
    Im Nacken die Locken und Rosen im Haar?
Bist du lange gelegen in verzaubertem Schloß
  In Waldesgehegen, wo Schlaf dich umfloß,
  Hinter goldenem Gitter, im Erkergemach',
  Und kam nun dein Ritter und küßte dich wach:
    „Dornröschen, nun wende das Köpflein geschwind,
    Der Traum ist zu Ende, die Liebe beginnt!"

Ich wär' nicht verwundert, — ich erwarte das schier, —
  Kämen Elfen zu hundert und tanzten mit dir,
  Und würdest du spannen zwei Flügelein aus
  Und fliegen von bannen in dein duftiges Haus,
    Und säh' ich dich schweben auf Mondenglanz,
    Ich dächte: nun eben, jede Elfe kann's! —
Ob rasch und vergänglich dein Bild ich geseh'n,
  Doch ist überschwänglich mir Freude gescheh'n:
  Will wieder mich kränken die Düstre der Welt, —
  Dein will ich gedenken und sie ist erhellt:
    Dann klingt es wie Glocken und ich schaue dich klar,
    Im Nacken die Locken und Rosen im Haar.

Zu einer Melodie als Text gedichtet.

König Oberon, der du waltest im grünen Wald,
Hoch im Lilienthron ist dein schwankender Aufenthalt,
Dein ist Berg und Thal, Felsen und Hag und Au,
Silberner Mondenstrahl, perlender Maientau.
Dein ist der kühle Quell und der blühende Hagedorn,
Erdbeerblüte hell und das junge, das grüne Korn,
Dein ist der Schlehenstrauch, draus am Abend die Amsel singt,
Dein sind die Hecken auch, darüber der Waldhirsch springt,
Dein ist die wilde Ros', wo der Falter bunt sich wiegt,
Dein ist das Heidemoos, wo die summende Biene fliegt:
Was da frisch und frei, zählt alles zu deinem Reich:
Kein Kaiser, wie stolz er sei, König Oberon, ist dir gleich.

Die gepreßte Rose.

O Rose, die ich finde im schweren Buche geborgen,
Du nicktest so hold im Winde dereinst am Sommermorgen.

Ich weiß es noch wie heute: — das Korn stand in der Runde,
Vom Dorf scholl Morgengeläute: — sie brach sie mit lächelndem
Munde.
Sie brach von grüner Hecken zwei Rosen von tauigen Zweigen,
Ins Haar die eine zu stecken, die andre mir zu eigen! —
O Rose, was mußt' ich dich finden, die alten Schmerzen zu wecken: —
O wärst du in Sommerwinden verweht an der grünen Hecken!

Nachahmung.

Ich hab' in alten Büchern gelesen:
  Ein Jäger liebte die Jagd so sehr, —
  Zu jagen im Wald ist ihm viel mehr
  Als der selige Himmel gewesen.
Er sprach: „wollt' nicht nach dem Himmel fragen,
  Dürft' ich ewig jagen im grünen Wald!"
  Gott nahm beim Wort ihn strafend bald: —
  Nun muß er jagen, ewig jagen. —
Drauf hab' ich gerufen in kühnem Vertrauen,
  Gott würde mich nehmen beim Worte gleich:
  „Ich verzichte auf mein Teil Himmelreich: —
  Ihr will ich ewig ins Auge schauen! —"

„O Herz, schon so alt und noch immer nicht klug."
(Rückert.)

O du thörichtes Herz, was hoffst du aufs neu'?
  Schon vergessen der Schmerz und die nagende Reu'?
  So vieles erfahren: — noch immer nicht klug?
  Du solltest dir sparen den bittern Betrug!

Dahn, Werke. XVI.   4

Ein Sumpf ist das Leben und düster sein Grund,
Wo Lilien schweben, am tiefsten der Schlund.
Ob die Rose am Strauch dich innig erfreu', —
Ein Wind und ein Hauch, — sie zerstiebet als Spreu:
O trau' nicht aufs neu' der berückenden Bahn:
Denn ein Traum ist die Treu' und die Lieb' ist ein Wahn!

Begnügung.

Ob zwischen uns der Raum sich lege, — wir bleiben dennoch ungetrennt:
  Die Sehnsucht geht die blauen Wege, die leisen, welche sie nur kennt.
Ich habe deine süße Schöne so treu geschaut einst in der Nähe,
  Daß dich zu schauen sich gewöhne mein Blick, wann er dich nimmer
      sähe.
Ich fand, daß deine Stimme gleiche hier unsrer Vesper letztem
      Hauch: —
  Und hör' ich nun die Friedensreiche, so hör' ich deine Stimme
      auch. —
So kann ich zauberstark dich bannen, daß du leibhaftig stehst vor mir:
  Mich freilich ziehst du nicht hie bannen: doch also eben wünsch'
      ich's mir.
Denn du bist hell und ich bin dunkel: — ich würde dich verdunkeln nur:
  Doch du, ein Stern, mit Goldgefunkel ziehst durch mein Herz die
      helle Spur!

Lieben und Dichten.

Es hat die Macht der Liebe mein ganzes Herz geschwellt.
  Erfüllt von süßem Triebe lustwandl' ich durch die Welt!
Wo ich das Schöne finde, da leist' ich ihm Tribut: —
  Es lockt mein Herz gelinde wie der Mond die Meeresflut.
Wann ich das Schöne sehe, faßt mich der süße Drang,
  Und ob ich widerstehe: — mein Herz wird zu Gesang!

Ein jedes Sternlein grüß' ich mit einem Liebeslied,
    Das still und silberfüßig auf hohen Bahnen zieht;
Ich liebe jedes Blümchen, das auf dem Felde wohnt: —
    's ist auch ein Heiligtümchen, darin die Göttin thront.
Doch meist in Lieb entglommen das Herz mir überwallt,
    Seh' ich das Schöne kommen in menschlicher Gestalt.
So hell die Sterne flammen, sie sind so lieblich nicht,
    Die Blümlein nicht zusammen als ein Menschenangesicht!
Auf wen mit Liebesblicke ein schönes Auge sah,
    Der segne sein Geschicke: — dem war die Dichtung nah!
Zu dichten und zu lieben, es ist dieselbe That,
    Zu der sich fühlt getrieben, wem sich das Schöne naht.

An Rosa.

Deiner Schönheit Morgenhelle, o du Strahlendste der Frau'n,
    Nennt dein Name Rosabelle: — rosenschön bist du zu schau'n.
Deiner Reinheit Lobeskunde, makellos wie Sonnenschein,
    Nennt dein Name Rosamunde: — dein Gemüt ist rosenrein.
Doch das schönste Angebinde, das dem Weib ein Gott verliehn,
    Nennt dein Name Rosalinde: — Liebliche, befolge ihn.
Rein und schön ist manche Rose, dennoch bringt sie vielen Pein:
    Du sei eine Dornenlose und ein Wunder wirst du sein.
Rosabelle, Rosamunde, sei doch Rosalinde auch:
Spend' aus tiefstem Seelengrunde süßer Liebe linden Hauch!

An Johanna.

Ich fand dich in dem großen Schwalle von Muscheln ohne Kerngehalt:
Ich hielt auch dich so arm wie alle, so glänzend-leer, so seelenkalt.
Nur flüchtig rührt' ich an die Schale: — wie froh geblendet ward
                          mein Sinn,
Auf blitzte sie mit edlem Strahle, und eine Perle lag darin.

4*

Du zeigtest in dem trüben Leben mir einen Funken Glut und Glanz,
Und darfst du nicht die Perle geben, dem Blicke botest du sie ganz!
Genug: laß nur die Schale nieder! Ob flüchtig Glück und Glanz
                                         entwich,
Und zeigst du nie die Perle wieder: — ich sah sie doch und segne dich.

Anschauung.

Ein jeder meint, er hab' ein äußres Ziel, das müss' er treffen oder
                                 elend sein:
Mir ist, an dieser Zielkunst liegt nicht viel, es lieget an der Wander-
                                 schaft allein.
In jeder Seele spiegelt sich das All, das Ewig-Eine, mit ver-
                                 schiednem Schein,
In jeder Seele tönt der Widerhall der Welt in reizendem Be-
                                 sonderssein.
Und das allein ist deines Daseins Sinn, zu Tag zu fördern diese
                                 Eigenart:
Die ew'ge Einheit spiegelt sich darin und sieht im Wechsel ihr
                                 Gesetz bewahrt;
Das Weltgesetz will in dir mächtig sein: dies ist der Plan, in dem
                                 es dich erschuf,
Was Leid und Lust du nennst, ist eitel Schein — und dein Charakter
                                 nur ist dein Beruf.

Abend.

Sehet, es kehret der Abend uns wieder, dämmernde Wolken geleiten
                                 ihn her:
Himmel und Erde hinauf und hernieder waltet ein heilig geheimer
                                 Verkehr.

Sterne, ihr Blumen des Himmels, ihr winket, Blumen, ihr Sterne der
Erde, ihr lauscht:
Duftig die Strenge der Schranken versinkt, sehnende Liebe hat
alles berauscht.
Götter entsenden in ähnlichen Stunden segnende Boten in Menschen-
gewand: —
Heil, wer den Gast in der Hülle gefunden und ihn an leuchtenden
Spuren erkannt.

Dithyrambe.

Jeglicher wähle zu seinem Heile, was ihn zumeist mit Entzücken
beseelt: —
Ich hab' auf ewig zu meinem Teile mir des Gesanges Schöne
gewählt.
Lang auf dem Meere trieb ich ein schwanker, flüchtiger, wellen-
geschleuderter Kahn: —
Aber nun lieg' ich sicher vor Anker, hinter mir Klippen und Wellen
und Wahn!
Denn aus der Schönheit goldener Schale schlürft' ich der Wahrheit
köstlichen Trank: —
Da war vergessen mit einem Male alles, was traurig und häßlich
und krank!
Ich bin der Kunst des melodischen Klanges stolz mir, wie mächtigen
Zaubers, bewußt,
Und der lebendige Quell des Gesanges rieselt mir froh durch die
glückliche Brust.
Nun mit dem Schwerte versöhnender Liebe, das ihrem Ritter ver-
leihet die Kunst,
Will ich erlegen mit freudigem Hiebe Drachen und Riesen von
Dunkel und Dunst.

Und sie verwandeln, verzaubern, vergolden will ich die liebe, die
herrliche Welt:
Dunkles und Hartes sei mit dem holden Zauber des Liedes erweicht
und erhellt.
Denn die Liebe, die Liebe kann alles versöhnen, was sich in selbstischem
Hader entzweit:
Begeisterte Liebe mit silbernen Tönen stillet des Lebens ver-
worrenen Streit.

Das gesuchte Glück.

Die Segel schwellen frisch mit günst'gen Winden,
    Viel gute Sterne lächeln auf mich her:
Ich ziehe freudig aus, mein Glück zu finden,
    Ein schönes Eiland in dem Lebensmeer.
Vielleicht noch liegt es tief im Meeresbette: —
    Gleichviel! Mein Glaube zieht es an das Licht:
Kolumbus gleich die nie geschaute Stätte
    Such ich mit schöpferischer Zuversicht.

Die Wundervolle.

I.

O würdest du nur selbst verstehn, wie wunder-wunderschön du bist: —
Du wüßtest, wie, dich anzusehen, die Wonne meiner Augen ist.

II.

O frage nicht, o zage nicht, was weiter werden solle: —
O zeige mir dein Angesicht, das holde, wundervolle;
Du bist so schön: — 's ist wunderbar, 's ist gar nicht auszumessen:
Dich anschaun will ich immerdar und alles sonst vergessen!

Was will ich mehr von ihr verlangen?

Was will ich mehr von ihr verlangen? Sie ist ja schön! — Was
soll sie mehr?
Hat sie doch wunderschöne Wangen und Augen tiefblau wie das
Meer.
Hat sie doch prächtig-schwarze Locken und Lippen von Granatenglanz,
Tönt ihre Stimme doch wie Glocken, schwebt doch ihr Schritt wie
Feeentanz.
Sie wandelt strahlend durch das Leben, verbreitend Schimmer rings
und Huld: —
Und daß ihr Gott kein Herz gegeben, das ist ja doch nicht ihre
Schuld!

O nein, o nein du liebst mich nicht!

O nein, o nein du liebst mich nicht, sonst würdest du nicht zagen!
Wie man am Leuchten kennt das Licht, kennt man die Lieb' am
Wagen.
Die Liebe scheut die Berge nie, die drohend vor ihr liegen:
Sie weiß ja, sie hat Flügel, sie im Sturm zu überfliegen.
Erst deine Zagheit schafft Gefahr: denn Furcht macht alles schlimmer,
Und, was der Liebe möglich war, ist es dem Zweifel nimmer.

Die Schönheit deiner Wangen.

Die Schönheit deiner Wangen und deines Auges Pracht,
Sie halten mich gefangen mit zauberhafter Macht.
Du liebst mich nicht, ich fühl' es, du hast vielleicht kein Herz:
Es rührt dein nixenkühles Gemüt kein holder Schmerz,

Ein andres treues Wesen, fürcht' ich, vergeht dabei: —
   Doch kann ich nicht genesen von deiner Zauberei.
   Die Schönheit deiner Wangen und deines Auges Pracht,
   Sie halten mich gefangen: ich bin in deiner Macht.
Im dunkelblauen Blicke, im schwarzen weichen Haar,
   Im schlanken Rehgenicke, auf der Stirne marmorklar,
   In der Form von diesen Wangen ist Wohlgestalt so viel,
   Daß selber das Verlangen vergißt sein heißes Ziel.
Ich wollte niemals schlürfen dieses Mundes Lieblichkeit,
   Möcht' ihn nur schauen dürfen in alle Ewigkeit,
   Verfolgend immer wieder in reinem Schaugenuß
   Den Rhythmus dieser Glieder, der Farben holden Fluß.
Nun kann ich erst lebendig die Ewigkeit verstehn, —
   Denn Ein's könnt' ich beständig: — bir in das Antlitz sehn:
   Im Anschau'n deiner Wangen, in deines Auges Pracht
   Ist über mich ergangen der Formen ew'ge Macht.

Die Entscheidung.

Das war ein wunderholder Augenblick,
   So schön wie damals bist du nie gewesen!
   Die Sonne sank von jenem reichen Tage,
   Da ich zuerst mein volles Herz dir zeigte.
Du zaubertest: dir war es wie ein Traum.
   Du zögertest, den Nachen zu besteigen,
   Der schwank und schaukelnd lag vor dir am Strande
   Von diesem großen, fremden Meer: der Liebe.
Auf deinen wunderschönen Mädchenwangen
   Sah ich die Scheu mit süßer Freude ringen. —
   Der Druck von fremden Augen lag auf uns,
   Daß wir in stillen Zeichen mußten sprechen. —
Du wandeltest, das Haupt gesenkt, im Garten
   Und standest träumerisch vor einer Rose,

Langsam die Hand erhebend, sie zu pflücken.
Da, rasch und ungesehen, vor die Blume
Legt' ich die offne Hand, der deinen harrend,
Verwehrend, daß die Rose du berührtest,
Wenn du zuvor nicht faßtest meine Hand.
Da senkte sich dein aufgehobner Arm,
Und auf dein Auge sank die lange Wimper: —
So standest du, in reizendes Besinnen
Versunken, eine schwankende Sekunde: —
Auf schlugst du dann holdsel'gen Blick's das Auge,
In meine Hand zwei leise Finger legend,
Und lächelnd pflücktest du die rote Rose.

Erfüllte Ahnung.

Ich habe dich gesungen, lang' eh' ich dich gesehn:
   Was ahnend mich durchdrungen, mußt' in Erfüllung gehn.
Trüb schien und arm die ganze bekannte Frauenblüte:
   Nach einem höhern Glanze begehrte mein Gemüte.
Ich wußte: eine andre muß leben irgendwo.
   Zu der ich suchend wandre, des Findens sicherfroh.
Mir ahnte von einem Kinde in ferner grüner Mark,
   Ihr Wort sei sanft und linde, ihr Herz sei tief und stark;
Mit Glockenblumenkränzen ihr Goldhaar schmücke sie gern,
   Ihr Auge hab' ein Glänzen, als sei's der Morgenstern.
Mich zog's zu diesem Kinde vom Leben unbeirrt:
   Ich wußte, daß ich sie finde und sie mein eigen wird.
Und als auf grünen Bahnen ich kam in dein Revier,
   Durchzog mein Herz ein Ahnen: „Hier muß sie leben, hier!"
Ich sah in Haus und Garten erwartungsvollen Sinn's:
   Mir war's du müßtest warten und rufen: „Sieh', ich bin's."

Und als ich dich nun schaute mit dem goldbraunen Haar,
Und als dein Auge blaute, wie der Morgenstern so klar, —
Da begannen tausend Glocken in meiner Brust ihr Spiel,
Und mein Herz sprach mit Frohlocken: „Sie ist's! — Ich bin am Ziel."

Warte mein!

Warte mein, du Wunderholde, wart' am Hecken-Rosenstrauch,
Wann vom Berg im Abendgolde weht der Dämmerstunde Hauch.
Wo gewiegt auf leichten Ranken rote Heckenrosen stehn,
Übern Zaun mit leisem Schwanken freundlich grüßend niedersehn,
Wann die Lilien, eingenicket, unsre Liebe nicht mehr sehn,
Wann kein Stern noch niederblicket, unsre Wonne zu erspähn:
Süß verschwieg'ne Dämmerstunde ist der Liebe schönste Zeit,
O sie war von je im Bunde mit der Herzen Seligkeit! —
Warte mein, du Wunderholde, wart' am Hecken-Rosenstrauch,
Wann vom Berg im Abendgolde weht der Dämmerstunde Hauch!

Die hütenden Blumen.

Der Stunde will ich nie vergessen! — Du warest in den Wald gegangen,
    Bei Kränze winden, Brombeer essen, hat dich der süße Schlaf
                  umfangen.
Da kam ich durch den Wald geschritten: — Rotkehlchen aufflog dir
                  zur Seiten:
Du lagst in stiller Buchen Mitten, Dornröschen gleich, dem schlaf-
                  geseiten,
In grünem Waldmoos auf dem rechten Arm ruhte deines Köpfchens Runde,
Gelöst die reichen, blonden Flechten, ein Kindeslächeln auf dem Munde;
Im Schos dir lag, der Hand entfallen, ein Kranz von Glockenblumen
                  blau:
Dein junges Leben sah ich wallen im Schlummeratem süß und lau.

Als ich mich bückte, dich zu küssen, da warnten mich die Glocken-
blüten:
„Statt ihrer blauen Augen müssen wir dieses Kindes Schlummer
hüten."
Da setzt' ich schüchtern auf die Locken dir deinen Kranz mit leiser
Hand,
Und ließ dich in der Hut der Glocken und schritt fürbaß zum
Waldesrand.

An Anna.

Guck Anneli, lieb' Anneli,
Du weißt es nicht, du ahnst es nie,
Wie dich beschenkt die Himmel haben
Mit reichen, hohen Zaubergaben:
Der Zauber glänzt und tönet fort
In deinem Blick, in deinem Wort,
Und schafft dir bei den Menschen allen
Freude und inniges Wohlgefallen.
— „Was ist der Zauber?" — wirst du fragen. —
Ich kann dir's auch nicht deutlich sagen:
Doch gleicht er dem Reiz, der auf grüner Au
Karfunkelt im ersten Morgentau,
Der aus Primeln blüht und aus Heckenrosen,
Der da weht in der Lenzluft frühstem Kosen,
Der da rieselt in silbernem Waldesquell,
Der da klingt aus dem Schlage des Finken hell,
Der da glitzert im Morgensonnenschein,
Der in allem lebt, was frisch und rein;
Und der Zauber wird walten und mächtig sein,
Dich und andere freuen zu jeder Frist,
Solang du bleibest, wie du bist.

Erinnerungen.

I.

Um diese Zeit, wo dumpf und drückend hier harte Mühsal auf mich fällt,
Sind wir gewandelt blumenpflückend durch deine grüne Hügelwelt.
Die Lerche sang in hellen Trillern, die Heckenrose nickt' am Strauch,
Der Schmetterling flog auf mit Schillern, aus roten Dächern stieg
der Rauch.
Und wie der Genius deines Landes so heiter, mild und jugendschön,
Du schrittest wallenden Gewandes durch Gärten und durch sanfte
Höhn.
Und drückt mich hier nun schweren Bandes der Prosa dumpfe
Tyrannei,
Seh' ich dich wallenden Gewandes durch Gärten wandeln — und
bin frei.

II.

Gesteh, gesteh, du bist eine Fee, da ich erkannt dich habe
An deiner Zaubergabe:
Du gabst mir Worte schlicht und hold, ich nahm sie kaum in acht:
Und schau', sie waren eitel Gold, als ich sie heimgebracht!

III.

Dem Regenbogen bist du ähnlich, den Gott von fern so lieblich zeigt,
Daß jedem, der ihn schauet, sehnlich die Seele gegen Himmel steigt:
Er kann sich nur bewundern lassen und lieben, doch besitzen nicht,
Willst du mit deiner Hand ihn fassen, wird er vergehn in Duft
und Licht.
Dem Sonntagskind mit letztem Strahle ein golden Kleinod wirft
er zu:
Auch eine Regenbogenschale: das Lied dem Dichter schenktest du.

Wohlauf, wenn du mich wirklich liebst!

Wohlauf, wenn du mich wirklich liebst, — nun gilt's, die Lieb'
erproben:
Wenn du mir nun ein Zeichen giebst, dann will ich hoch dich loben.
Du weißt: ich bin ein armer Mann, von deiner Liebe zehr' ich,
Du weißt: ich lieg' in engem Bann, sonst lange bei dir wär' ich,
Du weißt: ich bin dir fern, so fern, muß lang noch ferne bleiben,
Du weißt: ich schriebe gern, so gern, jedoch ich darf nicht schreiben.
Du aber du bist frei und frank, darfst deine Liebe sagen,
Die Lüfte werden dir zu Dank: gern deine Grüße tragen: —
Wohlauf, wenn du mich wirklich liebst, — nun gilt's, die Lieb'
erproben,
Wenn du mir nun ein Zeichen giebst, dann will ich hoch dich loben.

Ein Wort.

Was mir das hohe Zutraun leiht, daß keinen Feind ich scheue,
Es ist nicht meine Würdigkeit, 's ist ihre große Treue.
Sie schwur mir keinen Schwur noch Eid: sie sprach es ganz gelassen:
Sie sprach: „Du kannst dich allezeit gewiß auf mich verlassen."
Seit ich vernommen dieses Wort, — los bin ich aller Sorgen,
Der Zweifel und die Furcht ist fort: — ich weiß mein Glück geborgen.

Ein Liebesmärchen.

Ich weiß ein altes deutsches Märchen von einem blonden Königskind,
Das trug ein weißes Taubenpärchen hoch durch die Lüfte pfeil-
geschwind.
Die Waldfrau war des Kindes Pate: sie gab ihr Wagen und Gespann,
Daß nicht im Staub die Holde wate, und Schwalben flogen ihr voran

Und wo sie durch die Lüfte schwebte, — der Menschen-Herz flog hinterdrein
Und manches Jünglingsauge bebte, geblendet wie von Sonnenschein.
Doch das Gespann flog unaufhaltsam, flog schimmernd über Meer und
Land,
Zu hemmen war es nicht gewaltsam und nirgend fand es Stillestand.
Bis sie den Lieblingsmann der Minne erreicht, den ihr die Waldfrau kor:
Da hält der Zug der Schwalben inne, ein süßer Ruf schlägt an
sein Ohr:
Es senket sich der Muschelwagen, der sel'ge Bräutigam steigt ein
Und rasche Taubenflügel tragen das Paar ins Frühlingsland
der Fei'n. —
Mir ist, du bist das wunderschöne, das goldgelockte Märchenkind!
Mir ist, dein süßer Ruf ertöne: „Herauf zu mir, herauf geschwind!"
So plötzlich hat mich überkommen dein Bild wie Zauber oder Traum,
So rasch ward ich emporgenommen in deiner Liebe Himmelsraum.
Wohlan, ich bin an deiner Seite, die Zügel nehm' ich in die Hand:
Rasch, Tauben, in die blaue Weite, nun fahren wir ins Feeenland!

Dankbarkeit.

's ist wohlgethan, daß ich bedenke, wie viel dein Herz gethan für mich:
Frei, wie ein großes Gottgeschenke, kamst ungehofft du über mich.
Ich sah in deiner großen Reine dich ziehen hoch ob meinem Haupt,
Schön, doch unnahbar, gleich dem Scheine der Sterne, hatt' ich
dich geglaubt.
Ich ging auf meinen trüben Wegen, ich hoffte nie, dir nah zu sein. —
Da tratst du lächelnd mir entgegen und sprachst: „Getrost, denn
ich bin dein.
Nicht eines Sternes kalter Flimmer, — nein, deines Herdes traute
Glut,
Will ich dir Wärme leihn und Schimmer, du nimm mich auf in
treue Hut.

Nicht eine ferne Wunderblüte, von der uns nur im Traum bewußt, —
Erfreuen will ich dein Gemüte als eine Ros' an deiner Brust."
Drum, ob ich sonst zurück nicht bliebe in unsrer Herzen Gleichverein,
Ist Ein Verdienst um unsre Liebe, das Allerherrlichste, doch dein:
Denn, daß ich nun die Krone trage, daß ich an Glück ein König bin, —
Der Krone dank' ich's: — sie sprach: "Wage! Du bist es würdig: —
                                        nimm mich hin."

Vertrauen.

Wohl bin ich deinem Auge weit, entbehrend aller Kunde,
    Doch ist mein Herz voll Freudigkeit, es ruht auf gutem Grunde.
Es ruht auf einem einz'gen Wort, du sprachst's auf grüner Aue,
Und furchtlos zog ich von dir fort, weil ich dir ganz vertraue.
Du sprachst zu mir: "Ich habe Mut, kannst dich auf mich verlassen!"
Und sahst mich an so treu und gut: — da mußt' ich Zutraun fassen.
Ich weiß: viel Wasser fließt vorbei, eh' ich dich wiederschaue,
Doch bin ich aller Sorgen frei, weil ich dir ganz vertraue.
Ich weiß, sie meinen's mir nicht sein, sie werden viel dich warnen
Du stehst mit deiner Lieb' allein in lauter Feindesgarnen:
Umsonst nach Hilfe weit und breit dein Auge späht, das blaue:
Mich schreckt nicht deine Einsamkeit, weil ich dir ganz vertraue!

Epistel.

Werd' ich dich einst erringen? Ach, wer weiß!
Ich weiß ja kaum, ob ich dich wiedersehe.
Und um die Wiege schon von unsrer Liebe
Seh' ich viel böse Sterne feindlich stehn.
Wohl liebst du mich, wohl hast du seltnen Mut
Und Treue fester als gewöhnlich ist:
Doch ach, ein schwerer Hammer ist das Leben

Und auf dem harten Amboß der Erfahrung
Wird es dein Herz wie weiches Eisen schmieden:
Es wird die Form dich nicht bewahren lassen,
Die schöne, die ihm erste Liebe gab:
Ich fürchte sehr, du bist mir nicht beschieden! —
Und dennoch will dein' Haupt ich dankbar segnen:
Du bist mein Stern zugleich und meine Rose:
Es wohnt dein helles Bild in meiner Seele,
Und aller Glanz, des ich mich rühmen kann,
Er kommt von dir. —

Oft wird mir bang, ob's liebe Menschen giebt,
Ob Herzen, die da mild sind und doch stark,
Ob einem Trugbild nicht mein Streben gilt
Und alles Schöne nur erdichtet ist,
Und ob's nicht besser frommte, blind und dumpf
Durchs Leben hinzutaumeln, gleich der Menge,
Thatlos genießend, nur den Tod erwartend.
Denn gar zu einsam wandl' ich meine Bahnen! —
Dann tritt dein leuchtend Bild vor meine Seele,
Dein Name tönt mir wie ein Zauberwort:
Ich weiß ja dich, ich habe dich erlebt: —
Dein Dasein ist kein Traum und kein Gedicht. —
Ich sah einmal ein echtes Gottgeschöpf:
Ein gutes, schönes, tabelloses Mädchen,
So klar und tief und herrlich wie der Himmel.
Und diese Heil'ge hat mit Liebvertrauen,
Mit Herzenszuversicht geschaut auf mich! —
Ich bin geweiht vom Blicke deiner Liebe, —
Dies Zaubersiegel löst die Welt nicht mehr.
Du bist die Bürgschaft mir der Gottverwandtheit,
Die ich im Menschenherzen ahnend suche,
Und leihst zugleich die Stärke mir, lebendig
Den Inhalt zu entfalten, den ich glaube:
Du lebst: — du bist mir gut: — ich will's verdienen.

Schlichte Weisen[1].

I.

Ach Gott, wie soll ich singen, wie lieb mein Schatz mir war:
Ich hab' sie sehen bringen auf einer Totenbahr.
Und will ich nun gedenken ihrer Finger weiß und fein,
Fällt mir mit vielem Kränken ihr weißes Bahrtuch ein.
Will durch den Sinn mir gehen ihrer Wangen roter Duft,
Muß ich die Rosen sehn, die stehn auf ihrer Gruft!

II.

All' Ding' der Welt vergänglich sein und schwank wie
Sommerfaden:
Nur treue Lieb, die währt allein, Gott hält sie hoch in Gnaden.
Ich weiß ein Muttergottesbild, steht frei auf rauher Halde,
Das müßt' vor Wind und Wetter wild verblaßt sein, ach wie balde!
Sein Kornblumkranz, der ist verdorrt um seinen Rahmen schnelle:
Das Bildnis selbst prangt fort und fort in frischer Pracht und Helle,
Weil Gott der Herr mit eigner Hand ihm abwehrt Sturm und
Regen: —
So hält er auch in Flor und Stand Treulieb' mit seinem Segen.

III.

Die arge Welt hat sich gestellt gen unsre Lieb mit Wüten:
Mein Lieb getrost! Wie grimm sie tost, — Gott wird uns doch
behüten.
Der rauhe Wind thut ungelind über alle Blumen fahren,
Wär' Gottes Hand nicht ausgespannt, wie könnten sie sich wahren?

---

1) In Nr. 2 folg. des Anzeigers des germanischen Museums von 1853 fand ich die Anfänge vieler alter Volkslieder zusammengestellt. Angeregt durch deren kernigen Ausdruck benutzte ich sie zu einfachen Liedern. Der weitere Verlauf all' dieser Lieder ist mir gänzlich unbekannt; die benutzten Anfänge sind durch gesperrten Druck angedeutet.

Sie beugen sich bescheidentlich, kommt er vorbeigegangen:
Ist er vorbei, aufstehn sie frei, und blühn mit neuem Prangen.
So in der Welt hat's Gott bestellt: der Wind muß einmal wehen,
Doch wen Gott liebt und Gnade giebt, dem läßt er nichts geschehen.

IV.

Der beste Vogel, den ich weiß, der hat kein bunt Gefieder,
Sein Kleid ist schlicht, sein Ton ist leis, doch süß sind seine Lieder.
Der Vogel fliegt am Bache nicht, sitzt nicht auf grünen Weiden,
Er wohnet nicht im Buchwald dicht, streicht nicht auf grauer Heiden
Er singt — ist doch kein Nachtigall! — bei Mondlicht und bei
Sternen:
Er hat allein so süßen Schall, kein andrer kann ihn lernen:
Er hat nur einen einz'gen Laut für alle Lust und Schmerzen
Und hat sein kleines Nest gebaut — — in meines Liebchens Herzen.

V.

Allem, was da Lust auf Erden bringt, ist ein Leiden angehänget;
Das kühle Wasser, das verschlingt, das warme Feuer senget,
Gelehrsamkeit hat sauern Schweiß und Kriegsruhm blut'gen Kummer
Und Ehre hat mehr Neid als Preis und Reichtum keinen Schlummer.

Die Schönheit, die hat Eitelkeit und Frömmigkeit hat Stumpfheit,
Gesellschaft hat Zerfahrenheit und Einsamkeit hat Dumpfheit:
Nur wer die rechte Minne kennt, der hat, wes er lobsinget,
Der hat ein Feuer, das nicht verbrennt, ein Wasser, das nicht
verschlinget,
Der hat ein' Rose dornenlos, ein Licht ohn' alles Dunkel,
Der hat im düstern Erdenschos den leuchtenden Karfunkel.

VI.

Bei dir muß ich mich aller Kunst und des Verdienst's entschlagen:
Vom Himmel frei fällt deine Gunst wie Tau an Maientagen:
Dem Feind, dem sag' ich: „scheue mich, ich führe scharfes Eisen,"
Dem Freund, dem sag' ich: „ehre mich, ich will mich würdig weisen."

Dem König sag' ich: „gieb mir Gold, ich weiß, ich kann's verdienen,
Meiner Mutter sag' ich: „sei mir hold, ich hab' dein Blut und
Mienen:" —
Doch deine Huld, — wie Sonnenschein, — die kann ich nicht ver-
langen: —
Da muß man sein bescheiden sein und sie geschenkt empfangen.

VII.

An dich hab' ich geheftet mein Herz mit Banden dicht,
Die hat Gott so gekräftet, — die Welt zerreißt sie nicht.
Mit Fäden ist's gesponnen so stark und doch so zart,
Die Strahlen nur der Sonnen, die haben gleiche Art.
Viel tausend Haar' von Golde flichst du in deinen Zopf,
Und schlingst ihn fest, Vielholde, um deinen runden Kopf: —
Viel tausend mehr Gedanken hab' ich an dich gedacht,
Und hab' aus all' den schwanken Ein festes Band gemacht.

VIII.

Annalein, Annalein, höchster Schatz auf Erden,
Bleibe mein, bleibe mein, thu' kein's andern werden!
Sieh, mein Herz, sieh, mein Herz braucht dich ganz notwendig:
Ohne dich: — stummes Erz: — mit dir: — klanglebendig.
Wie ein Licht, halb entbrannt, das man schirmt vorm Winde,
Durch die Welt leiser Hand trag' ich dich gelinde.
Treu in Lieb und in Acht will ich stets dich hegen, —
Würd' es doch dunkle Nacht sonst auf meinen Wegen.

IX.

Wer da sieht die Augen dein, wird gut werden müssen,
Fleisch und Blut fällt ihm nicht ein, denket nicht ans Küssen.
Aber an den Himmel gern mahnt's ihn mit Verlangen,
Oder an den Abendstern, wie er kommt gegangen
Oder an den Morgentau, oder eine alte Weise,
Die seine Mutter, die gute Frau, sang in der Dämmrung leise.

X.

Ein freundlich Weib erfreut das Herz wie süßer Wein die Zungen:
Spricht sie, so ist's wie Glockenerz, in leisem Schlag erklungen,
Und schweigt sie, ist's wie blaue Nacht mit goldnen Sternenreihen,
Ihr Antlitz wann in Freude lacht, ist's wie ein Tag im Maien.
Und weint sie, ist's ein tiefes Leid, wie wann die Sonne sinket,
Und liebt sie, ist's 'ne Seligkeit, darin das Herz ertrinket:
Und wer ein Weib zu weinen macht, dem soll's an die Augen
                                                    gehen: —
Er soll nicht mehr die helle Pracht von Frauenschönheit sehen.

XI.

Ach Mädli rein, ich hab' allein auf dich mein Herz gerichtet:
Mein Kopf ist dein, mein Herz ist dein und was es denkt und dichtet.
Ich staune mich gewaltiglich, wie rasch das ist gegangen:
Ich grüßte dich, du grüßtest mich, — da war ich schon gefangen.
Nun bin ich dein, wie ein Mückelein, das in süßen Wein gesunken:
Nun saug' ich ein die Süße dein, bis daß ich bin ertrunken.

XII.

Du mein edles Blümlein, Blümlein jung und zart,
Sage mir, o sage, bist du treuer Art?
Bist du eine Rose, die's mit jedem treibt?
Bist du eine Lilie, die beständig bleibt?
Bist ein' eitle Tulpe, die sich zum Lobe reckt?
Bist ein stilles Veilchen, das sich gern versteckt?
Bist du falsch und eitel, — sag' mir's offen an,
Weil ich keine solche Blume lieben kann;
Doch bist du eine Lilie oder ein Veilchen gar,
Dann will ich dich lieben jetzt und immerdar.

XIII.

Du meines Herzens Krönelein, du bist von lautrem Golde:
Wenn andere daneben sein, dann bist du erst viel holde.

Die andern thun so gern gescheut, du bist gar sanft und stille;
Daß jedes Herz sich dein erfreut, dein Glück ist's, nicht dein Wille.
Die andern suchen Lieb' und Gunst mit tausend falschen Worten,
Du, ohne Mund= und Augen=Kunst, bist wert an allen Orten.
Du bist als wie die Ros' im Wald: sie weiß nichts von ihrer Blüte,
Doch jedem, der vorüberwallt, erfreut sie das Gemüte.

XIV.

O tugendvolles Mägdelein, sag', sprachst du nicht zum Scheine?
Ich bin ja gar nicht würdig dein und deiner großen Reine:
Du bist ein frisch gefallner Schnee, bist weiß wie Erdbeerblüte,
Dein Herz ein klarer Waldessee, ein Sonntag dein Gemüte.

XV.

Viel böse Zeit hab' ich verzehrt, eh' ich dich hab' gefunden:
Es hat die Welt mein Herz versehrt mit vielen roten Wunden.
Die Weiber fand ich falsch und schwank und keine hatte Treue:
Da ward das Herz mir zag und krank, der Minne hatt' ich Reue.
Doch du bist treu, dir trau' ich gern; läßt du dich falsch erfinden,
Wird auch dem schönen Morgenstern sein heller Glanz erblinden.

XVI.

Ach weh mir unglückhaftem Mann, daß ich Geld und Gut
nicht habe.
Sonst spannt' ich gleich vier Schimmel an und führ' zu dir im Trabe.
Ich putzte sie mit Schellen aus, daß du mich hörtest vom weiten,
Ich steckt' ein großen Rosenstrauß an meine linke Seiten,
Und käm' ich an dein kleines Haus, thät' ich mit der Peitsche schlagen:
Da gucktest du zum Fenster 'naus: „Was willst du?" thätst du fragen.
„Was soll der große Rosenstrauß, die Schimmel an dem Wagen?"
„Dich will ich," rief' ich, „komm heraus!" Da thätst du nimmer fragen.
„Nun, Vater, Mutter, seht sie an und küßt sie rasch zum Scheiden,
Weil ich nicht lange warten kann, meine Schimmel wollen's nicht
leiden."

XVII.

O wie groß Glück hat der gute Gott mir in deiner Liebe geben:
Der Gram der Welt ist mir nun Spott, nun leb' ich erst ein Leben!
Früh morgens, wann die Sonn' aufgeht und die Drossel singt vom
Baume,
Denk' ich: sein Liebchen nun ersteht daheim von süßem Traume.
Und Abends, kommen Mond und Stern, denk' ich: nun schickt die Süße
Mit jedem Stern dem Liebsten fern viel tausend, tausend Grüße.
Hör' ich den Finken schlagen hell, an deine Stimme denk' ich,
Seh' ich den klaren Wasserquell, mich in dein Herz versenk' ich.
Und seh' ich blühn das gelbe Korn, seh' ich deine goldnen Zöpfe:
Mein Lieb' ist mir der Zauberborn, draus alle Lust ich schöpfe.

XVIII.

All' mein Gedanken, mein Herz und mein Sinn,
Da wo die Liebste ist, wandern sie hin.
Geh'n ihres Weges trotz Mauer und Thor,
Da hält kein Riegel, kein Graben nicht vor,
Geh'n wie die Vögelein hoch durch die Luft,
Brauchen kein' Brücken über Wasser und Kluft,
Finden das Städtlein und finden das Haus,
Finden ihr Fenster aus allen heraus,
Und klopfen und rufen: „mach' auf, laß uns ein,
Wir kommen vom Liebsten und grüßen dich fein."

XIX.

Durch Feld und Thal hin streif' ich, da find ich, was ich brauch':
Ich brauche ganz notwendig einen wilden Rosenstrauch;
Denn Einen muß ich haben, dem ich von dir erzähl',
Und in der Stadt, der dumpfen, versteht mich keine Seel'.
Nur stille, schöne Blumen, die rein und duftig sind,
Verstehn das herzverwandte, das blumenhafte Kind.
Doch nicht die spröde Lilie, die kalt und fühllos blüht,
Sie schätzte nicht dein warmes, dein rosenhold Gemüt,

Auch nicht die Gartenrose mit ihrer Üppigkeit
Verstünde deine sanfte, stolze Bescheidenheit:
Nur die zarte wilde Rose, wie sie wächst im freien Wald,
Von Tannenduft umwoben, von Drosselsang umschallt:
Ihr, schlicht und jungenblieblich und frei und frisch und zart,
Nur ihr kann ich erzählen von dir und deiner Art.

XX.

Ein andres will ich wagen als rings der Weltlauf thut:
Die Wahrheit will ich sagen mit unverzagtem Mut.
Man will so sänftlich fahren in dieser feinen Zeit,
Ein Schrittlein in drei Jahren ist ihre Geschwindigkeit.
Man thut mit jedem Lassen, als hätt' er keine Haut,
Man stumpft erst das Gewaffen, eh' man den Gegner haut.
Die Dummheit heißt gemütlich, die Bosheit heißt Verstand,
So wäscht man wohlbehütlich einander sich die Hand.
Versamtet und verseidet wird jeder Zollbreit Kraft,
Das ist mir sehr verleidet und arg zuwiderhaft!
Mein Herz und meine Zungen soll stets zusammengehn
Und ganz und unzersprungen mein Leben sei zu sehn.
Muß ich schlagen einen Schlechten, so schlag' ich nicht im Scherz,
Darf ich loben einen Echten, so lobt mein ganzes Herz.

XXI.

Ach Lieb' ich soll dich lassen! Mein Herz will's nicht verstehn!
Das Haus, die kleinen Gassen, da ich dich zuerst gesehn!
Die Schwalben an den Nisten des Hauses bauten fromm:
Sie werden oftmals nisten, eh' daß ich wiederkomm,
Und in der Gass' der Flieder, der blühte weiß wie Schnee: —
Oft blüht und welkt er wieder, bis ich dich wieder seh'.
Und kehr' ich einst auch wieder, wohl find ich am alten Platz
Die Schwalben und den Flieder: — Gott weiß, ob dich mein Schatz!

XXII.

Die Frauen sind oft fromm und still, wo wir ungebärdig toben,
Und wann sich eine stärken will, dann blickt sie stumm nach oben.
Ihr' Kraft und Stärke ist gering, ein Lüftchen kann sie knicken,
Doch ist's ein eignes starkes Ding, wenn sie gen Himmel blicken.
Oft hab' ich selbst mit aufgesehn, sah die Mutter so nach oben:
Ich sah nur graue Wolken gehn und blaue Luft da droben:
Sie aber, wann sie niedersah, war voller Kraft und Hoffen: — —
Mir ist, die Frauen hie und da sehn noch den Himmel offen.

XXIII.

Das ist die Zeit, die mich erfreut, wann die Sonne geht zu
Rüste,
Wann reich die Abendglocke läut't, als ob sie sprechen müßte.
Nun ist die Arbeit ausgethan, nun laßt das Werkzeug stehen,
Nun darf vom niedern Erdenplan der Blick gen Himmel sehen.
In Ruh' und Dämm'rung friedevoll nun löst sich Licht und Stärke:
Die Mühe hatte ihren Zoll, nun denk' der Feier-Werke.
Froh prüfe, was du heut geschafft, — zu End' ist nicht zu sorgen, —
Bis hieher heut ging deine Kraft und auch ein Tag ist morgen.

XXIV.

Mein Lieb, was hab' ich dir gethan, daß du willst so schwer
mich strafen?
O sieh mich wieder freundlich an, ich kann nicht wachen, nicht schlafen.
Es geht ja nicht um Recht und Recht, wo sich zwei Herzen lieben:
Wer also liebt, versteht es schlecht, wär' besser davon geblieben!

XXV.

Nun wieder wie in frühen Tagen in hohem Pulsschlag geht mein Herz,
Und wie von Flügelschwung getragen schwebt frei die Seele himmelwärts.

Mir dünkt die Erde rings so heilig, die Welt, sie ist so morgenschön
Und Sternengoldschrift, tausendzeilig, durchwirkt mit Pracht die
blauen Höhn.
Mir ist, ich höre Geister reden von Glück in jedem grünen Strauch,
Die Welt: — ein Netz von Silberfäden — ich selbst darein ge-
sponnen auch.
Mir ist, lang bin ich blind gelegen und lerne nun erst wieder sehn:
Die Schönheit wallt auf allen Wegen und Wunder rings um mich
geschehn.
Wenn nicht die Welt aus Schlummerwogen verjüngt emporstieg
heute Nacht,
So ist mir Lieb ins Herz gezogen und hat mich wieder jung gemacht.

XXVI.

Nun auf mein Herz mit Singen, dein Schmerz ist ausgethan
Nun fleuch mit Lerchenschwingen zum blauen Himmel an.
Ich lag auf grünem Mose, sah traurig himmelwärts,
Da fiel eine süße Rose vom Himmel auf mein Herz.
Nun muß das Leid sich wenden und aller Gram zerstiebt,
Frohlocken sonder Enden! du weißt: du bist geliebt!

XXVII.

Ach hartes Herz, laß dich doch rühren und glaube's, daß du
glücklich bist:
An deiner Freude mußt du spüren, daß nun dein Frühling kom=
men ist.
Solang bist du in Frost gelegen, so tief hat dich das Eis bedeckt,
Daß, als der Lenz nun rief mit Segen, hat er dich lange nicht geweckt.
Geschmolzen schon war deine Rinde, du blütest schon — und
mußtest's nicht:
Doch nun wach auf, wach auf geschwinde; denn sieh, ringsum ist
Lenz und Licht.

XXVIII.

Das ist die Zeit zum Hoffen, wann mählich wächst der Tag,
Wann das Eis wird wieder offen und der Südwind braust im Hag.
Es läßt vom Schwalbenvolke kein Bote noch sich sehn,
Doch siehst manch leichtre Wolke du am sanftern Himmel gehn.
Noch nicht in festen Räumen zeigt sich des Frühlings Spur,
Sie naht in Wolken und Träumen und hoffenden Herzen nur.

XXIX.

Beßres hab' ich nicht gefunden in der Welt, — und die ist
weit! —
Als in Sommerabendstunden in die Felder gehn zu zweit.
Wann die ersten Stern' erglommen, wann die Sonne sinken will,
Wann vom Feld die Leute kommen und es dämmrig wird und still,
Wann die Schafe zu den Pferchen ruft der Hirt mit Hund und Horn,
Und, vom Singen müd', die Lerchen ducken in das gelbe Korn.
Beßres hab' ich nicht gefunden in der Welt — und die ist weit! —
Als in Sommerabendstunden in die Felder gehn zu zweit.

XXX.

Auf dich thu' ich fest setzen mein Leben und mein Herz:
Im Leiden mein Ergetzen, mein Glück bist du im Schmerz.
Und mag mich mächtig grämen die Welt mit ihrer Last, —
Sie kann mir's doch nicht nehmen, daß du so lieb mich hast.
Ob meine Sterne alle am Himmel untergehn, —
Ich muß in diesem Falle nach deinen Augen sehn.

XXXI.

Das alte Jahr vergangen ist mit allen seinen Stunden:
Herz, raffe dich zu dieser Frist empor, — du sollst gesunden;
Und wie ein Mann, der baden will, erst abthut sein Gewande,
So lege deine Schmerzen still an des alten Jahres Rande.
Getaucht nun in die frische Flut, und die Seele Gott empfohlen: —
Die Kleider liegen am Rande gut, will sie nicht wieder holen.

XXXII.

Sie hält wohl noch zusammen eine Weile, die alte Welt,
Ob ihr mit Dampf und Flammen auch noch so d'rin rebellt,
Ob ihr mit Hämmern und Klopfen und Schürfen rings hantiert: —
Ihr schwitzt noch manchen Tropfen, bis ihr alles verindustriert!
Trotz eurem Qualmgedränge, wo man das Atmen vergißt, —
Noch giebt's eine schwere Menge, was frei und fröhlich ist:
Die goldne Naht der Sterne hält noch am Himmelsblau,
Auf dem festen Felsenkerne ruht noch der Erdenbau.
Noch rauschen frei die Wogen und der grüne Wald zumal,
Und der liebe Regenbogen schaut freundlich noch zu Thal: —
Wie schwer die Menschen plagen, die gute alte Welt, —
Sie kann noch viel vertragen, bis sie zusammenfällt.

XXXIII.

Die hellen, leichten Wolken, die dort am Himmel gehn,
Die haben fern im Osten den lieben Lenz gesehn.
Dort, unter schlanken Palmen, ruht er in weichem Traum, —
Ob's Zeit ist, schaut er manchmal schon auf zum Himmelssaum.
Noch aber fliegen die Schwalben um den Palmen=Baldachin,
Und er weiß, er darf erst kommen, wann vorauf die Schwalben ziehn.
Da dreht er sich zur Seite und schläft von neuem ein.
Doch die hellen Wolken sahen seines wachen Auges Schein:
Sie wurden davon so helle, — ein Zauber ist ihnen geschehn,
Und von Frühling ahnt's den Menschen, die sie oben ziehen sehn.

XXXIV.

Nun bist du wiederkommen, vielsüße Weihnachtszeit!
Einst kamst du mir mit frommen Engeln im Geleit:
Ich sah in die blauen Räume, ob nicht von ihrer Hand
Viel tausend Weihnachtsbäume an den Sternen würden entbrannt,
Von den Birken weiß bereifet wann fiel des Flaum=Schnees Last,
Dacht' ich: im Flug gestreifet hat Christkindlein den Ast. —

Heut zweifelt aus tausend Gründen mein armes Herz daran,
Daß an den Sternen zünden den Baum die Englein an:
Nun trat mit vielen Treuen meine Mutter an Engleins Stell': —
Und sollt' mich's minder freuen und brennt er minder hell?
Nein, die Liebe leuchtet wärmer als der Kinderglauben einst:
Mein Herz, du bist nicht ärmer, du bist reicher als dereinst.

XXXV.

Und käm zu mir das schönste Weib, das je geblüht auf Erden
Und spräch: „Mein wonniglicher Leib, er soll dein eigen werden,
Doch singen darfst du fürder nie, das Lied mußt du verschwören:" —
Ich sagte: „Du Vielschöne, flieh, du sollst mich nicht bethören."
Und stieg von seinem hohen Thron der König selber nieder
Und riefe: „Nimm die reiche Kron', doch lasse deine Lieder," —
Ich sagt': „Herr König, tausend Heil! Bleib du da oben thronen,
Die frohe Kunst ist mir nicht feil um tausend goldne Kronen."
Und läßt mich Gott zum Himmel ein, troß aller meiner Mängel,
Und sagt: „Hier mußt du stille sein, hier singen nur die Engel:" —
Ich sagte: „Lieber Gott, laß mich auf deiner schönen Erden,
Denn ohne Lieder könnte ich auch droben froh nicht werden."

XXXVI.

Ach Lieb, ich muß nun scheiden, gehn über Berg und Thal:
Die Erlen und die Weiden, die weinen allzumal.
Sie sahn so oft uns wandern zusammen an Baches Rand,
Das eine ohne den andern geht über ihren Verstand.
Die Erlen und die Weiden vor Schmerz in Thränen stehn, —
Nun denket, wie's uns beiden erst muß zu Herzen gehn!

XXXVII.

Wie ein Rubin in feinem Golde liegst du in meiner Brust
gefaßt:
Ich hege dich, du Wunderholde, als meines Herzens Ehrengast.

Viel könnt' ich aus der Brust verlieren, sie bliebe dennoch heil und ganz,
    Doch würdest du sie nicht mehr zieren, sie wäre sonder allen Glanz.
Dich hat mein Herz so fest umschlungen, ein Goldring den Rubinen klar,
    Ach, würdest du dem Ring entrungen, — zerspringen müßt er ganz
und gar.

XXXVIII.

Wer sich allein auf Glück verläßt, der wird's nicht lange
treiben:
    Glück ist ein flücht'ger Wandergast, will nirgend lange bleiben.
Bestelle du dein Werk so treu, daß es gedeihen könne,
    Und dann erwarte sonder Scheu, welch' Schicksal Gott ihm gönne,
Das Sä'n ist dein, das Ernten nicht, drum rühre deine Hände:
    Ein Glück schon ist erfüllte Pflicht, wie sich der Ausgang wende.

XXXIX.

Du klagst, der Tod, der ferner droht, der trübe dir das Leben,
Im Morgenrot, wie schön es loht, siehst du schon Abendbeben: —
O schöne Frau, gedenk und schau, wie bald die Rosen
sinken: —
    Auf grüner Au den Morgentau siehst du doch froh sie trinken.
Den Sonnenschein ins Herz hinein siehst du doch gern sie schlürfen:
    Sie wollen sein glückselig sein mit Dank, solang sie dürfen.
Darum nicht Leid und Traurigkeit zieh' aus dem Todeslose:
    An Dankbarkeit — wie Lieblichkeit — besiege du die Rose.

XL.

Wer sich mit einem Weib verbind't, der waget viele Schmerzen:
    Wohl fügt sich Mund auf Mund geschwind, doch langsam Herz
zum Herzen. —
Es glaubt sich leicht in grünem Hag, die Liebe sei zu wagen,
    Wann laut am blauen Sommertag die frohen Finken schlagen.
Es glaubt sich leicht bei goldnem Wein, die Liebe sei gefunden,
    Wann rasch und hell wie Sonnenschein vorüberziehn die Stunden. —

Da hat für eine Ewigkeit schon Mancher sich verschworen: —
Und rasch wie Rausch und Sommerzeit die Liebe war verloren.
Wer sich mit einem Weib verbind't, soll sich auf Gott besinnen,
Und seh'n, ob ihre Augen sind, daß Gott sich spiegle drinnen.

———

Nach der Krankheit.

I.

Weil du mich hast mit deiner Hand berühret,
    Du Gott des Lebens, der mich ließ gesunden,
    Des Fiebers Erzband mir vom Haupt gewunden,
Und in die schöne Welt mich rückgeführet, —
So will ich dir den Dank, der dir gebühret,
    Auszahlen reich in allen künftigen Stunden; —
    Ich hab', als ich in Ohnmacht lag gebunden,
Des Schaffens Drang wie nie zuvor gespüret.
Ich weiß nun: aller Müßiggang ist Tod,
    Das straff-gespannte Wirken nur ist Leben,
    Des Menschen ärgste Sünde heißt Erschlaffen.
Ich will des Lebens Schätze goldigrot
    Aus jeder flüchtigen Sekunde heben,
    Als sollt' ins Grab mich schon die nächste raffen.

II.

Nun wieder schüchtern wie ein Knabe tret' ich in deine Freuden, Welt,
Entzückt von jeder kleinsten Gabe, die freundlich in den Schoß mir fällt.
Mir ist, ich sehe diese Sonne zum erstenmal so warm und hold,
Wie Silber lebt's im Waldesbronne, in Abendwolken lebt's wie Gold.
Nun weiß ich erst, welch' schöner Schimmer auf hellen Menschen-
    augen liegt,
Und diesen Wohlklang kannt' ich nimmer, der sich auf Menschen-
    worten wiegt.

Wie frei und lieblich ist's, zu wandeln, wohin begehrt die volle
Brust,
Wie herrlich ist's, mit Kraft zu handeln und zu genießen dann
mit Lust.
Gegrüßt, gegrüßt mit offnen Armen, du neugeschenkte, schöne Welt,
Nun laß mich ganz an dir erwarmen, das Herz von Lieb' zu dir
geschwellt!

An die Verächter der Form in der Dichtung.

Beruft euch nur auf eure innre Glut und Schöpferkraft, die sich
nicht fassen kann:
Der Muse Herd brennt nicht in Lavawut und wo die Schönheit
kommt, geht Maß voran.
Ihr wollt der Brandung Gischt, wie er im Tanz der Wellen funkelt
als ein flücht'ger Dunst:
Ich aber will den Regenbogenglanz, der in den ew'gen Perlen
strahlt der Kunst.

Das Weltgesetz.

Ihr, die ihr einen milden Vater jenseit der Wolken walten wißt,
Der Helfer euch im Kampf und Rater und Tröster euch im Un-
glück ist,
Ich neid' euch nicht, ob überschwänglich er sich in Wundern euch
enthüllt: —
Mit Kraft und Frieden unvergänglich hat auch mein Gott mein
Herz erfüllt.
Weiß ich den Geist doch ringsum walten, der alles Leben füllt und
trägt,
Und seines Mantels heil'ge Falten um alle Welten schützend schlägt.

Und wie im Prachtgewand der Sterne und in des Veilchens zartem
Kleid
Lebt er in jedes Wesens Kerne: — der Pulsschlag der Notwendigkeit.
Mein Denken jauchzend ihn begleitet, er läßt sich liebevoll verstehn,
Ob er in Donnerwolken schreitet, ob säuselt in der Halme Weh'n.
Und wie die Selbstsucht allnotwendig er zieht in Todesstrafgericht,
Läßt er den freien Geist lebendig sich tauchen in der Weisheit Licht.
In seinen Höhen wird es stille, der Wahn von Lust und Schmerz
verhallt:
Es herrscht ein unbewußter Wille in aller Wesen Vielgestalt.
In dieses Urgesetzes Weben, ob es vernichtet, ob erhält,
Hab' ich mein Streben und mein Leben, hab' ich mein alles fromm
gestellt.

Herbstwunsch.

Es kommt der Herbst, und reichbeladen ziehen
　　Viele schwere Wagen heim die goldne Frucht,
Doch ach! des Frühlings Schwalben bange fliehen:
　　Nach wärmeren Landen geht die rasche Flucht.
O möge nie mein Herz so sehr erkalten,
　　Daß seine Träume schüchtern von ihm ziehn:
Mög' ich in meinem Herbste mir erhalten
　　Die Schwalben meiner Frühlingspoesien,
Und sie vorauf dem früchtereichen Wagen
Den bunten Erntekranz der Dichtung tragen!

Episches.

Die thörichte Jungfrau.
(1850.)

In Schlummer sah ich liegen vier Jungfrau'n wunderbar:
In Zauberschlaf und Ketten jede gebannet war.
So schliefen sie und lagen viel hundert Jahre lang,
Bis sie ein Engel Gottes rief mit Posaunenklang:
Und sieh, auf stolzer Insel regt sich die eine Maid,
Die Ketten fallen klirrend: — sie wacht: — sie ist befreit;
Und wieder ruft der Engel: — und überm Meer erwacht
Die zweite von dem Schlummer und bricht des Zaubers Macht;
Es wacht beim dritten Rufe die dritte freudig auf,
Und setzt die rote Mütze statt des Lilienkranzes auf.
Und wieder ruft der Engel: und wie in schwerem Traum
Regt sich die vierte Jungfrau, — die unterm Eichenbaum.
Die Kaiserkrone fällt ihr, die alte, von dem Haupt: —
Doch hat sie nicht dem Engel den Rettungsruf geglaubt:
Sie träumt und schlummert weiter! — Weh deine Zeit war da,
Hast sie verträumt auf ewig: — weh dir Germania!

Vision.

Durch die jungfräulichen Meere nie befahrner Oceanien
    Streicht im Mondlicht die Galeere mit der Flagge von Hispanien.
Gleich entstehenden Gedanken taucht empor dort Küstensaum:
    Fern im Duft noch stehn die schlanken Kokospalmen wie ein Traum.
Und die roten Sterngebilde, nie geschaut vom Europäer,
    Sehn das Schiff bei Ostwind milde nah dem Strande ziehn und näher.

Am Verdeck in leisem Schlummer liegt bei Fernrohr und Quadrant
   Einer, dem Gedankenkummer tief sich in die Stirn gebrannt. —
Sieh', da stehn vor der Galeere Vorderbug zwei Frau'ngestalten,
   Und das Schiff vom schwanken Meere wie vom Anker steht gehalten.
Und die jüngre, um die Schläfe einen bunten Federnkranz,
   Hebt, daß sie zermalmend träfe, hoch die Hand im Mondenglanz:
„In den Abgrund sei versunken, Schiff, mit Unheil hoch beladen!
Kühner Mann, gedankentrunken, sollst nicht meinem Lande schaden!
Von den keuschen Blütenfeldern soll den Schmelz kein Frembling
              streifen,
   Frei und rein in ihren Wäldern sollen meine Söhne schweifen.
Harmlos, in glücksel'ger Wildung ewig sei mein Garten frei
   Von dem Mehltau eurer Bildung, von dem Frost der Thrannei.
So versink': und die Gedanken, welche ringend du ersonnen,
   Waren Schaum und sind im schwanken Naß, das dich begräbt,
              zerronnen!"
Doch die andre, in den Haaren die gezackte Mauerkrone,
   Hemmt den Streich, das Schiff zu wahren; „Schwester" — ruft
              sie — „halt' und schone!
Steht auf dieses Schiffes Fahnen auch nur Durst nach Gold und
              Macht, —
   Nur Ein Gut, das sie nicht ahnen: Freiheit, ist des Schiffes Fracht.
Herrschaft, die auf Blut sie gründen, trinkt das Blut, das sich sein
              Recht schafft,
   Gold erschaufeln sie mit Sünden und erschaufeln sich die Knechtschaft.
Aber einst, wann in Europe rings die Freiheit ist umstellt,
   Die gehetzte Antilope, flieht sie aus der alten Welt.
Flieht vor ihren Hetzern blutig auf die letzte offne Bahn,
   Stürzt sich in das Weltmeer mutig und durchschwimmt den Ocean.
Ein Asyl hat ihr bereitet hier dies Schiff vorausgewallt,
   Und wie sie den Strand beschreitet, da vertauscht sie die Gestalt:
Denn die Hindin, allmißhandelt, deren Waffe nur die Thräne,
   Schüttelt nun, zum Leu'n verwandelt, grimmig brüllend ihre Mähne.
Und es bringt der löwengrimme Schall durchs Meer, durch jede Zone,
   Und erschreckt von dieser Stimme wanken hundert morsche Throne.

Auf, du kühner Wogenmesser, der du stark und siegesfroh
    Trugst den Gott durch die Gewässer, lande nun: Christofero!"
Seine Stirne strich sie sachte und im Morgenlicht sie schwand,
    Und Kolumbus, der Erwachte, sprang empor und jauchzte: „Land!"

Lord Murray und Lady Anne.

I.

Die Sonne sank auf Teviotthal, rot schimmerten Berg und Heide,
    Lord Murray und sein jung Gemahl, die saßen im Erker beide.
    „Lady Anne, du bist so rein, so hold, bist ohne Falsch und Fehle,
    Mein Haar ist weiß, dein Haar ist Gold, doch mein ist deine
                Seele;
    Du bist ein liebes, treues Weib, fremd eitler, böser Begierde,
    Klar ist dein Herz und süß dein Leib, du bist Lord Murrays
                Zierde!"
Und er zog an sich das junge Weib: da lächelt ihr Auge, das klare,
    Sein Arm umspannt ihren schlanken Leib, sie streicht seine weißen
                Haare.
    Er küßt ihren Mund, ihre Wangen heiß, er zieht, ihren Hals zu
                küssen,
    Herab den Kragen seidenweiß: — da hat sie erröten müssen,
    Das rote Blut in die Wangen ihr schoß, ihre bleichen Lippen beben:
    „Was trägst du im Busen in goldnem Schloß? Ich habe dir's
                nicht gegeben!
    Was trägst du am Herzen, an seidnem Band, was bist du so
                hart erschrocken?
    Die Kapsel springt: — ein Liebespfand! Weib, wes sind die
                schwarzen Locken?"
— „Mein Vater, Lord Leicester in Derbyshire, hat mir die Locke
                gegeben" —
    „Dein Vater hat weißes Haar gleich mir, solang du bist am Leben,"

— „Lord Murray — o preßt nicht die Lippen zu — 's ist von meiner
Mutter Haaren." —

„Lady Anne, deine Mutter war blond wie du: — das Lügen solltest
du sparen.

Dein süß, falsch Blut, ich schwör' es dir, ich will es nicht verderben:
Wenn du deinen Buhlen nennest mir: denn der, bei Gott! muß
sterben." —

— „Ja, das Haar ist von Vater und Mutter nicht, Lord Murray,
ich will nicht lügen:
Doch den Namen, den Namen nenn' ich nicht, ob mich alle Heiligen
frügen." —

— „Drei Tage gönn' ich dir auf Kerkerstroh: du stirbst oder wirst
ihn sagen,
Ich aber, — ich werde nie wieder froh in allen meinen Tagen!"

II.

Zweimal kam Mond und Sonnenschein; öd' war und einsam der Erker,
Lord Murray saß im Gemach allein, Lady Anne, die lag im Kerker.
Lord Murray saß im Gemach allein, die Hand vor die Augen ge-
preßet;
Childe Arthur bracht' ihm den Abendwein: „Mylord, nun trinkt
und esset;
Was immer Euch traf, — laßt's vergangen sein, verspült's im
edeln Weine!
Was sitzt Ihr mit Eurem Gram allein? Wo ist unsre Lady, die
reine?" —
Auf stand Lord Murray, der alte Mann, naß waren und rot seine
Augen:
„Childe Arthur, mein Page, was siehst du mich an? Mir kann
dein Wein nicht taugen."
— „Soll ich rüsten gehn Euer Federspiel? Oder wollt Ihr den
Damhirsch hetzen?
Wollt Ihr mit der Lady auf leichtem Kiel in den Fluß mit Angel
und Netzen?"

— „Meinen Falken sollst du rüsten nicht, ich will nicht fischen und
jagen:

Denn meinem Weib am nächsten Morgenlicht muß ich das Haupt
abschlagen."

Childe Arthur that einen Schmerzruf jäh, den Becher stürzt er
zur Erde,

Und er fiel in den Schoß dem Lord Murray und Entsetzen war
seine Gebärde.

„Childe Arthur, mein guter Page bist du, ich habe dich lieb wie
keinen!

Du allein sollst's wissen: nun hör' mir zu: — dann wollen wir
beide weinen.

Lady Anne, die ist ein falsches Weib, trotz ihren Augen, den klaren:
Von einem Buhlen auf ihrem Leib thut sie schwarze Locken bewahren!"

Auf raffte sich da der Page schnell und wollte zur Thüre fahren,
Lord Murray rief: „Was hast du Gesell?" und haschte ihn an den
Haaren,

Und sein Auge fiel auf sein dunkles Haar: — da ward er zum
Tod erschrocken.

Und er griff an den Dolch und er schrie: „Fürwahr, das sind die
schwarzen Locken!

Sie brachte dich mit von Derbyshire: o Gott, nun muß ich's gedenken!

Du warst wie mein' eigner Bruder mir und konntest so hart mich
kränken?

Ich hab' dir gepfleget Seel' und Leib, hab' dich wie mein Kind
gehalten,

Und du, du hast geküßt mein Weib, und verhöhnt hast du den Alten!
Childe Arthur, nun sprich dein Abendgebet deiner armen Seele wegen:
Doch bete fromm, sonst ist's zu spät: — nie mehr sprichst du den
Morgensegen."

Und er warf auf den Marbeltisch den Stahl, das goldne Schloß
daneben: —

Die Sonne schien blutig in den Saal durch die grünen Epheureben.

„Lord Murray, nun hört mich in Geduld: drei Worte will ich
Euch sagen!

Euer Weib ist rein und ohne Schuld wie der Tau an Maientagen:
Lady Anne ist mein Buhle nicht, sie ist meine liebe Schwester." —
— „Das lügst du mir, Knabe, ins Angesicht, keinen Sohn hatte
Lord Leicester."

„Meine Mutter, vergieb mir in deiner Gruft: — deine Ehre um
die der Schwester! —

Sie atmet noch in der blauen Luft, und du liegst tot, Lady Leicester. —
Wißt — Lord Leicester lag lang im Todesschlaf, seine Witwe hatte
vergessen: —

Da hat ihr Herz ein welscher Graf in wilder Liebe besessen.

Es steht ihrer Sünde Sohn vor dir: hier ist ihr Siegel und Wappen.
Sie zog mich auf in Derbyshire als ihren Falkenknappen.

Und sie hat die alte Schuld vertraut im Tod ihren Kindern beiden.
Da ward meine Schwester deine Braut: ich konnte nicht von ihr
scheiden!

Und weil sich Schwester und Bruder nicht frei kosen durften und küssen,
Hat sie ihre Liebe vor deinem Gesicht im Herzen verbergen müssen." —
Da ward Lord Murray ein froher Mann, er küßte ihm Augen
und Wangen: —

„Nun ist mir, als ob im grünen Tann zwölf Nachtigallen sangen."
Und er flog hinunter durch Söller und Gang, auf sprangen Riegel
und Kerker,

Lady Anne er auf seine Arme schwang und trug sie hinauf zum Erker.
— „Ich bin Childe Arthurs Buhle nicht, ich schwör's bei meiner
Seele!"

„Nein, du bist rein wie Morgenlicht, bist ohne Falsch und Fehle."
Da ging ein wunderschöner Strahl über ihr Gesicht, das bleiche:
Ihren süßen Mund küß't ihr Gemahl, der Bruder die Hand, die
weiche.

„Doch was thast du nicht meinem bösen Wahn mit drei kleinen
Worten wehren?"

— „Lord Murray, das wäre nicht wohlgethan: denn die Mutter
muß man ehren." —

„Du bist in England das beste Kind und das reinste aller Weiber!
Childe Arthur, mein Page, nun auf geschwind, nun rüste mir Jäger
und Treiber,
Mein Federspiel nun rüste mir zu: zur Jagd wird fröhlich geritten:
Ich reite rechts, links reitest du, Lady Anne in unsrer Mitten."

Gudruns Klage.

Sie stand am Meeresstrande, die edle Maid Gudrun:
„Ach, Magd im fremden Lande bin ich drei Jahre nun!
Gewand wasch' ich und Kleider der bösen Königin,
Ob ich auch selber, leider! eines Königs Tochter bin.
Muß waschen ihr und spinnen drei lange Jahre schon,
Ich kann ja doch nicht minnen Herrn Hartmuth, ihren Sohn: —
Ich kann ja nicht vergessen, viel-trauter Herwig, dein!
Was thust du unterdessen, du und der Bruder mein?
Ach, Ortewein, mein Bruder, ach, Herwig, teurer Mann,
Was rührt ihr nicht die Ruder und legt die Waffen an?
Ach, sähet ihr mich Arme, wie ich leide Schmach und Not!
Vom Meerwind und vom Harme sind meine Augen rot.
Und wann meine Finger bluten, — das Wasser ist so rauh! —
Dann droht sie mir mit Ruten, die böse Königsfrau,
Wenn alle die Gewande nicht rein gewaschen sind,
Gerieben mit feinem Sande, getrocknet an dem Wind. —
Was mögt ihr unterdessen in der lieben Heimat thun?
Weh dir, du bist vergessen, du arme Maid Gudrun!"

Jagdruf.

Hallo, Hallo, Hallo!
Die Jagd macht frisch und froh!
Auf, liebliche Jägerin, banne den Traum!
Heb' die goldnen Locken vom weichen Flaum,

Im Hofe scharret dein milchweiß Roß.
Bunt wimmelt der Knappen harrender Troß,
Und, mutig zum Fluge die Schwinge gespannt,
Der Falke ruht auf des Pagen Hand.
Die Morgenglocke silbern klingt,
Die Lerche sich hoch zur Sonne schwingt,
Es funkelt der Tau am Hagedorn,
Und lockend und freudig rufet das Horn:
Hallo, Hallo, Hallo!
Die Jagd macht frisch und froh!

Heraus, ihr Ritter, so keck und kühn!
Die Nebel fallen, die Berge glühn,
Der Morgen rauscht durch den Eichenforst,
Der Adler streicht von dem Felsenhorst
Und tief in dem dunkeln Waldgeklüft,
Auf moosigem Pfühl, in Gestrüpp und Geklüft,
Der grimme, gewaltige Eber liegt:
Er wetzet die Hauer, wann fernher fliegt
Die Jagd und das hallende Horn! —
Und der edle Hirsch am klaren Born,
Von jungen Erlen und Weiden umlaubt,
Lauschend erhebt das gekrönte Haupt:
Er sichert scheu, er äuget klug
Und über die Hecken in leichtem Flug
Setzt er hinweg, so frei und hoch: —
Die Heckenrose schwanket noch,
Und er ist schon weit über Berg und Thal! —
Zu Roß, zu Roß ihr Jäger zumal,
Mit Falk' und Hund, mit Speer und Sporn,
Und weithin rufe das hallende Horn:
Hallo, Hallo, Hallo!
Die Jagd macht frisch und froh!

Don Alfons de Sanduval.

I.

In dem Erker seines Schlosses, hoch ob dem Provencethal,
  In dem Glanz der Morgensonne stand Alfons de Sanduval.
Niemand hat des Schmerzes Wolke je auf seiner Stirn geschaut:
  Und für ewig hell und golden war ihm Freude angetraut.
Seine süßen Lieder flogen durch die Fluren der Provence,
  Und nach seinen Weisen zogen gern die Fluten der Durance.
An der tapfern Brust gebrochen splitternd manche Lanze springt
  Und vor seinem Blick zu Boden manche dunkle Wimper sinkt.

II.

Und er stand vom Licht umflossen wie der Frühling hell und froh,
  Sang von Liebe und Dolores, sang von Ruhm und Gonsalo.
Denn Dolores war die Rose seines Liedes, seiner Wahl,
  Und sein Freund war und sein König Gonsalo — und sein Rival.
„Sprich, wem einst, du holde Knospe, sich dein Kelch erschließen muß?
  Ob der königlichen Sonne, ob des Westhauchs leisem Kuß?
Zieret dort der goldnen Krone sorgenvolle Ehre dich, —
  Heiter hier um deine Locken schlingt der Kranz des Liedes sich.“

III.

Zu des Sanges letztem Tone laut das Horn des Türmers schallt: —
  Nach dem Schloß auf raschem Rosse jagt ein Ritter aus dem Wald
Aus dem Sattel vor dem Thore leicht ein bleiches Weib er hebt: —
  's ist der König und Dolores — und Alfonsos Seele bebt.
„Rett' uns, Freund, vor den Verfolgern! Rasch dein andalusisch Roß, —
  Heute Nacht entfloh Dolores mit mir aus des Vaters Schloß.“
Und dem Fürsten beugt Alfonso tief das Haupt und seiner Braut:
  Seine Thräne blieb verborgen: Niemand hat sein Weh geschaut.

IV.

„Durch den Engpaß von Soltona, auf, mein König, rasch geflohn! —
Und solang' ich atme, soll euch ein Verfolger nicht bedrohn."
Drückt zum Abschied noch am Thore lächelnd seines Freundes Hand,
Hebt sie in den Sattelbogen, küßt ihr flatterndes Gewand.
Und sein Häuflein hat gewonnen kaum den Paß in dünnen Reihn,
Als dreihundert Reiter brausend brechen über sie herein.
Hei, was rote Funken stoben! Hart und heiß traf Stahl auf Stahl:
Oftmals hat er gut gefochten: — schrecklich heut' focht Sanduval.
Sang ein wildes Lied des Grolles zu dem Takt der Eisenhand,
Und zum Schlusse jeder Strophe flog ein Helmbusch in den Sand.
Solch' ein Minnelied des Zornes dünkt den Feinden böser Ton:
Ehre, Sieg und hundert Tote ließen sie am Platz und flohn:
Auch Alfons hat ausgefochten, und hat ausgesungen dort:
Doch im Provençaler Volke lebt sein Name fort und fort.

Jung Douglas und schön Rosabell.

I.

„Sollst weinen nicht länger schön Rosabell!
Ich sage dem Vater mein Herz zur Stell'.
Wohl hat er drei Schlösser und viel rot Gold,
Du hast nur deine Wangen hold, —
Ich laß' ihm die Schlösser, ich will nur dich,
Ich bin sein Sohn, doch kein Kind bin ich.
Ich hole dich, wann der Morgen graut:
Dann kränze mit Rosen dich, süße Braut!"
Er küßt sie und lacht: — doch bangt er im stillen:
Nie hat er gewollt noch eigenen Willen.
Sie blicket ihm nach mit seligen Sinnen, —
Er reitet nach Douglas Schloß von hinnen.

II.

Das Auge gesenkt, das Barett in der Hand,
Der Knabe vor dem Grafen stand.
Der furchte die Stirn, ein finstrer Mann:
„Du toller Bube, was ficht dich an?
Du liebst die schlechte Fischermagd?
Des Douglas Sohn ist längst versagt:
Schon Morgen reichst du deine Hand
Der reichsten Erbin von Engelland,
Sonst werf' ich dich in so bösen Ort, —
Nicht Mond, nicht Sonne bescheint dich dort!"
Und er spielt mit dem Gürtel, er dreht den Hut,
Sein' Hand ist kalt, seine Wange Glut: —
Doch nie hat er dem Strengen widersprochen: —
Ist auch jetzt nur jammernd ins Knie gebrochen,
Und hat geweint viel Thränen hell. —
        Wehe dir, arme Rosabell!

III.

Und der lachende Morgen scheint ins Thal:
In den Garten sie fliegt mit dem ersten Strahl,
Die schönsten Rosen, die sie fand,
Die tauigen, bricht sie mit weißer Hand.
Sie gürtet lose das Morgengewand,
Sie stehet harrend am Fensterrand,
        Und strählt ihr wallendes Haar,
        Goldig und weich und klar,
Horch' auf, — horch auf: — das ist Hörnerklang! —
Was ziehet durchs Thal den Fluß entlang? —
Ein schimmernder Zug: — das ist Douglas' Panier —
Er ist's, er ist's, Wort hält er ihr,
Er holt sein Lieb mit Prunk und Zier! —
Doch er neigt das Haupt, — er blickt nicht auf, —
Der Graf hält die Hand am Schwertesknauf: —

Ein stolzes Weib an seiner Seite: —
Sie ziehen vorüber mit dem Geleite —
Sie lenken nach dem Waldschloß dort: —
Ein glänzendes Traumbild ziehen sie fort. —
Rosabell spricht kein armes Wort,
Nimmt die Rosen vom Haar, bleibt sinnend stehn: —
Leis unten im Flusse die Wellen gehn.

V.

Und im Hochzeitsschloß ist's festlich und laut:
In Juwelen schimmert die reiche Braut. —
Jung Douglas stiehlt sich von Tanz und Mahl,
Er schreitet leis aus dem wimmelnden Saal
In den Wald: — sein Sinn ist schwer.
Die Tannen seufzen rings umher. —
Ihm ist so bang und es drückt so schwül, —
Dort unten am Fluß ist's frei und kühl.
Und er steht und denket an Rosabell: —
Da treiben im Flusse still und hell
Drei rote Rosen vorbei:
Dann eine schlanke, weiße Gestalt: — —
„O Gott! Halt! Halt!" — —
Jung Douglas thut einen wilden Schrei,
Er springt hinein: — er hascht sie gut
Und sinkt mit ihr tief in die Flut.

Reiterleben.

Ein brausendes Leben ist unser Los!
   Wir haschen im Fluge die Stunde, —
Das Lager liegt dunkel in Schlummers Schos: —
   Wachtfeuer erlöschen: — die Runde

Stützt das müde Haupt aufs Gewehr: —
Da sausen wir rasselnd daher:
　　Über Graben und Brücke, Verhack und Schanz'
　　Mit Hornschall fliegt der tödliche Tanz:
　　„Wer da?" „Der Tod!" — Hei, Büchsenknall!
　　Wir sind hier, wir sind dort, wir sind überall!
Und eh' der erschrockene Feind sich gereiht,
Sind wir mit Sieg und Beute weit:
　　Wir kommen und gehen im Sturm!

Wir sprengen ins sonnige Winzerthal:
　　Für uns die Mädchen, die Reben!
Rasch fülle, du blondes Kind, den Pokal,
　　Gar flüchtig ist Reiters Leben.
Schnell die Blumen ins Haar und den Mund zum Kuß,
Und zum wirbelnden Tanz: — horch auf, ein Schuß!
　　Zu den Waffen, zu Roß! Trinkt die Becher leer!
Und die Dirne geküßt: — wir kommen nicht mehr:
　　Wir freien und trinken im Sturm.

Und hat das Leben die schwellende Brust
　　Aufs reichste mit Freude durchdrungen,
Dann frisch aus der schäumenden Jugendlust
　　In den eisigen Tod gesprungen!
In das siedende Blut schlägt tödliches Blei: —
Nicht gewanket darum aus der ehernen Reih',
Vorwärts gejagt, 'in den Feind gebraust,
Wie der Wind in dürre Blätter saust,
Durch Flammen und Lanzen den Rappen gehetzt,
Bis die freudige Kraft sich versprüht zuletzt,
Bis Roß und Reiter zusammenbricht,
Eher geruht und gerastet nicht: —
　　Wir leben und sterben im Sturm!

Die Hexe.

Wenn du ein Hexlein richten soll't, blick nicht ihr in die Augen,
　Sonst wird dein thöricht Herz ihr hold, kann nicht zum Richten
　　　　　taugen.
Das hat den Burggraf von Tirol geführt in Tod und Schande:
　Der war ein junger Ritter wohl und Richter in dem Lande.
Zu Bozen an dem schwarzen Stein, da saßen Schöffen elfe: —
　„Die Hexe muß verbronnen sein" — sprach er — „so Gott mir helfe.
Du Klägerin, sag' an geschwind, wes willst du sie bezichten?"
　„Sie ist ein höllisch Wechselkind, ihr Trachten bös und Dichten.
Sie hat eine scheue stille Art, das Mannsvolk zu bethören,
　Und wen sie anblickt stumm und zart, der muß ihr angehören.
Meinem Eh'herrn hat sie's angethan mit ihrem schwarzen Blicke:
　Er folgt ihr nach auf Weg und Bahn, als führt' sie ihn am Stricke.
Der Fischer Kurt sprang in den See, — so wild mußt' er sie lieben,
　Den Schütz von Klausen hat's vor Weh' in Kampf und Tod getrieben;
In Kirch' und Messe geht sie nicht, ein Greu'l sind ihr die Glocken,
　Und grünes Zauberkraut sie flicht in ihre schwarzen Locken.
Man weiß es nicht, woher sie kam, fremd ist ihr bunt Gewande,
　Ihre Sprach' ist fremd und wundersam, sie hat kein Recht im
　　　　　Lande."
„Ihr Schöffen, die das Recht ihr kennt, nun heisch' ich eure
　　　　　Stimmen!" —
„Das Recht ist: eh' die Hexe brennt, soll erst die Hexe schwimmen:
Werft sie gebunden in den Teich, die Hexe kann nicht sinken,
　Der Teufel trägt sie federgleich und läßt sie nicht ertrinken." —
Und von dem Stein der Burggraf schritt mit allem Volk zum Weiher:
　Zwei Schergen schleppten die Hexe mit, gehüllt in dunkle Schleier.
„Halt — laßt mich erst dem Teufelskind in die Kobold=Augen schauen:
　Und ob sie Zauberkohlen sind, — mir soll davor nicht grauen." —
Er reißt den Schleier fort mit Macht: — da war's um ihn geschehen: —
　Zwei schwarze Augen voll süßer Nacht, die haben ihn angesehen.
Sie kreuzt auf ihrer Brust die Arm', ihr dunkles Haar wallt prächtig,
　Sie blickt auf in Todesharm: — der Blick war zaubermächtig!

Er hielt die Hand vors Angesicht, er thät sich baß verfärben:
„Halt! — Sie ist keine Hexe nicht! — Sie ist rein! — Sie soll
nicht sterben!“ —
„Die Hexe muß verbronnen sein!“ — So sprachen da die elfe —
„Du bist behext: — gedenke sein: du schwurst, so Gott dir helfe!“
Sie halten dem Grafen Schwert und Hand, sie zerren sie fort
zum Weiher —
Und als er sich zornig losgewandt, — im Wasser schwamm ihr Schleier.
Er springt ihr nach, er faßt sie wohl: — da thäten sie beide sinken: —
So mußte der Burggraf von Tirol um eine Hex’ ertrinken.

Drusus.

Drusus sah, der Römerheros,
  Ruhmgekrönt in zwanzig Siegen,
Glänzend durch die dunkeln Wälder
  Seine goldnen Adler fliegen.
Mitten im bezwungnen Lande
  Lag sein wallgeschirmtes Lager,
Wie der Knoten all’ der Bande,
  Die umstricken die Germanen.
Schamrot starke Männer schau’n
  In das Antlitz ihrer Frau’n. —
An dem grünen Elbe-Ufer
  Rauschen ernst und doch gelinde,
Rauschen wie vor Wotans Hauche
  Eichen in dem Abendwinde.
Sieh’, in Gold und Purpur schreitet
  Da ein Mann mit Schwert und Scepter,
Und so fern die Flur sich weitet,
  Wirft sein flammend Römerauge
Ein gebietend Siegerdrohn: —
  Drusus ist’s, der Kaiserjohn.

In der eignen Kraft Bewußtsein,
  Im Gefühl von Romas Hoheit
Spricht er: „Zittre, schnöde Wildniß,
  Letzte Zuflucht trotz'ger Roheit;
Deine Wälder will ich lichten,
  Deine Felsen will ich brechen,
Deinen Freiheitsstolz zernichten,
  Und, gezwängt in Damm und Brücken,
Spiegle der bezwungene Strom
  Deine Herrschaft, ew'ges Rom." —
Horch, da rauscht es in den Fluten,
  Horch, da bricht es in den Zweigen,
Aus dem Flusse sieht der Römer
  Eine Götterjungfrau steigen:
Grünend durch die gelben Haare
  Windet sich der feuchte Schilfkranz,
Riesig ragt die Wunderbare
  In den ahnungsvollen Mondglanz,
Bebend lauscht der Kaisersohn
  Der gewalt'gen Stimme Drohn:
„Drusus, Drusus, kehre heimwärts,
  Fliehe, nimmersatter Streiter!
Bis hierher führt dich dein Schicksal,
  Doch es führt dich nimmer weiter:
Ich beschütze meine Gauen!
  Aber einstens aus dem Tiber
Tauchen keine Götterfrauen,
  Also auch zur Flucht zu scheuchen
Vor dem siegentkrönten Rom
  Meiner blonden Söhne Strom."
Und das Weib versinket wieder,
  Finster dräuend mit der Rechten.
Und es bebt der Imperator
  Vor den ew'gen Schicksalsmächten.
Bleich, entsetzt stürzt er ins Lager,

Rückwärts führt er seine Adler,
Und der große Schlachtenschlager, —
Tot lag er am dritten Tage.
Und es sah kein Römerheer
Je die Elbe-Ufer mehr.

Der Weidenbaum.

„Trauerweidenbaum, o sage,
    Warum hängst du regungslos
    Nieder in des Baches Schoß?
Blattlos stehst du, graubemoost,
Luft und Sonne nicht dich kost,
    Und es singt kein Vögelein
    Auf den öden Zweigen dein: —
Rede, wessen hast du Klage?"
— „Fliehe, Jüngling, diese Stelle,
    Daß mein Los nicht deines sei!
    Sieh, ich prangte stolz und frei:
In dem ganzen Waldesraum
Meinesgleichen war kein Baum.
    Und mein Wipfel wogte grün,
    Trotzte bald dem Sturme kühn,
Wiegte bald in Sonnenhelle.
Aber einst aus diesem Quelle
    In der Mainacht lau und mild
    Stieg der Nixe feuchtes Bild: —
Hell im blauen Mondenlicht
Glomm ihr weißes Angesicht,
    Reich ihr schwarzes Haargeroll
    Aus dem schmalen Schilfkranz quoll;
Und sie hob sich aus der Welle, —

Wiegte leicht die weißen Glieder
   In dem Takt von leisem Sang: ·
   Und mich faßte heißer Drang,
   Daß ich mit den Zweigen wild
   Haschte nach dem schönen Bild: —
   Doch sie, zornig mir entwischt,
   Schlug auf mich des Wassers Gischt
Und versank zur Tiefe nieder.
Zauber beugt seitdem mich nieder! —
   Seitdem häng ich regungslos,
   Traurig in des Baches Schos,
   Blattlos steh' ich, graubemost,
   Luft und Sonne nicht mich kost
   Und es singt kein Vögelein
   Auf den öden Zweigen mein
Und ich seh' sie niemals wieder!"

Der schwedische Trompeter.

Was klingt so hell und heiter zu Librach auf der Au?
   Das ist ein Schwedenreiter mit der Schärpe gelb und blau.
Das war ein frommer Beter, ein tapfrer Degen auch
   Der wackere Trompeter: — das war so Schwedenbrauch.
Zum Wrangel soll er's tragen von des Königs eigner Hand,
   Wie sie den Tilly schlagen, der Magdeburg verbrannt.
Er zieht auf schlimmer Reise: und doch, dem Feind zum Spott,
   Bläst er die kühne Weise; „Eine feste Burg ist Gott!"
Er bläst so laut und helle, es schallt den Wald entlang,
   Es klingt so scharf und schnelle wie Schwertschlag jeder Klang. —
Laß ab, du guter Reiter, zieh' rückwärts rasch und stumm,
   O reit' und blas' nicht weiter, denn Feinde sind ringsum.
Deine Botschaft ist verraten dem Grafen Isolan:
   Es lüstet die Kroaten nach König Gustavs Plan.

Du lockst mit deinen Klängen die Feinde selbst herbei: —
    Sechs aus dem Walde sprengen und von jeder Flanke drei.
Von links und rechts sie traben heran mit Hurra jetzt,
    Und vorn der breite Graben: — kein Roß darüber setzt.
Er richt't sich auf im Bügel, er blickt um sich mit Zorn,
    Er giebt dem Roß die Zügel, er giebt dem Roß den Sporn.
„Greif' aus, mein Rapp, mit Springen, jetzt gilt es scharfen Trott,
    Wenn Gott will, kann's gelingen: — eine feste Burg ist Gott!"
Und mit verhängtem Zügel zum Graben geht's im Flug.
    „Glaubst du dein Rapp' hat Flügel?" lacht der Kroaten Zug.
Dicht hinterher sie brausen mit Schießen und mit Schrei'n: —
    Hei! wie die Kugeln sausen und die Rosse hinterdrein:
Nun bis zur Sattelkappe im Sprung den Kopf er biegt,
    Und hui! der treue Rappe hoch über den Graben fliegt.
Die Kroaten halten am Rande, sie fluchen ob der Schmach,
    's ist eine kecke Bande: — doch keiner thut's ihm nach.
Doch er zieht drüben weiter, im Schritt, dem Feind zum Spott,
    Und fromm bläst er und heiter: „Eine feste Burg ist Gott!"

Annalein und der Kuckuck.

Schön Anna ging im Buchenhang,
    Den Kuckuck hört sie schrei'n:
„Mein lieber Kuckuck, sag', wie lang
    Muß ich noch ledig sein?
Horch, Kuckuck, einmal — zweimal — drei —
Ei, — Gott sei Dank, drei Jahr noch frei.
Kuckuck — viermal — Gottes Segen,
Noch ein Jahr zum Überlegen!
Horch — Kuckuck — fünfmal — meinetwegen! —
Wahre Lieb' thut spät sich regen.
Und Kuckuck — sechsmal — liebe Zeit!
Mir thun die armen Freier leid.

Kuckuck — Kuckuck — sieben — acht —
Lieber Vogel gieb sein acht!
Neunmal Kuckuck: — jetzt halt' ein,
Dummer Gauch, was soll das Schrei'n?
Kuckuck — zehnmal —! Geh' und schweig,
Du sitz'st auf einem Eibenzweig,
Am Zauberbaume dürr und wirr:
Drum, lieber Vogel, warbst du irr!"

Die Jüdin.

Zu Aachen, in der alten Stadt, da singen die Glocken laut:
    Der schönste Rheingraf heute hat gefreit die junge Braut.
Und Hornruf schallt und Zinkenruf, Panier und Helmbusch weht:
    Hei, wie im Takt mit stolzem Huf des Grafen Weißroß geht!
Der langen Locken goldne Pracht auf seinen Schultern lag,
    Aus offnem Helm sein Antlitz lacht, schön wie der junge Tag. —
Vom Erker — sieh! — im Judenhaus, das stumm und düster liegt,
    Ein purpurner Granatenstrauß in seine Schärpe fliegt.
Ein Judenmädchen, dunkelschön wie Esther und Miriam war,
    Wie sie einst gewandelt auf Zions Höhn mit dem dunkelwallenden
                                 Haar!
Sie warf versteckt: — und doch hat schnell die Jüdin er entdeckt: —
    Er säubert die Schärpe silberhell, als hätte sie Gift befleckt.
Er schlägt ein Kreuz: — mit stolzem Huf der Schimmel zerstampft
                            den Strauß: —
Vorüber der Zug: — ein Schmerzensruf tönt aus dem Judenhaus. —
Und als der Mond vom Himmel schaut, im Schlummer lag das Paar,
    Der weiße Myrtenkranz der Braut gelöst vom blonden Haar.
Der Rheingraf träumt: — vom Goldhaar nicht und nicht vom
                           Myrtenkranz: —
Er träumt vom dunkelschönen Gesicht und vom roten Granatenglanz.

Der Zaubermantel.

Hoch thronte König Arthus im goldnen Königssaal,
    Ginevra ihm zur Seite, sein üppiges Gemahl.

Sie trug versteckt im Busen ein feuerfarben Band,
    Mit feuerfarbner Schärpe Herr Lancelot bei ihr stand.

Die Ritter der Tafelrunde mit ihren stolzen Frau'n,
    Die saßen auf goldnen Stühlen: — viel Pracht war da zu schau'n.

Der Pfau prangt auf der Tafel, der Schenk füllt den Pokal:
    So oft ihn leert der König, klingen die Hörner im Saal.

Da tritt mit rotem Mantel ein Knabe vor sie hin: —
    „Gegrüßt, du edler König, gegrüßt, Frau Königin.

Jetzt mag sich freu'n und rühmen, wem treu sein sittig Weib:
    Der Zaubermantel kleidet keinen schnöden Leib."

Der König winkt: — die Königin, sie steht vom Thronstuhl auf:
    Es ballt die Faust Herr Lancelot an seinem Schwertesknauf.

Den Mantel wirft die Königin um ihre Schultern leicht,
    Da wirft er böse Falten, der schöne Purpur bleicht.

Wie welkes Laub im Herbste schrumpft er zusammen fahl: —
    Sie schleudert ihn zur Erde und stürmet aus dem Saal.

Der König furcht gewaltig die düstern Augenbrauen:
    „Wohlan! Wer ist die zweite von diesen edlen Frauen?"

Er ruft's: — sie schweigen alle: — sie blicken in den Schoß —
    „Wie? Keine will es wagen? Die Schande, traun! ist groß."

Da tritt Herrn Lanvals Gattin hervor, Frau Floribell:
    Es glühen ihre Wangen wie zwei junge Rosen hell.

Sie steigt gesenkten Auges den goldnen Thron hinan,
    Und sonder Zittern legt sie den Zaubermantel an.

Da glättet sich und schmiegt sich und dehnt sich das Gewand: —
    Nur eine leise Falte sich an der Schulter spannt.

„O schmiege dich, mein Mantel! Willst du mir nicht verzeihn,
    Daß ich als Mädchen küßte Lanval, den Gatten mein?"

Da fällt die letzte Falte, der Mantel fließt und wallt,
    Und herrlich ist zu schauen die liebliche Gestalt.

„Herr Lanval," — rief der König — „Ihr seid der Erste hier:
    Ich trage nur die Krone, der Glücklichste seid Ihr."

———————

Kriegslieder aus der englischen Revolution.

I.

Spornet die Rosse, ihr Herr'n Kavaliere!
   Zücket die Klingen, die Lanzen legt ein,
Schwinget die Banner und schließt die Visiere!
   Auf das Rebellengezüchte hinein!
Wie die Wetter des Himmels über sie brecht:
Für den König, die Ehre, das Recht!

Lange gelüstet's die frönigen Knechte,
   Lange die Krämer nach Herrschaft schon:
Lasset nicht rütteln die bäu'rische Rechte
   An des fürstlichen Lehnsherrn heiligem Thron:
Werft nieder den Trotz, der so hoch sich erfrecht:
Für den König, die Ehre, das Recht!

Wahret der Ahnen gefeierte Namen,
   Wahret der Wappen unmaklige Zier,
Denket des Ruhms, denkt euerer Damen:
   Und hier gilt's mehr als ein festlich Tournier:
Ihr kämpft für das ganze Rittergeschlecht,
Für den König, die Ehre, das Recht!

II.

Auf zum Gefecht, ihr Parlamentisten!
   Bürger und Bauern, das Schwert heraus!
Tilget als freie Männer und Christen
   Die Tyrannei und den römischen Graus.
Erst ein frommes Gebet zum Himmel gesandt
Für den Glauben, die Freiheit, das Vaterland.

Hilf deinen Gerechten, Herr unser Gott,
   Den Jubel der Feinde verkehr' in Geheul,
Dir ist der Trotz der Gewalt'gen ein Spott,

Und die Hoffart ist dir ein Greul:
Wir legen in deine allmächtige Hand
Den Glauben, die Freiheit, das Vaterland!

Jetzt auf, ihr Bürger und Bauern gut!
   Nehmt von den Räubern den goldnen Raub,
Ihr Flittergewande taucht in Blut,
   Ihren flatternden Helmbusch werft in den Staub,
Haut ein, haut ein und haltet Stand
Für den Glauben, die Freiheit, das Vaterland!

Lord Percy von Northumberland.

I.

„Ins Kloster fort, nach Lonelineß, ins Kloster, entartet Kind: —
Die ist kein Sproß der Fleur-de-Brie, die einen Percy minnt;
Verderben solche Minne bringt den Frau'n von unserm Blut:
Auch deine Ahnfrau Anna war dem ersten Percy gut: —
Sie traute seinem falschen Schwur, er brach ihr Herz entzwei,
Sie starb im Stift, das sie gebaut, in Lonelineß-Abtei.
Seitdem hat unversöhnter Haß die Häuser grimm entzweit,
Ihr Name unser Feldruf war in manchem Rachestreit!
Ein Fluch den Percys steht im Stift ihr Bild von Marbelstein:
Du, ihr an Blick, an Namen gleich, sollst's nicht an Unglück sein."
„Ach Vater, laß den wilden Groll: des Blutes floß genung!
Ach Vater, laß den alten Fluch, mein Herz ist warm und jung!
Ich sah ihn, als er kühnen Sturms dein Schloß Highcliff gewann: —
's war unsres eignen Hauses Brand: doch herrlich stand's ihm an!
Ich hätt' ihm gerne zugejauchzt, als er den Wall erklomm,
Als er herabsprang, gern kredenzt den Becher zum Willkomm." —
„Hat dich bei unsres Hauses Brand die heiße Glut erfaßt, —
So lerne jetzt vom Marmorbild, wie man die Percys haßt!
Sie sagen, er liege zaubersiech: ich fall' ihm in sein Land,
Doch du beim ersten Hahnenschrei ins Kloster wirst gebannt."

II.

„Northumberland, Northumberland, wo bleibt dein Zorn, dein
Schwert?

Der Douglas und der Fleur-de-Brie hat all' dein Land verheert,
Sie jagen deine Hirsch' und Reh', sie mäh'n dein gelbes Korn,
Northumberland, Northumberland, wo bleibt dein Schwert, dein
Zorn?"

„Laß ihnen, Ralf, mein gelbes Korn, laß ihnen mein Hirsch und
Reh',

Mein Herz ist krank, ist krank, bis ich dies Bild lebendig seh'.
Als wir dem alten Fleur-de-Brie sein Felsnest Highcliff nahmen,
Fand ich's — im reichen Burgschatz tief — in rundem goldnem
Rahmen.

Mein Herz ist krank, seit ich dem Bild ins blaue Aug' geschaut,
Ich denk' nur sie, ich will nur sie, sie ist mein' Herzensbraut!"
„Laß sehn: — weh, Percy, armer Mann, dein Liebchen freist du
nie. —

Sie ist's: — liegt hundert Jahr im Sarg! — Anna von Fleur-de-Brie:
Das ist ihr Fluch! — Hiehr steht das Jahr, da sie lies das Kloster
bau'n:

Dort steht dein Lieb, Northumberland, in weißen Stein gehau'n!"

III.

Und silbern scheint der volle Mond in die alte Stiftskapell',
Der Percy steht vorm Marbelbild, das schimmert weiß und hell:
„Was stehst du still und kalt, du Weib? Mein Herz ist laut
und warm.

Was liegst in feuchter Klostergruft? Leg' dich in meinen Arm!
Wenn dich mein Ahn verraten hat, ich liebe dich treu und fromm,
Steig' auf aus deinem dunkeln Grab, komm, Lady Anna, komm!"
Und hinter'm Steinbild gleitet's vor, so still, so weiß, so hell:
Der Percy that einen Schritt zurück, drei aber vorwärts schnell.
„Du bist's! Das ist das blaue Aug'! Und wärst du kalt wie Eis, —
Ich fasse dich, du schönes Weib, ich küsse dich schon heiß!"

Und schwang sie aus dem Fenster rasch, rasch auf den Sattelrand,
Und vorwärts ging's und flatternd flog im Nachtwind ihr Gewand:
  „Deine Hand ist weich, dein Mund ist warm, dein Herz schlägt
                                          rasch und laut: —
  Weh, daß du sollst in Luft verwehn, mein Lieb, wann der Mor-
                                          gen graut.“

IV.

  „Und träumt der Percy am hellen Tag und wehrt nicht Mord
                                          und Brand,
  So steh' zu Ralf und hilf dir selbst, Volk von Northumberland.“
Mit Axt und Schwert, mit Spieß und Sens', was hau'n und
                                          stechen kann,
Führt Ralf zum Kampf mit Fleur-de-Brie die grimmen Bauern an:
Sie stöbern sie wie Wölfe auf, die Räuber, aus Wald und Korn:
Bei Avonhill, bei Avonhill laut klang da Pfeif' und Horn:
Da unter grobem Keulenschlag manch hoher Helmbusch sank,
Der Bauernpfeil von Eschenholz viel stolzes Herzblut trank.
Der Fleur-de-Brie ergab sich nit, hart ging's ihm an den Leib:
Da sprengt ein Ritter aus dem Wald, im Arm ein schönes Weib:
  „Laßt ihn! Ein Weib, ein lebend Weib holt' ich aus der Abtei:
  Und nun ist Anna Fleur-de-Brie auch Percys Feldgeschrei.“

Friesenfreiheit.

I.

Das war am heil'gen Ostertag: die Glocken gingen helle,
  Am Strande brach mit leisem Schlag die blaue Meereswelle.
Ein milder Lenz durchs schöne Land der Friesen war ergossen:
  Der Hagedorn in Blüten stand, der Flieder stand in Sprossen.
In Aurich-Stadt mit Glockenschall zur Kirche ging die Menge:
  Es schmückte sich die Rathaus-Hall' mit jungem Laubgehänge. —

Und als aus Meß' und Litanei die freien Bürger zogen,
  Da standen dänische Ritter drei wohl unterm Rathausbogen.
Der erste einen Säckel trug, eine Fahne trug der zweite,
  Der dritt' ein Schlachtschwert lang genug: — das war ihr ganz
                                                    Geleite.
„Ihr Friesen — so spricht von Dänemark der König Abel der Rote —
  Sein Heer ist dreißigtausend stark, ich aber bin sein Bote:
Ein Schilling für jeden Friesenkopf soll in meinem Säckel klingen,
  Auf eures höchsten Turmes Knopf soll meine Fahne schwingen.
Und wollt ihr meinen Säckel nicht und mein Panier nicht ehren,
  Soll's vor dem dritten Mondenlicht mein langes Schwert euch
                                                    lehren!"
Ein Vater-unser schwiegen sie, vor Ingrimm ob der Schande:
  Doch dann der alte Wiarda schrie, der Richter war im Lande:
„Wir haben nur vom Sonnenlicht das Friesenland zu Lehen
  Und fremde Königsfahnen nicht soll'n überm Haupt uns wehen.
Zu Johannis fraget wieder an bei der Linde im Aurichthale:
  Daß euch der Friese, Mann für Mann, das Kopfgeld klingend zahle."
Die Ritter sprengten fort in Eil' mit Säckel, Schwert und Fahnen:
  Die Bürger sandten den Heerespfeil hinaus auf alle Bahnen:
Den Eschenpfeil, getaucht in Blut, mit Federn schwarz und roten:
  Es kannten alle Friesen gut den blut'gen Kriegesboten.
Aus Dorf und Stadt im ganzen Land, da wurden sonder Weile
  Nach Aurich freudig eingesandt viel tausend Antwortpfeile.
Viel alte Schwerte wurden rings von den Wänden da genommen,
  Und laut durch alle Gaue ging's: „Wohlan, sie sollen kommen!"

II.

Wo die alte Heidenlinde stand bei Aurich auf der Wiesen,
  Zu Johannis Recht und Urteil fand von je das Volk der Friesen.
Als diesmal stieg das Sonnenlicht zu Johannis aus dem Meere,
  Schart sich das Volksheer zu Gericht und Schlacht in guter Wehre.
Fernher die Dänenflotte schwamm, gleich schwarzem Raubgeflügel: —
  Die Friesen standen Stamm für Stamm im Kreis am Lindenhügel.

Wiarda, zwölf Schöffen um ihn her, das Recht mit ihm zu finden,
Statt mit dem Stab saß mit dem Speer am Richtstein bei der
Linden.
„Ihr Schöffen, weiset mir das Recht: wes Lehnsmann ist der Friese?" —
„Der Friese ist nur Gottes Knecht!" — einstimmig riefen diese.
„Ihr Schöffen, wessen .Schatz und Bann sind pflichtig wir und
frönig?" —
„Die zehnte Garbe Sankt Johann, Heerpflicht dem deutschen König."
„Ihr Schöffen, schulden wir Zoll und Bann und Lehnspflicht sonst
noch einem?"
Die Schöffen aber, Mann für Mann, „Nein, sprachen sie, sonst
keinem."
„Nachbarn, da zieht der Däne her, will euer Urteil schelten!"
Da schlugen sie an den Schild den Speer und sprachen: „Es bleibt
gelten!"

III.

Indessen naht der Segelzug: und der Dänenfürst, der Rote,
Steht mit der Rabenflagg' am Bug von seinem Königsboote,
Sein Kronhelm blitzt und sein goldner Schild, es weh'n seine roten
Locken,
Der Purpurmantel flattert wild um ihn wie Feuerflocken.
Er tauchte die Fahne leicht ins Meer. daß die Spitze kaum in den
Sand drang,
Sie hing nun, wenig genetzt, am Speer und er rief, indem er ans
Land sprang:
„Auf den Turm von Aurich, triefend noch, ich meine Fahne pflanze!"
Und hinter ihm schwangen die Dänen sich hoch aus den Schiffen
auf eschener Lanze.
Je ein Ritter, ein Bauer, ein Knecht zugleich: das „Kleeblatt" hieß
es im Norden,
Manch blutiger Tag, manch schönes Land war so der Dänen geworden.
Der Ritter warf den langen Speer, den der Bauer ihm zwölfmal neute:
Mit dem Schild behend vor ihnen her der Knecht fing auf, was
dräute. —

Doch Nachbar und Genosse stand beisammen im Friesenkeile,
    Daß man, wie Leben und Herd und Land, jetzt Kampf und Sterben teile.
Sie fielen anfangs, Mann für Mann, vor der scharfen Dänenlanze,
    Sie hieben umsonst nach dem Edelmann hinter seiner lebendigen
        Schanze.
„Hei, Nachbarn, schlagt den Ritter nicht, schagt auf die andern zweie:
    Wenn Ein Blatt aus dem Kleeblatt bricht, verdorren alle dreie!"
So rief der kluge Folkemut, von Hunsingo gesendet:
    Da sank den Dänen Glück und Mut, da ward der Tag gewendet.
Es fielen Knecht und Bauer jetzt wie Garben vor dem Schnitter:
    Verloren war, ob unverletzt, der schwerbebrünnte Ritter.
Mit seinen kurzen Waffen drang der Friese auf die Edeln:
    Vorm Keulenschlag das Helmdach sprang und der Knochen in den
        Schädeln.
Es fuhr das Messer, breit und blank, durch Schuppenrock und Schienen:
    Erst Bauer und Knecht im Kleeblatt sank, dann der Ritter über ihnen!
„Zu Roß! Zu Schiff! Die Hengste her!" verzweifelnd die Dänen schrieen,
    Nur der König stand im fliehenden Heer wie ein Fels und wollt'
        nicht fliehen.
Sein Söhnlein ihm die Fahne trug, bartlos: doch mutig stritt er:
    Rief stets, wann er einen Friesen schlug: „Ich bin ein Dänenritter!"
So standen treu zu ihrer Fahn' die beiden Königzeichen:
    Und alle Dänen, die das sahn, die schämten sich, zu weichen.
Da drang der Riese Folkmut her durch den dänischen Lanzenrechen:
    Der Königstrotz verdroß ihn sehr, er wollt' ihn blutig brechen.
Die Fahne riß er aus der Hand dem Knaben, brach die Stange,
    Und stieß die Spitze umgewandt ihm in die zarte Wange.
Da ward die Fahne vom Blute naß, wie erst vom Schaum des Meeres:
    Den König riß der Schwall fürbaß des entsetzten Dänenheeres.
Er sprengte auf seinem schwarzen Roß in das Meer nach seinem Boote,
    Sein Purpurmantel im Winde floß, es wallte sein Haar, das rote.
Und hinter ihm sprangen die Friesen ins Meer: sie hätten ihn gern
        gefangen!
Von Pfeilen ward der Goldschild schwer, den er hatte am Rücken
        hangen.

Und eh' er sich schwang aufs Schiff vom Roß, da kehrt er sich dräuend
zum Strande,
Und in die Wellen den Speer er schoß, daß er zitternd zuckte im Sande.
Den ließen die Friesen stecken im Sand und sprachen: „Er ist ein
Zeichen!
So weit soll Friesenrecht und Land und Friesenfreiheit reichen.“

Die Försterin und das Rotkehlchen.

Die Försterin wohlgestalt
  Im dichten schwarzen Föhrenwald
  Vom kleinen Jägerhaus
  Blicket zum Fenster 'naus:
    „Was fliegst du fort, Rotkehlchen?
    Wo fliegst du hin, Liebseelchen?“
„Ich flieg', ich fliege fort
  Von diesem bösen Ort!
  Mein kleines Nest, ich bau's
  An einem bessern Haus.“ —
    „Hat dich ein Dorn geritzt?
    Bist ja von Blut bespritzt!“
„Mich hat kein Dorn geritzt!
  Bin ich mit Blut bespritzt,
  So ist's von Menschenblut: —
  Först'rin, du kennst es gut.“ —
    „Trägst du zum Neste dein
    Die Blätter im Schnäbelein?“
„Mein Nest, das bau ich nit!
  Ich flieg zum Bühl damit,
  Daß ich dem blassen Mann
  Sein Auge decken kann.“ —
    „Liegt Einer am Bühl erschlagen?
    Wer schlug ihn, kannst du's sagen?“

„Horch, ob ich's sagen kann:
    Erschlagen liegt dein Mann,
    Er liegt im Blute rot,
    Und dein Buhle schlug ihn tot." —
        „Schweig' still! — Flieg' fort, Rotkehlchen!
        Wär' ich rein wie du, Liebseelchen!"

Lied des gefangenen Kreuzfahrers.

Du schönste Tochter Ismael, wie süß bist du zu schauen!
    Des Morgenlandes Prachtjuwel, die Strahlendste der Frauen!
    Gesegnet der Araberpfeil, der mich vom Rosse fällte,
    Weil er gefangen, mir zum Heil, dir, Fatme, mich gesellte!
Dein dunkles Haar ist wie die Nacht, Granaten deine Lippen:
    O selig ihre rote Pracht in heißem Kuß zu nippen.
    Ha, weiß ist deiner Stirne Glanz, dein Wuchs ist gleich den
                                                                Palmen,
    Dein Hauch ist Duft, dein Schritt ist Tanz, dein Wort Musik der
                                                                Psalmen.
Dein Aug' ist dunkelmeeresblau und schwarz sind deine Brauen,
    Du bist die allerschönste Frau in allen Erdengauen.
    Wie schal, wie reizlos ist das Weib daheim im Land der Franken,
    Ihr Blick ist matt und arm ihr Leib und ihre Glieder kranken.
Du süßes Saracenenkind, du Schwester der Gazelle,
    Die Ceder ist dein Hausgesind, der Sturm dein Spielgeselle!
    Laß mich in deinem weichen Arm vom Mund den Hauch dir trinken,
    Und Ritterpflicht und Pilgerharm versinken laß, versinken!
Wohl läßt sich in Jerusalem ein Himmelreich erwerben,
    Für Golgatha, für Bethlehem ruft Gottfried uns zu sterben, —
    Die Brüder all' mit Schwert und Spieß viel Herrliches vollbringen,
    Den Lilienkranz im Paradies sich einst ums Haupt zu schlingen: —

Du sollst ins Haar die Rose rot mir von Damaskus flechten:
Ich will das Leben, nicht den Tod, will küssen und nicht fechten!
Was Bethlehem, was Golgatha, was heil'gen Grabes Streiter,
Wer in dein blaues Auge sah, braucht keinen Himmel weiter!

Die bleiche Anne.

„Komm, Anne, hinaus vors Thor ins Feld! —
's ist Feiertag in aller Welt
    Und sie führen bei Fiedel und Geigen
    Wohl unter der Linde den Reigen,
        Komm, Schwester, hinaus vors Thor!"

„Seid stille und laßt mich bleiben!
Hat er lang' vergessen zu schreiben, —
    Er hat wiederzukommen versprochen:
    Nie hat er sein Wort gebrochen,
        Er kommet wohl heute gar!"

Und sie zogen hinaus zum bunten Reih'n;
Bleich Anne, die saß am Fensterlein,
    Wo sie ihn zum letzten gesehen;
    Und die Sonne thät untergehen
        So still und friedevoll.

Und die Abendglocken, die tönten auch,
Und die Amsel sang im Erlenstrauch:
    Da kam ihr ein mächtig Sehnen,
    Und es liefen ihr bittere Thränen
        Wohl über das bleiche Gesicht.

Ihren letzten Atem, für ihn ein Gebet,
Den haben die Winde weitergeweht,
    Und haben's in fernen Landen
    Den Blumen erzählt, die standen
        Um ein frühes, einsames Grab!

Die stolze Maid von Falkenschloß.

Im Falkenschloß beim blauen Rhein saß eine stolze Maid,
    Wollt' keines Mannes eigen sein: — das war gar vielen leid.
Wie ein Edelhirsch das Haupt sie trug, nicht wie ein minnig Weib:
    „Ich bin mir selber Mann's genug, frei bleibt mein Herz, mein Leib."
Sie lud zum Hohn die ganze Zahl der Freier aufs Falkenschloß,
    Das Auge sank vor der Schönheit Strahl, der prächtig sie umfloß.
Die Grafenkron' im schwarzen Haar, im seidnen Hochzeitskleid,
    Ihr Blick flog spottend durch die Schar: „Ihr Herrn, ich bin bereit!
Ist einer unter euch, der sich hält meiner Minne wert?"
    Sie schwiegen all'. — „Frau Gräfin, ich!" — rief einer und schlug
                                        ans Schwert.
Das war der Graf von Lützelstein, trat vor in Waffen licht:
    Ihr Strafblick flammte wie Feuerschein, er senkte die Wimper nicht.
„Wer seid Ihr? Hab' Euch nie geschaut!" — „Kam jüngst vom Grab
                                      des Christ
Und wollte sehn die Niemands=Braut, die sich so hoch vermißt."
Ihr Herz schlug warm, ihr Herz schlug bang, ins Antlitz Glut ihr trat:
    Und mild war ihrer Stimme Klang, als streng sie Frage that:
„Und welch' Verdienst so überreich die Zuversicht Euch schafft?"
    „Des Weibes voller Schöne gleich wiegt volle Manneskraft."
Er sprach's und warf den Handschuh hin den Freiern allzumal:
    „Wer glaubt, daß ich's nicht würdig bin, bestreit' es mit dem Stahl!"
Da vor allen aus dem Ritterkreis hob sie den Handschuh auf:
    Ihr Auge blickte zu ihm leis und schön wie nie hinauf.
Sie setzte die Grafenkrone still wohl auf sein hohes Haupt:
    „Gern Euer Weib ich werden will, wenn Ihr mich würdig glaubt." —
Im Falkenschloß beim blauen Rhein saß eine stolze Maid:
    Die hat der Graf von Lützelstein an einem Tag gefreit.

Kaiser Decius.

„Der Imperator hat's geboten, der Herr der Erde, Decius:
Ihr sollt zurück, ihr kecken Goten, vom Ufer des Danubius.
Am Purpur Romas, ihr Barbaren, habt ihr gezerrt zu lange schon,
Es kömmt der Erbe der Cäsaren, es kömmt der Decier großer Sohn.“
— „Er komme nur, der Herr der Erde, wir harren sein an diesem
Fluß!“
Und siebzigtausend Gotenpferde durchschwammen den Danubius.
Und als der Kaiser kömmt gezogen, frägt er der Opferzeichen Spur:
„Wirfst du in dieses Flusses Wogen das Beste nicht“ — spricht
der Augur —
„Das Köstlichste, was Rom zu eigen, so ist verloren Sieg und
Glück.“
Der Kaiser hört ihn an mit Schweigen, er denkt an seinen Ahn
zurück;
Und durch das Lager geht ein Ahnen: „Der Kaiser weihet sich
dem Strom
Und von dem Abgrund der Germanen befreit er durch sein Opfer
Rom!“
Und aus des Römerlagers Pforten, als nun der blut'ge Tag begann,
Schritt Decius den Schlachtkohorten im Kaiserschmuck zum Fluß
voran.
Er ging mit langsam ernstem Schritte: wie eines Priesters war sein
Gang
Und also, in der Heere Mitte, sprach er vom steilen Uferhang:
„Sein höchstes Gut soll Rom versenken, geopfert, in den Donaufluß,
Damit uns Sieg die Götter schenken: — wohlan, ich bin ein
Decius!“
Und schon das Haupt geneigt zum Springen, schaut er noch einmal
in die Flut. —
Da sieht er schwarz der Wellen Schlingen und sieht der Strömung
grimme Wut,

Er fühlt sein Herz im Krampf ersticken, im Ohre rauscht's ihm
grausenhaft:
Da wird es Nacht vor seinen Blicken: — er wankt: — es sinkt
ihm Mut und Kraft —
Er, der in zwanzig Perserschlachten dem Tod getrotzt hat kühn
und stark,
Der mit des Herzens edelm Trachten verjüngen wollte Romas
Mark, —
Er will die Großthat seines Ahnen: — doch wehe, seine Kraft,
sie bricht:
Die Götter sind mit den Germanen, das Schicksal will sein Opfer
nicht!
Er wendet sich, er flieht mit Grausen, sein Haupt verhüllt im
Purpurkleid
Und hinter ihm die Goten brausen mit Siegesjubel in den Streit.
Sie fielen all', die Römerscharen, auch Decius fiel an diesem Tag:
Er war der erste der Cäsaren, der stürzte von Germanen-Schlag.

Kaiser Rudolf von Habsburg
und
Der Graf von Falkenstein.

Vorm Falkenstein, vorm Falkenstein des Reiches Herold rief:
„Herr Ruppert, laßt das Rauben sein! Les't Kaiser Rudolfs
Brief:
Wer Friede bricht im Land und Recht mit Schwertgewalt und
Zwang,
Der hängt, sei's Ritter oder Knecht, als Räuber an dem Strang.“
Da warf vom hohen Falkenstein der Graf ein hänfen Seil:
„Dem kleinen Schweizergräfelein, dem Krämerkaiser, Heil!
Er hänge mich mit meinem Strang in meinem eignen Thor:
Doch bring' den Galgen, stark und lang, er hier herauf zuvor.“
Der Herold nahm das Seil und ging. Der Graf schickt Boten aus:
„Vogt Geierstein, Graf Drachenring, ich lad' euch in mein Haus.

Die Etschbrück' hält mein Bruder gut, sonst führt kein Paß herein:
So lang noch Wasser ersäufen thut, ist sicher der Falkenstein."
Und es zog mit zwanzigtausend Mann der Kaiser Land aus Land ein:
Zwölf Richter zogen ihm voran, zwölf Henker hinterbrein.
Er zog mit Macht durch alles Land: er kam wie Sonnenschein
Und wo er eine Raubburg fand, — gebrochen mußte sie sein;
Und es segneten Wittwen und Waisen ihn, was schwach und schirmlos
war
Und alle Geier mußten fliehn vor dem kaiserlichen Aar.
Doch als er kam gen Falkenschloß, ein Wolkenbruch geschah:
Die Etsch geschwellt wie wütend schoß, kein Steg war fern und nah.
Da hob der Kaiser fromm und rein die Hände gen Himmel auf:
„Laß hemmen nicht dies Wässerlein, Herr, deines Rechtes Lauf.
Ich selbst, der ich kann kein Wunder thun, mein Roß einst schenkt'
ich dir: —
Du hilf mir durch dies Wasser nun, wie in der Schweiz ich dir."
Sieh, da kam goldner Sonnenschein und vom Himmel kam Mittags-
brand:
Die wilde Etsch war zahm und klein, eh' der Abend ging ins Land.
Am zweiten Tag durch ihr Bette ging der Kaiser trocken und heil
Am dritten Tag Graf Ruppert hing in seinem eignen Seil:
In seinem eignen Thor er hing: doch hing er nicht allein:
Es hing dabei Graf Drachenring und der Vogt von Geierstein.

Jung Anne.

Ja, klinge nur lustig, du Hörnerklang, ich folge dir gern zum
Streit;
Heut küßt' ich, die ich freite so lang, jung Anne, die süße Maid.
Ich zog vorüber im Morgenstrahl: da stand sie im grünen Hag:
— „Ei wohin, Childe Arthur, im blauen Stahl, wohin so früh'
am Tag?"

8*

„Die Schotten sind über den blauen Tweed: Lord Percy will
sie bestehn.

Manch' Auge, das jetzt sie aufgehn sieht, sieht die Sonne nicht
untergehn!

Und es hat gereut schon manche Maid, die nie ihren Liebsten
geküßt:

Dann ward er erschlagen im blutigen Streit, hat kußlos sterben
gemüßt."

Da brach sie die Rose vom Gartenzaun und gab sie mir abgewandt:
Ich weiß nicht, war es das Morgentau'n: — ein Tropfe lag auf
der Hand.

Und ich zog an mich die zitternde Hand, ihr ins blaue Auge zu sehn,
Wegküßt' ich die Thräne, die drinnen stand und sie ließ es gerne
geschehn! —

Jetzt klinge nur lustig, du Hörnerklang, ich folge dir gern zum Streit:
Heut küßt' ich, die ich freite solang, jung Anne, die süße Maid!

────────

Rosa von Awein.

Die schönste Dam' im ganzen Land ist Rosa von Awein
    Und mein ist sie mit Herz und Hand und soll's für ewig sein!
Am Lindenbaum beim Abendgold fand ich die süße Maid,
    Sie selbst so sanft und hell und hold wie die liebe Dämmerzeit:
„Fein Fräulein" — sagt' ich — „in dem Kahn auf blauem See
euch wiegt.

's ist lieblich, wann ihr auf leiser Bahn durch singende Wellen fliegt."
„Will mich nicht wiegen auf blauem See, und singender Wellen Schaum:
    Es bannt mein Herz in der Linde Näh' weiß nicht welch' tiefer
Traum."

„Fein Fräulein, kommt auf die Hünengruft, wo die wilde Rose steht,
    's ist lieblich, wann ihr milder Duft in den Abendwinden weht."

„Mich zieht nicht von der Linde fort der wilden Rose Flor: —
Mir ist, ich find an diesem Ort ein Kleinod, das ich verlor.“
„Weil hier zuerst du mich erkorst, drum ist der Ort dir lieb
Und das Kleinod, das du hier verlorst, — ist's nicht dein Herz,
mein Lieb?“
Da ward sie still, da ward sie rot und senkte die Wimper sein
Und mit Lächeln sie die Hand mir bot: „Ich fürchte, so wird es sein!“
Die schönste Dam' im ganzen Land ist Rosa von Awein:
So ward sie mein mit Herz und Hand und soll's für immer sein!

Der Abt von Walchensee.

Das war Gregor Profundus, von Walchensee der Abt,
Der hat von aller Weisheit Wissenschaft gehabt.
Sein Sternrohr sah allnächtig von seiner Zelle auf,
Er kannte jedes Kräutlein und des Goldes Adernlauf;
Der sprach: „Ich maß die Berge und die Sterne, so weit ich seh': —
Nun will ich auch noch messen den tiefen Walchensee.“
Da sprach sein Prior Pius: „Noch Niemand hat's vollbracht!
Es soll der Mensch nicht messen, was Gott so tief gemacht!“ —
Da sprach der Klosterfischer: „Herr Abt, das lasset sein:
Der Wassermann im Grunde will nicht gemessen sein.“
„Mich lüstet, zu vollbringen, was keiner hat vollbracht;
Und dem Wassermann im Grunde, — dem brech' ich seine Macht.“
Nach Sachenbach hin fuhr er, wo der See am tiefsten war,
Mit Senkblei und mit Stricken viel hundert Klafter gar.
Und sie maßen tausend Klafter: da ward das Seil so schwer: —
„Herr Abt“ — rief da der Fischer — „wir messen nimmer mehr;
Der Wassermann, er hängt sich schwer wie ein Berg ans Seil:
Herr Abt, wir wollen's lassen und fahren nach Hause heil.“
„Ich will dem Spuk nicht weichen! Ihr Männer, habt nicht bang:
Den dunkeln Zauber brech' ich mit hellem Glockenklang.“
Da winkt er mit dem Mantel: — die Kirchenglocke scholl,
Das Seil ward leicht und Brausen und Schaum vom Grunde quoll.

Und ward der Küster müde, so zog ein Mönch den Strang:
Leicht war das Seil zu halten, solang die Glocke klang,
So maßen sie und maßen viel hundert Klafter fort.
Der Abend sank, der Abt rief: „Ich weiche nicht vom Ort.
Ihr Fischer, geht zu schlafen, ich messe fort allein, —
Währt's bis zum jüngsten Tage, — gemessen muß es sein!" —
Die Nacht fiel auf die Wellen, da rief der Abt ans Land:
„Schon stößt das Blei auf Boden: doch geht mein Seil zu Rand:
Rasch, schneidet von dem Turme mir ab den Glockenstrang:
Nur wenig bleibt zu messen und das Glockenseil ist lang!" —
Und rasch verstummt die Glocke, ihr letzter Ton verhallt: —
Da erstarket in der Tiefe des Wassermanns Gewalt,
Das Seil ward schwer und schwerer, als hing ein Berg daran!
Der Abt, der rang gewaltig, er war ein starker Mann;
Er wollte das Seil nicht lassen, er hielt's in fester Hand, —
Da zog's ihn in die Tiefe wohl über des Schiffes Rand. —
Seine Leiche sieht man schwimmen im Mondlicht ohne Ruh'n:
Herauf, herab allnächtig sie steigt und sinket nun:
Den Boden muß er suchen, den er nie erreichen mag:
Er muß die Tiefe messen bis auf den jüngsten Tag.

Graf Walther und die Waldfrau.

I.

Herr Walther ritt in den grünen Tann: „Nun will ich fröhlich jagen! —
Mein Rappe soll, so tief er kann, mich in das Dickicht tragen!"
Ein weißer Hirsch steigt vor ihm auf, die Haselzweige krachen,
Herr Walther folgt in raschem Lauf, — ihm ist's, er höre lachen.
Er wirft den Speer, doch trifft er nicht: — ihm ist's, er höre raunen,
Als wimmelt's unter den Zweigen dicht von Elben und Alraunen.
Da hält der Hirsch vorm Buchenbaum, sein Fuß pocht an die Rinde: —
Herrn Walthern ist's als wie ein Traum: — auf springt der
Baum geschwinde.

Und sieh', ein wunderschönes Weib tritt draus hervor mit Prangen:
Die hat um ihren süßen Leib goldgrünen Mantel hangen,
Sie hat einen Buchenblätterkranz um ihre blauschwarzen Locken.
Herr Walther war von all' dem Glanz in tiefster Brust erschrocken:
„Nun bin ich in der Waldfrau Bann, mein Herz ist mir genommen!"
„Herr Walther, seid im grünen Tann vieltausendmal willkommen!
Nun wählet eine kurze Wahl, ob ihr wollt nach Hause reiten,
Ob ihr werden wollt mein Lustgemahl und ruhn an meiner Seiten."
„Frau Waldfrau, nein, o laßt mich los, ich bin ein Christ, ein
                                                        Ritter" —
„O lieblich ist's auf grünem Moos, unter dichtem Blättergitter" —
„Mein Liebchen Anna blond und treu, die würd' ich bitter schmer-
                                                        zen."
„Dein Liebchen liebt bald wieder neu: es giebt nicht treue Herzen." —
Und ihre Harfe stimmte sie leis und süß war ihre Gebärde:
Herrn Walther traf ihr Auge heiß: er stieg von seinem Pferde: —
Der Rappe mit gesenktem Bug schritt langsam fort und ledig:
Die Waldfrau ihre Harfe schlug: — Gott sei Herrn Walther gnädig!
„Der Menschenweiber Lieb' ist kalt, sie lieben mit Gram und
                                                        Schmerzen:
In der Waldfrau Adern Feuer wallt, ihre Lieb' ist glühend
                                                        Scherzen.
Der Menschenweiber Leib verblüht: damit verblüht dein Lieben:
Der Waldfrau Schönheit ewig glüht: ihr Reiz wird nie zerstieben,
Die Menschenweiber quälen dich, die mit dem Herzen minnen:
Nicht Herz, nicht Seele habe ich, ich liebe mit den Sinnen!
Mein Kuß ist heiß, mein Mund ist rot, meine Augen sind zwei
                                                        Flammen
Und wem ich meine Liebe bot, vergißt Gott und Welt zusammen."
„Halt ein" — Herr Walther rief — „halt ein, du sollst nicht länger
                                                        werben!
Ich will, ich will dein Buhle sein, und soll ich drum verderben!
Ja, du bist schön, — ich liebe dich, — von der Ferse bis zum
                                                        Scheitel:
Ich will dich küssen, du küsse mich, und alles andre ist eitel."

Da sinkt er hin: ihr Auge lacht: über ihn ihre Locken fließen
Und über das Paar in grüner Nacht sich die Buchenzweige schließen.

II.

„Herr Walther, du rittest zum grünen Tann, nun sind's der Jahre
sieben,
Herr Walther, du verlorner Mann, sag' an, wo bist du blieben?
Nun soll'n mit Kaiser Friederich wir all' nach Welschland fahren: —
Noch einmal will ich suchen dich, weil wir wie Brüder waren."
Und in den Tann Graf Rüdiger ritt ein mit Horn und Hunden,
Sie riefen laut, sie riefen sehr: — kein Walther ward gefunden.
Graf Rüdiger zog auch vorbei an der Waldfrau Buchenhallen:
Er stieß ins Horn ein — zweimal, drei — gar sehnlich ließ er's
schallen.
Herr Walther, der im Arm ihr schlief, sah auf und sprach im
Traume:
„Mir war, als ob mich Hornschall rief: — wie lang lieg' ich
hier im Baume?"
„Das war der Wind, der im Buchlaub strich; du weilst hier sieben
Tage.
Mein Mund ist rot: komm, küsse mich: wer liebt, hat keine Frage!"
Und es sank sein Haupt in den Schos ihr schwer, sein Blick schloß
sich geschwinde,
Und vorüber zog Graf Rüdiger, und der Hornruf starb im Winde.

III.

„Und ob es nun zehn Jahre ist, daß uns Graf Walther fehle, —
Die Kirche nie ihr Kind vergißt und seine arme Seele!" —
— So sprach der Bischof fromm und alt: — „wir wollen für ihn
bitten. "
Und siehe, in den grünen Wald kam ein heil'ger Zug geschritten.
Mit Kreuz und Rauchfaß ging der Zug, mit Beten und Psalmen-
singen.
Der Bischof selbst die Glocke trug, und ließ sie hell erklingen.

So zogen sie waldaus, waldein, vorbei am Zauberbaume. —
Herr Walther rieb die Augen sein und sprach als wie im Traume:
„Mir ist, es rief mich Glockenschall: — wie lang lieg ich im
Walde?"

„Das war am Fels der Wasserfall; zehn Tage sind's nun balde.
Komm, küsse mich: mein Mund ist warm: wer liebt, hat keinen
Kummer."
Da fiel sein aufgehobner Arm, sein Auge sank in Schlummer.
Und der Bischof sprach: „Ein Totenamt will ich nun Herrn Walther
halten." —
Und heimwärts zogen sie allesamt; — und die Glocken fern ver-
schallten.

IV.

„Und ob es nun zwölf Jahre ist, daß du mir bist entschwunden,
Ihres Liebsten Anna nicht vergißt, dein denk' ich in allen Stunden,
Der Mond scheint und die Nacht ist kalt und gespenstig sehn die
Buchen,
Ich geh' allein im dunkeln Wald, muß meinen Liebsten suchen.
Sein Freund sagt: „Er ist lang dahin" und der Bischof liest ihm
Messen: —

„Er lebt noch!" flüstert mir mein Sinn: ich kann ihn nicht vergessen,
Ich such' ihn in dem wilden Wald, such' ihn mit vielen Klagen!
Herr Walther, ach nun komme bald: sonst muß dein Lieb' verzagen."
Da sprang Herr Walther auf vom Pfühl: „Das war mein Lieb',
sie rief mich!
Mach' auf, mach' auf! Hier ist's so schwül: — zu lang schon! —
Ich verschlief mich!"

„Das war im Busch die Nachtigall: — du schläfst erst seit zwölf
Tagen" —
„Nein, das ist ihrer Stimme Schall, nicht länger soll sie klagen."
— „Und wär es auch das blonde Kind; — wohlan, was ist's
nun weiter?
Sie ist trüb und kalt, wie die Menschen sind: ich bin ewig schön
und heiter.

Die Menschenweiber quälen dich, die mit dem Herzen minnen.
Nicht Herz, nicht Seele habe ich, ich liebe mit den Sinnen.
Mein Mund ist rot, mein Kuß ist warm, komm, küsse mich und
bleibe" —
„Dein Blick ist tot! Dein Kuß ist arm! Mir graut vor diesem
Weibe!" —
— „Dein Liebchen wird bald trösten sich; ein Wahn ist treues
Lieben" —
„Du lügst, du lügst! Laut ruft sie mich, sie ist mir treu geblieben!"
Er riß sich loß, er rang mit ihr, seine Lust ward all' zu Grimme:
„Herr Gott im Himmel, hilf du mir," rief er mit starker Stimme: —
Da that es einen Donnerschlag, der Baum war aufgespalten,
Herr Walther stand im hellen Tag, von Liebchens Arm gehalten.
„Nun Dank, so viel ich danken kann, daß du mir treu geblieben:
So mächtig ist kein Zauberbann, — es bricht ihn treues Lieben!"

Siegeslied der Deutschen beim Einzug in Mailand unter Barbarossa.

Nun lasset die Posaunen tönen, nun breitet froh die Fahnen aus,
Laßt durch Lombardenlüfte dröhnen des Deutschen Sieges Jubel-
braus:
Denn unser Kaiser Barbarossa, der Held, that einen großen
Schlag: —
Seit jener Nacht in Schloß Canossa ist dies der erste deutsche Tag.
Das Lied soll durch die Alpen klingen bis Deutschland, ein Triumph-
Orkan.
Und drohend an das Ohr soll's dringen dem Bischof dort im Lateran.
Nun auf, des welschen Lorbeers Reiser frohlockend schlingt, um
Helm und Speer
Und jauchzend folgt dem großen Kaiser im Schritte des Triumphs
das Heer.

Das Schwert gezückt, die Faust zur Seite, durch Staub und Blut,
durch Schutt und Stein,
Stolz, in des Hasses Prachtgeleite, so reiten wir in Mailand ein.
Zu lange ließt den Herrn du pochen am Thor, du Stadt voll
Widerstand:
Da hat in Trümmer dich zerbrochen die zorn'ge, kaiserliche Hand.
War dir dein Bündnis nun zum Frommen mit hundert Städten
stark und treu?,
Wie Sturmwind ist der Kaiser kommen und aus einander stob die
Spreu!
Was half's nun, daß der Papst uns bannte? Sein Bannstrahl
machte uns nicht schlaff.
Der Sturmbock, der dein Thor berannte, traf besser als der grimme
Pfaff.
All' deine Besten sind gefallen und deiner Frauen Schöne weint,
Durch die gebroch'nen Säulenhallen mit Siegesliedern zieht dein
Feind:
Nun ist dein großer Trotz zerschlagen, nun ist dir alle Kraft geraubt,
Das Joch der Knechtschaft mußt du tragen, im Staube liegt dein
stolzes Haupt.
Gebrochen sind die festen Mauern und Turm und Schanzen abgedeckt,
Des Kaisers Feinde sei'n mit Schauern von deinem Anblick ein-
geschreckt:
Denn laut und herrlich warst du weiland, nun aber bist du toten-
still: —
Darum gedenken soll an Mailand, wer Barbarossa trotzen will!

Lehrhaftes.

Zweifel.

Wohl wird mir manchmal bang' zu Sinn
    Und fällt aufs Herz mir schwer,
Ob ich nicht doch betrogen bin
    Mit eitel Traum und Mär,
Ob nicht die Klüger sind zuletzt,
    Die haschen, leichten Sinn's,
Vom Lebensmund den Kuß des Jetzt,
    Des frohen Lustgewinns,
Ob ich die Freude warm und mild,
    So hold und lebensrot,
Nicht hingab für ein Marmorbild,
    Erhaben: — aber tot! —

Antwort.

Ich lag im Wald: 's war einer von den Tagen,
    Die blau und lieblich sich vom Himmel senken,
Nur Licht und Frohsinn auf den Flügeln tragen
    Und rings mit Leben die Gefilde tränken.
Gar sanft beschlich das Herz mir stilles Hoffen
    Für manche Frage dunkel aufgespart:
Der Himmel, der so freundlich ist und offen,
    Er wird entscheiden auf die hellre Art. —

Da scholl es freudig in den grünen Zweigen
  Und eine holde Schar von Mädchen hüpfte
Mit Luft und Lachen hin im flücht'gen Reigen: —
  Wie leicht ihr Fuß durch Gras und Blumen schlüpfte!
Die Jugend sich auf ihren Schultern wiegte,
  Das Hoffen froh sich in ihr Auge wagte,
Daß auch in mir das hellre Ahnen siegte,
  Und ich entzückt den Frühlingshimmel fragte:
„Kannst du auch diese Rosen welken sehen?
  Die Sichel des notwendigen Verderbens,
Darf sie nicht diese Saat vorübergehen,
  Ein grünes Eiland in dem Meer des Sterbens?
Gilt keine Gnade in dem Recht der Grüfte?
  Was ist's, das so viel Reiz zu hoffen hat?"
Da braust ein kalter Windstoß durch die Lüfte
  Und führt in meinen Schos: — ein welkes Blatt!

Kindlichkeit.

O wahre dir des Kindes weichen Sinn
  Im schwülen Drang des harten Männerlebens:
  Sei mild in deiner Kraft: — du kämpfst vergebens,
Ist nicht der Friede deines Kampfs Gewinn.
Der Friede, der da harmlos gern vertraut,
  Ob oft enttäuscht, auf jeden Gruß der Freude,
  Und auf des Pflichtbewußtseins Felsgebäude
Der Hoffnung grüne Schwebegärten baut.
Es ist des Kindes schönste Kunst, zugleich
  Mit Einem Blick zu lächeln und zu weinen: —
  Wer Mannesernst und Kindlichkeit mag einen,
Des ist das Erden= und das Himmelreich!

O glaube nicht, du seist so wichtig.

O glaube nicht, du seist so wichtig
   Im großen Räderwerk der Welt,
Daß, wenn du fehlst, sie nicht mehr richtig
   In Fug und Glied zusammenhält:
Sie sah ihr Herrlichstes vergehn:
Und niemand hat ihr's angesehn.

Das Ölkrüglein von Sarepta.

Wie viel dürstenden Seelen hab' ich nicht schon
   Von meiner Liebe gespendet,
Und doch wird das Herz nicht arm davon,
   So reichlich und voll es verschwendet.

Das Herz ist das wirkliche Ölkrüglein
   Des Wunders: aus schöpfest du stündlich,
Und doch bleibt die Quelle der Liebe dein
   Unerschöpflich und unergründlich.

Der Kranz.

Als ich ein Kind war, stieg ein Engelknabe
   Gar oft zu mir, wann ich erschöpft vom Spiel:
Er wies die Sterne mir mit goldnem Stabe
   Und sagte mir von seiner Heimat viel;
Ein Lilienreis von schimmernd hellem Glanze
   Bracht' er mir jedesmal vom Himmel mit:
Allmählich wuchs die Zahl zum vollen Kranze
   Und lächelnd schmückt' er meine Stirn damit.

Doch später kam er seltner: — und zuletzt
  Bracht' er zum Abschied noch ein Reis und sprach:
„Den Kranz bewahre, der dich schmücket jetzt,
  Daß ich dich einst daran erkennen mag!"
Und er entflog. — Bald hatt' ich ihn vergessen,
  Wild tanzt' ich in des Lebens Freudenchor
Und hatt' es nicht gefühlt, wie unterdessen
  Ich Blüt' um Blüt' aus meinem Kranz verlor.
Da, als die letzte fiel, erschien der Knabe,
  Und sprach, als ich ihn anrief, schmuckberaubt:
„Du bist nicht der, den ich verlassen habe:
  Denn einen Kranz trug jener auf dem Haupt!"

Spielende Kinder.

Gönne den Kindern das Spiel! Nichts Schöneres können sie lernen!
  — „Wie? Nicht, daß sie dereinst leben und wandeln wie wir?"
Nun, und was dann, mein Freund? Dann spielen sie eben aufs neue:
  Nur ein klein weniger froh, nur ein klein weniger rein.
Wann sie sich müde gespielt, umfängt sie erquickender Schlummer,
  Wann wir uns müde gelebt, reißt uns von hinnen der Tod.
Gott im Himmel erblickt doch hier unten nur spielende Kinder:
  Kleine, die spielen aus Scherz, Große, die spielen aus Ernst,
Kleine, die spielen bewußt, und Große, die wähnen zu handeln
  Welcherlei Spiel erfreut höher den schauenden Gott?

Das Auge.

Ihr rühmt euch, in der Menschen Blick und Mienen
  Zu lesen, was in ihrer Seele lebt:
Doch hütet euch: — ihr findet nur in ihnen,
  Was eure eigne Seele treibt und webt.

Es ist das Aug' ein wunderbarer Spiegel:
　Nur dem verwandten Auge zeigt es wahr, —
Doch schnöder Neugier ist's ein ehr'ner Riegel
　Und hält das Herz in sicherem Gewahr.

Der Glaube der Freundschaft.

Wenn eines Menschen Seele du gewonnen
　Und in sein Herz hast tief hineingeschaut
Und ihn befunden einen klaren Bronnen,
　In dessen reiner Flut der Himmel blaut: —
Laß deine Zuversicht dann nichts dir rauben,
　Und trage lieber der Enttäuschung Schmerz,
Als daß du grundlos ihm entziehst den Glauben: —
　Kein größer Glück als ein vertrauend Herz!
Laß adlermutig deine Liebe schweifen
　Bis dicht an die Unmöglichkeit hinan:
Kannst du des Freundes Thun nicht mehr begreifen,
　So fängt der Freundschaft frommer Glaube an!

Entsagen.

Lerne bald, gestählt zu werden
　Gegen Wünschen und Verlangen:
Herakles, der Gott auf Erden,
　Würgte schon als Säugling Schlangen.
Lern entsagen in der Jugend
　Und bezwingen dein Begehren:
Denn es lernt sich auch die Tugend,
　Und nur Kampf kann sie dich lehren.

Kannst den Wunsch im eignen Herzen
  Willensernst du niederschlagen.
Wirst du leicht den Wunsch verschmerzen,
  Den die Menschen dir versagen.
Weil der Römer Schwert und Speere
  In des Friedens Übung waren
Von gedoppelt wucht'ger Schwere
  Als im Sturm der Schlachtgefahren, —
Waren ihre schwersten Siege
  An dem eignen Heimatherde
Und sie freuten sich zum Kriege:
  Drum bezwangen sie die Erde.

Prüfung.

Weißt du, wie ich die Genüsse
  Prüfe, die mein Herz genossen,
  Ob sie edelm Keim entsprossen,
Ob ich's Unkraut nennen müsse?
Sieh', ich leg' am andern Tage,
  Wann der Freude Rausch verflogen,
  Der mir Sinn und Geist umzogen,
Sie auf der Erinnrung Wage:
Schlimme lasten dann am Herzen
  Wie der Qualm vom Festgelage
  Am entweihten jungen Tage,
Wann herabgebrannt die Kerzen; —
Doch die edeln, vorwurfslosen,
  Leben fort, wie in den Lüften
  Wehn mit ihren süßen Düften
Geister sanft verblühter Rosen.

Mensch und Erde.

Sohn der Erde, Mensch erhebe nie ob deiner Mutter dich:
Auf der Erde wirk' und strebe: — Himmel sind zu hoch für dich.
Mancher zu den lichten Räumen schwebte hoffend in das Blau: —
Doch auf Wolken und auf Träumen bauet sich kein Menschenbau.
Wehe! wenn in steilem Falle du zerschellst das stolze Haupt:
Und gefallen sind noch alle, die sich himmelnah geglaubt!
Deine Heimat ist hienieden: — wenn du hier ermattet sinkst,
Neue Kraft und neuen Frieden an der Mutter Brust du trinkst

Der Schmerz ist heilig.

Heilig sei euch wie ein Tempel
    Einer Seele stille Pein,
Als ein Ort, dem seinen Stempel
    Prägte das Verhängnis ein.
Wie der Grieche heilig ehrte,
    Gleich als einer Gottheit Sitz,
Einen Baum, des Mark versehrte
    Des Olympiers Gruß, der Blitz. —
Alle Wehmut auszumerzen,
    Lästrung wär's und frevler Spott,
Denn im Tempel ihrer Schmerzen
    Birgt die Seele ihren Gott.

Versöhnlichkeit.

Zu Ruhe gehe keine Nacht, wenn einer deiner Lieben grollt:
Wer weiß, ob morgen ihr erwacht, euch auszusöhnen, wie ihr sollt.
Das Herz, das jetzt so stürmisch pocht in Trotz und Stolz und
                 hartem Sinn.
Ein über Nacht verglimmter Docht, ist morgen schon vielleicht dahin.

Dann giebt nicht wieder dir der Mund erwidernd der Versöhnung Kuß,
Er schloß sich unversöhnet und im Aug' erlosch der Thräne Fluß.
Weh! mußt am Sarg du dir gestehn, gedenkend an sein Angesicht,
Als du's das letzte Mal gesehn, da war's in Lieb' und Friede nicht!
Drum, fühlst du abends Grimm und Groll, laß drüber hingehn
    keine Nacht,
Stark ist der Trotz: — doch wundervoll, viel stärker ist der Liebe
    Macht.
Zum Freunde geh' und beut die Hand, du selbst zuerst, zum Frie-
    den an:
Und sternenwärts dein Haupt gewandt geh' freudig heim zu schlum-
    mern dann.

Rat.

Wenn du empfindest, in der Seele
 Ist ein Gefühl dir welk und tot, —
Aus falschem Mitleid nie verhehle
 Dir der Notwendigkeit Gebot!
Vertraue der gesprungnen Säule
 Nicht mehr — sonst wankt es selbst — dein Haus:
Den Keim, erkrankt in gift'ger Fäule,
 O schneide mutig ihn heraus,
Die hingewelkte fahle Blüte,
 Nimm sie aus deinem frischen Kranz:
Nicht ärmer drum wird dein Gemüte, —
 Erst durch die Scheidung wird es ganz.
Was frommt's, noch eine Frist zu gönnen,
 Wo die Natur schon hielt Gericht?
Gefühle, die da sterben können,
 Verdienen, daß sie leben, nicht.

O an den Freunden, die dein Herz erwählt.

O an den Freunden, die dein Herz erwählt,
    An denen halte liebend, treu und stark:
Dem Baum, des treue Zweige abgeschält,
    Dem dorret bald das tiefste Lebensmark!
So düster ist's im liebeleeren Herzen,
    Wie in dem lang verlaſſ'nen Gotteshaus:
Erloschen sind des Feierdienstes Kerzen,
    Und Glaub' und Hoffnung flohen bang hinaus. —
Weh dir, wenn du in sternlos-düstrer Nacht
    Umsonst am Himmel und im Herzen spähst,
Und nirgend dir ein Licht der Liebe lacht,
    Mit deiner öden Brust du einsam stehst! —
Wohl übt dein Stolz an deinem Schmerz Gewalt:
    Und ruft: „Ich bin genug mir ganz allein:"
Wehmütig klagend aber wiederhallt
    Ein Echo dir im Herzen: „Ganz allein!"

Stern und Mensch.

Du blickst umsonst mit stummem Fragen in Sehnsucht auf zum
                                      Sternenschein:
    Du mußt dein Schicksal dennoch tragen, ein Mensch und nicht ein
                                    Stern zu sein.
Sie dürfen unerschüttert schreiten in hohem Frieden ihre Bahn,
    Nicht reicht an ihre Ewigkeiten, die scheue Schuld, der wilde Wahn!
Sie dürfen alles schauend wandeln, sie leuchten nur, sie wärmen nicht:
    Du mußt mit Herz und Willen handeln, mußt wärmen auch mit
                                    deinem Licht!

Harre aus!

Harre aus bei deinen Fahnen, Sohn des Lichts, mein freier Geist,
  Wandle fort auf deinen Bahnen, wo du dich unhemmbar weißt.
Alle Sonnen, die da prächtig vorwärts ziehn in Glanz und Licht,
  Jeder Frühling, der da mächtig Dunkelheit und Winter bricht,
Jeder Lichtstrahl, der dir kündet, daß er unaufhaltsam sei,
  Jeder Stern ist dir verbündet: mit dir ist, was licht und frei!
Machtlos jede Erdenschranke vor dem Schritt des Geistes fällt:
  Denn ein Gott ist der Gedanke und wer denkt, beherrscht die Welt!

***

Im Herbst.

Ich lobe die Zeit, wann da welken die Blätter,
  Wann die Vögel verstummen, die Blüten fallen,
Und ernst durch das finstre Novemberwetter
  Des Nordwinds brausende Grüße schallen.
Ich lobe die Zeit, wann die Reize von außen
  Nicht lockend mehr verführen die Sinnen,
Dann verkehret der Geist, rückschauend von draußen,
  Mit den eigenen Tiefen und stille wird's innen.
Das ist die Zeit, da Entschlüsse geraten,
  Schwere Entsagungen leichter gedeihn,
Das ist die Zeit für gewaltige Thaten:
  Zu bezwingen das Blut und den Geist zu befrein.

***

Der Gott der Gnade.

Was jene Priester sagen, es klingt mir fast wie Spott,
  Daß in des Unglücks Tagen das Herz sich kehrt zu Gott,
Um feig zu dem zu jammern, den es im Glück verließ,
  Sich an den Hort zu klammern, den frech es von sich stieß.

Mein Herz ist andern Schlages, wird feig durch Unglück nicht:
Das Leid des trüben Tages trag' ich als Strafgericht.
Doch, — wann der Strahl von oben, wann Freude mich befällt,
Dann brauch' ich, ihn zu loben, den Herrgott in der Welt.

Christus.

Und ob der trübe Wahn der trüben Leute,
   Du Mann der Mildheit, auf dein schönes Licht
   Aus vollen Händen Schutt und Asche dicht
Jahrhunderte hindurch erstickend streute: —
Es blieb doch Licht, wie das Erlöschen dräute,
   Und von dir lassen kann die Seele nicht,
   So wahr dein Name laut aus allem spricht,
Was fromme Vorzeit Schönstes schuf bis heute.
Ich will ein Recht an diesen Kirchenhallen,
   An diesen sternenäugigen Madonnen,
Ein Recht an deiner Abendglocken Schallen: —
   Du bist die Quelle, die die Welt durchronnen,
Licht ist dein Weg und Lieben ist dein Wallen
   Und es verdorrt, wer läßt von diesem Bronnen.

Sternenhilfe.

Oft schon, wann mir im Gefechte Mut und Schwert der Feind entwand,
   Gab mir's wieder in die Rechte eine unsichtbare Hand.
War die Seele mir verschmachtet, liebreich fühlt ich mich erquickt,
   Mild erleuchtet, wann umnachtet, aufgerichtet, wann geknickt.
Oft, wann klagend nur nach oben, nicht mehr hoffend, rief das Herz,
   Hat's mich wundersam gehoben und getragen sternenwärts.
Und des wird auch meine Seele stets getrost und freudig sein,
   Daß sie starke Freunde zähle droben in den Sternenreihn.

Abendfeier.

Es lebt ein wundersames Leben in eines Maienabends Duft:
  Die ew'ge Gnade fühl' ich schweben beglückend durch die weiche Luft:
Sie breitet aus die milden Hände, daß reicher Segen niederträuft,
  Daß Licht und Liebe sonder Ende sich auf das Haupt der Menschen
  häuft.
Des Himmels Schatz wird ausgespendet: das Herz faßt all' die
  Fülle nicht,
  Es wird das Seligste verschwendet: Duft, Liebe, Wärme, Friede,
  Licht!

Sprüche.

I.

Ich kenne einen wunderbaren Baum,
Der doppellebig ist; er heißt die Reue:
Die dunkle Wurzel fußt im Höllenraum
Und heißt die Schuld: jedoch in Himmelsbläue,
Die Sterne küssend, hebt mit edlem Schwung
Der Wipfel sich: — er heißt die Besserung.

II.

Du schmähst die Welt ein Chaos wild, ein Rätsel unerhellt:
Denk' an ein edles Menschenbild und du begreifst die Welt.

Warnung.

Wohl euch, ihr frommen sanften Seelen,
  Die sich, wann's Nacht wird um sie her,
Den Blumen ähnlich, Gott empfehlen,
  Und fürder dann nicht sorgen mehr!

In jedem Sterne könnt ihr sehen
  Ein Vaterauge wachsam, mild,
Und Engel hört ihr schützend gehen
  Vor eurem Schritt mit treuem Schild.
Quält euer Herz mit scharfem Sporne
  Die wilde Reiterin, die Schuld: —
Ihr tröstet euch: des Gottes Zorne
  Obsiegt des Gottes Vaterhuld.
Umschattet euch mit düsterm Grauen
  Der Welt unendlich Schmerzen-Los, —
Ihr bergt, das Unheil nicht zu schauen,
  Das müde Haupt in Glaubens Schos.
Wohl euch! — Doch blickt mit scheuer Achtung
  Auf eines Geistes Kampf und Schmerz,
Der aus des Lebens Angstumnachtung
  Nicht kindlich fliehet himmelwärts;
Der, starrt des eh'rnen Schicksals Walten
  Mit dem Gorgonenblick ihn an,
In keines Vaters Mantelfalten
  Sich, Rettung suchend, hüllen kann.
Er steht allein: er darf nicht wanken,
  Sonst überstürmt ihn wild das Meer: —
Sein einz'ger Anker im Gedanken
  Und Sturm und Brandung rings umher.
Wenn solch ein Geist in schwerer Stunde
  Totmüd, erschöpft zusammenbricht,
Dann rühmt euch, daß ihr ohne Wunde,
  Ihr sanften, frommen Seelen nicht!

———

Die geweihte Schar.

Gebt auf den Kampf, denn wir sind unbezwingbar:
  Es ist mit uns der Weltgeschichte Gott:
Und euer Ziel ist ewig unerreichbar:
  Das unsre ist's, — ob erst in Ewigkeit.

Blickt rückwärts auf das Schlachtfeld der Geschichte,
   Auf dem wir streiten, seit Gedanken sind:
In welcher Schlacht ward schon der Geist gefangen?
   Wann habt ihr überwunden die Vernunft?
Wollt ihr an euch wahr machen eure Sagen,
   Von einem Dämon, der sich selbst verdammt,
In Ewigkeit verzweiflungsvoll zu schlagen
   Die Schlacht mit dem, den er allmächtig weiß?
Zu uns steht keiner, der sich nicht verbürgte
   Für seines Geistes edelsten Gehalt: —
Nicht in der Wiege schon zwei Schlangen würgte,
   Den Aberglauben und die Todesfurcht.

Die Heimat.

Frage nicht, warum's die Seele stets zur Heimat zieht zurück,
   Was ihr in der Fremde fehle: — ach ihr fehlt ihr ganzes Glück!
Wie ein Stern, wenn aus den Gleißen er geirrt, die Gottes Schluß
   Ihm gesetzt, darin zu kreisen, durch die Himmel suchen muß, —
Suchen, achtlos all' der Sonnen, all' der Pracht rings um ihn her,
   Bis er wieder hat gewonnen seinen Ort im Sternenheer: — —
So die Seele hat notwendig ihren gottbestimmten Ort:
   Dahin sehnt sie sich beständig und ihr Glück: — es ist nur dort.

Sankt Georg.

Ich war noch ein Knabe mit blondem Haar, doch klingt's durch das
                             Leben mir nach:
Da sah ich gemalt am Kirchaltar Sankt Georg, der den Lindwurm
                                 stach.
Wie strahlte der hell auf dem weißen Roß, wie warf er im Schwunge
                               den Speer!
Wie golden aus silbernem Helme floß sein Gelock auf die Schultern her!

„Mein Vater, wer ist der leuchtende Held und der Wurm mit
Feuer und Dampf?
Gern zög' ich mit flammendem Schwert ins Feld und hülfe dem
Ritter im Kampf!"
„Der Ritter, mein Sohn, ist Sankt Georg, der den höllischen
Drachen schlug,
Und willst du ihm helfen, — sei ohne Sorg': noch giebt's der
Drachen genug:
Was niedrig und nächtig und falsch und schlecht, das ist lauter
Drachenbrut
Und wer sie verfolgt in heil'gem Gefecht, steht in Sankt Georgens
Hut." —
Und oft, wann ich wollte verzagen gar und mir Mut und Hoff-
nung brach, —
Da sah' ich, wie einst am Kirchaltar Sankt Georg, der den Lind-
wurm stach.
Wie glänzte er hell auf dem weißen Roß, wie warf er im Schwunge
den Speer,
Und golden aus silbernem Helme floß sein Gelock auf die Schul-
tern her.
Er ist mein herrlicher Schutzpatron, ihm ewiglich Preis und Ehr',
Und manchen Drachen schlugen wir schon und schlagen noch künftig
mehr!

———

In ein Stammbuch.

Glaub' ihnen nicht, des Kleinmuts bangen Klagen,
  Es schwinde flüchtig alles Ideal,
  Das Schöne, aufgeblüht im Morgenstrahl,
Vor Abend welk' es, ohne Frucht zu tragen.
Nein! Wo zwei Herzen in einander schlagen,
  Zwei Seelen wie ein schillernder Opal
  In eins geleuchtet ihren Doppelstrahl, —
Da wird ein ewig Geistesdenkmal ragen.

Ein Blick der Liebe, ernster Freundschaft Wort.
  Wirkt unbewußt dem Herzen, dem's beschieden,
Ein stiller Segen, schaffend fort und fort.
  Des Menschen Himmelreich, — es ist hienieden,
    Im Ernst der Wahrheit ist sein Heimatort: —
  In dieser Lehre finde deinen Frieden.

Suchen, Wahren, Verlieren.

Eines sollst du stets erstreben, eines sollst du stets bewahren,
  Eines stets verloren geben: — Freund, so wirst du sicher fahren.
Stets erobern und erschwingen sollst du tiefres Weltbegreifen,
  Daß in immer weitern Ringen möge dein Gedanke schweifen.
Immer sollst du dir bewahren hohen, schönen Gottesfrieden,
  Daß du gleich den ewig-klaren Himmelssternen sei'st hienieden.
Doch dein Ich verloren geben sollst du stets der Allgemeinheit:
  Gliedern blüht gesundes Leben mit dem Ganzen nur in Einheit.
Gottesfrieden stets bewahren, Weltbegreifen stets erstreben,
  Und die Selbstsucht lassen fahren: — Freund, so wirst du glück-
                                                lich leben.

Der Gesang.

Froh bewußt des heil'gen Dranges, der die volle Brust dir schwellt,
  Wirf die Funken des Gesanges leuchtend in die dunkle Welt:
Geh' die Schritte deines Ganges sicher durch die schwanke Welt:
  Mit dem Schwerte des Gesanges werde, was dich hemmt, gefällt.

Eine Eiche weiß ich rauschen.

Eine Eiche weiß ich rauschen, deren gleiche nicht zu finden,
  Zwiesprach' mit dem Sturm zu tauschen und zu wehn in Früh-
                                                lingswinden.

Süßer rauscht sie als das Flüstern selbst der attischen Olive
Und Italiens Lorbeerbäume wurzeln nicht in solcher Tiefe.
Ja, durch alle Weltenreiche treibt die Kraft des Wurzeldranges
Kühn die alte Rieseneiche des germanischen Gesanges.
Jedes Weltgewitter brausend hat sie fester eingerüttelt,
Und mit Wohlklang manch' Jahrtausend hat die Krone sie geschüttelt.
Wäre sie nicht, — in Vernichtung längst das Reich des Schönen fiel, —
Denn sie trägt das Reich der Dichtung gleich dem Weltbaum
Yggdrasil.
Um sie wollen wir uns scharen, dicht, gleich Walhalls lichten Asen,
Um den heil'gen Baum zu wahren vor der Riesen dumpfem Rasen.
Reißt sich los dereinst der dreiste Fenriswolf im Ostenreiche,
Trefft ihn dann mit deutschem Geiste wie mit Donars Hammer-
streiche!
Prosa nagt, die Midhgardhschlange, ihre Wurzeln giftgen Zahnes:
Laßt sie nagen: — seid nicht bange: — denn sie wirkt ein Werk
des Wahnes!
Zwar der Wurm ist unverderblich und kein Recke kann ihn schlagen: —
Doch der Baum ist auch unsterblich, weil nur er die Welt kann tragen.
Darum lebt im Eichenstamme frisch das Mark und ewig jung,
Bis da loht die Weltenflamme in der Götter-Dämmerung!

Das Lied.

Es ist ein Talisman das Lied, das starken Zauber hält:
Wer singend durch das Leben zieht, um den ist's wohl bestellt.
Erbraust der trüben Leidenschaft verderblich dumpfe Wut,
So stillt wie heil'gen Öles Saft ein Lied die wilde Flut.
Wen der Verzweiflung stummes Weh' in seine Ketten zieht,
Naht sich des Liedes weiße Fee, — der dunkle Dämon flieht.
Der Seele nur, die ihre Lust ausjauchzt im Sange frei,
Nur ihr ist ganz und klar bewußt, was es um die Freude sei.
Ein Strahl der ew'gen Liebesbrunst des Dichters Brust erhellt: —
Mir ist, es war mit Liebeskunst, daß Gott erschuf die Welt!

Rat.

Laß nicht zu weit von deinem Pilgerpfade
　　Dich abziehn bunter Freuden Blütenranken,
　　Die lockend links und rechts am Wege schwanken: —
Dein Ziel ist fern: — drum sei dein Gang gerade,
Schon mancher, daß ihn nicht vergebens lade
　　Die rote Heckenrose an den Planken,
　　Sprang, sie zu fah'n, mit lustigen Gedanken —
Und fand sich nie zurück zu seinem Pfade. —
Doch also gnädig ist des Himmels Gnade,
　　Daß manchem, welcher fortschritt ohne Wanken,
Damit die Tugend nicht am Glück ihm schade,
　　Die lieblichsten, die allerschönsten Ranken
Von selbst erwuchsen mitten auf dem Pfade: —
　　Die freilich pflücke dann mit frohem Danken.

Glaub' ihnen nicht, die dir das Leben schelten.

Glaub' ihnen nicht, die dir das Leben schelten,
　　Nur Tod und Sterben schau'n in der Natur,
　　Und in den Menschen kalte Selbstsucht nur:
Glaub' ihnen nicht, den Schmerz- und Haßvergällten:
　　Was in Verzweiflung endet, ist nicht Wahrheit,
　　Und wem der Friede fehlt, dem fehlt die Klarheit.
Und glaub' auch nicht den schattenlosen Seelen,
　　Die, leicht berauscht von eitler Tageslust,
　　Die ernste Frage in der Menschenbrust,
Den ew'gen Zweifel, feig sich wollen hehlen:
　　Die Augen schließen schützt nicht vor dem Licht,
　　Wer Feinde meidet, der besiegt sie nicht.

Das Leben ist nicht traurig und nicht heiter,
    Und Glück und Unglück nicht das Maß der Welt:
    Sie ist auf Menschenzwecke nicht gestellt: —
Sie ist unendlich herrlicher und weiter
    Als euer thöricht Lieben mag und Hassen
    In seiner Selbstsucht enge Kreise fassen.
Durch die Natur und durch die Geister waltet
    Ein prachtvoll-ernstes, heiliges Gesetz,
    Umschlingt das Weltall wie ein eh'rnes Netz,
Als Form, die allen Inhalt sich gestaltet:
    Du kannst es nicht als Kette von dir streifen,
    Du kannst es nur bewundern und begreifen.
Und fragst du mich, was dies Gesetz befehle?
    Das Schöne feurig lieben, wo es sei,
    Das Menschlich-Gute wirken frank und frei,
Die Wahrheit suchen mit der ganzen Seele,
    Und was dir selbst und was dem Allgemeinen
    Gebührt, in einem edeln Leben einen. —
Verzichte ganz, so bist du frei von Schmerzen,
    Begreife, was notwendig, und sei frei,
    Zerbrich der Selbstsucht schnöde Tyrannei: —
Dann wird es Friede sein in deinem Herzen,
    Und all' die tausendstimm'gen Lebenstöne
    Sind Ein Accord von wunderbarer Schöne! —

Gedichte.

---·---

Zweite Sammlung.

I. Abteilung:

Der höchste Nutzen der Geschichtsforschung ist die Begeisterung.

Goethe.

frau Rat

Anna von Doß

zugeeignet.

.

Hylas.

— πάντων δεινότατον γυνή.

Orphiker.

Wer sind die wagenden
Reisigen Männer,
Welche durch kolchische
Wellen und Klippen,
Kühner als Sterbliche,
Trägt das argivische,
    Stattliche Schiff? —

Aller hellenischen
Helden die besten
Haben geschart sich hier,
Um aus Barbaren=
Land zu entführen das
Köstliche, leuchtende,
    Goldene Vlies.

Sieh, an dem Maste dort
Lehnt mit dem Speere
Jason, der Mutige,
Wachend und hoffend;
Kühn in die neblige
Nacht und das Künftige
    Blickt er hinaus.

Aber auf zottigem
Felle des Löwen
Ruhet des Herakles
Göttliche Stärke:
Stolz des errungenen
Ruhms und bestandener
    Mühen getrost.

Neben ihn schmieget sich
Hylas, sein Liebling,
Sprossenden Flaum um die
Lieblichen Wangen,
Hylas, der schönste der
Knaben, dryopischen
    Königsgeschlechts:

Hylas, Theiodamas'
Blühender Sprößling,
Keusch wie ein Mädchen und
Schön wie ein Eros,
Welcher der Frauen, ja
Selber der Göttinnen
    Heimlicher Wunsch!

10*

Welchem selbst Artemis,
Als sie ihn schlummernd
Fand in den heimischen
Wäldern — so sagt man —
Einst, mit Erröten, doch
Liebebesiegt auf die
    Schläfe geküßt.

Dieser begann, zu dem
Freunde gewendet,
Staunend die mächtigen
Sehnen betrachtend:
„Alles, du Göttlicher,
Hast du in Kämpfen und
    Siegen erprobt.

Alles bestand dir die
Eherne Kraft und
Lodernd im Busen der
Freudige Kampfmut:
Sage nun, Göttlicher,
Wer der gefährlichste
    Feind dir erschien?

Ob des nemeischen
Löwen Umarmung,
Ob die unendlichen
Häupter der Hydra,
Oder der bräuende
Rachen des Cerberus, —
    Hehl' es mir nicht."

Aber es schüttelt das
Haupt der Alkide,
Und aus dem mächtigen
Herzen erseufzend,

Legt er die Hand auf die
Goldenen Locken des
    Lieblings und spricht:

„Mögen die Götter dir
Immer bewahren,
Goldener Knabe, die
Glückliche Blindheit,
Daß dir die Feinde mit
Krallen und Rachen die
    Schrecklichsten sind!

Nicht des nemeischen
Löwen Umarmung,
Noch die unendlichen
Häupter der Hydra,
Oder den bräuenden
Rachen des Cerberus
    Fürchte, mein Sohn.

Fürchte die Pfeile von
Blitzenden Augen,
Fürchte den Feind mit den
Glühenden Gliedern:
Wenn er mit schneeigem
Arm dich umstricket, dann
    Fürchte, mein Sohn.

Siehe, mich selber, den
Sohn des Kronion,
Welchen nicht Helden, nicht
Götter bezwungen,
Mich hat Omphale, das
Weib mit den üppigen
    Lippen, besiegt.

Ja, und zuletzt um ein
Weib zu verderben
Haben mir ewige
Parzen gesponnen.
Scheuer drum meide denn
Flammende Gluten, mein
 Knabe, das Weib." — —

Und wie aus purpurnem
Meere sich hebet
Helios, Göttern und
Menschen zu leuchten,
Ziehen die Helden das
Dunkle, geschnäbelte
 Schiff an den Strand. —

Lieblich ist's segelnden
Männern, nach langer
Fahrt auf den schwankenden
Fluten des Meeres,
Wieder zu schreiten mit
Sicherem Tritt auf dem
 Grünenden Land.

Hylas, ein Lied auf den
Lachenden Lippen,
Eilt in die blumigen
Wiesen der Insel,
Schwank auf dem lockigen
Haupte der zierlichen
 Amphora Last.

Und von den Wiesen in
Schattige Haine
Lockt ihn mit Rieseln und
Rauschen die Quelle,

Bis sie sich stürzet vom
Fels in ein Becken mit
 Silbernem Schaum.

Kühl ist's und lieblich hier.
Veilchen und Krokos
Kränzen die moosigen
Ränder der Tiefe:
Schon ist des köstlichen
Trankes die Amphora
 Lange gefüllt.

Aber noch weilet der
Jüngling, es fesseln
Hold ihm die Sinne die
Zauber des Ortes:
„Danke, du freundliche," — .
Ruft er, — „du gastliche
 Nymphe des Quells!

Opfer gebühret dir,
Holde Najade:
Laß dir die duftenden
Veilchen gefallen!"
Und in die bläuliche
Tiefe, die schillernde,
 Wirft er den Strauß.

Horch, da erklingt aus den
Tönenden Wellen,
Lieblich wie Flöten, ein
Lockendes Singen:
Siehe, da hebt sich's mit
Schneeigen Armen und
 Winket hinab. — — —

Herakles lange durch-
Forschte das Eiland,
Wiesen und Waldungen,
Rufend nach Hylas:
Aber verschwunden von
Augen der Sterblichen
    Blieb der Genoß.

Wieder entsegelte, —
Ohne die Beiden, —
Durch die Gewässer das
Mächtige Meerschiff:

Und es erfüllte das
Öde Gestade mit
    Klagen der Held,

Bis, ihn beschwichtigend,
Sprach aus den Wolken
Also der Donnerer:
„Herakles! trag es.
Was das Erfreulichste,
Bleibt das Verderblichste
    Ewig: — das Weib.“

Herakles.

Nicht stets erfreut der Sitz bei den Himmlischen,
    Auf Purpurpolstern, unter dem Marmordach:
        Auch Goldgetäfels wird man müde:
        Manchmal verlangt mich nach Wald und Freiheit.
Hier, wo der Fels sich schattend herüberwölbt,
    Wo durch den Eichgrund sprudelnd die Quelle rinnt,
        Hieher den Mischkrug, den bekränzten,
        Hebe, mein Weib und doch ewig Mädchen!
Ja, lehne nur, du selige Anmut du,
    Das kleine Köpfchen mir an das breite Knie
        Und laß in deinem Haar mich spielen,
        Während das Herz ich dir ganz erschließe.
Du weißt es nicht, du göttlich geborene,
    Was doch in tiefster Seele der schönste Stolz,
        Mit dem ich oft in leisem Lächeln
        All' die Olympier überschaue.
Sieh, ihnen ward verdienstlos die Göttlichkeit,
    Die ich aus eigner Kraft mir im Schweiß errang,
        Bis Hera selbst und all ihr Hassen
        Endlich beschämt sich versöhnen mußte.

O, als sie selbst, die herrliche Feindin, mir
 Am Götterhochsitz thronend, die Rechte bot, —
  Ein Stolz durchdrang mir da die Seele,
  Welchen ihr Ares doch niemals kannte!
Drum segn' ich sie um jenen gewalt'gen Groll,
 Der mich verfolgend trieb bis zur Unterwelt:
  Ihr Haß erhob den Sohn Alkmenens
  Hoch zum Olymp und zu Hebes Gatten. — —
Nur Einem beugen Haupt und Gedanken sich
 In heißer Liebe stiller Bewunderung:
  Dir, großer Vater Zeus Kronion,
  Herrlichster du in steter Hoheit!
Einst kömmt der Tag, da alle Gewalten sich,
 Giganten, Götter, Menschen zumal, empört
  Erheben gegen deine Herrschaft,
  Weil sie so viel nicht der Größe tragen.
Dann birst des Hades Thor und Poseidon brüllt,
 Es tost der Kosmos: aber du lächelst nur;
  Dir bleibt dein Blitz, dir bleibt dein Adler, —
  Herakles bleibt dir und seine Treue.

Hektor und Kassandra.

Hektor.

Nun, Kassandra, wohlan, wie bewährt sich das Trauer=Drakel?
Hast nicht Grau'n du und Weh' in die Opfergesänge gerufen?
Sahst mich niedergestreckt in den Staub von der Kraft des
         Peliden,
Sahst schon Priamos selbst an den Hausaltären erschlagen
Und die Tempel der Stadt von achäischem Feuer verschlungen.
Solches sahst du im Geist: nun sieh' mit den Augen, o Schwester
Weit von den Mauern hinweg, bis in ihre geschnäbelten Schiffe,

Hab' ich die Griechen gescheucht mit dem Speer und mit Phöbos
                                  Apollon:
Wund in den Zelten liegt, von dem siegenden Schwert mir getroffen,
Tydeus' Sohn, Agamemnon selbst, Menelaos, Odysseus.
Kaum mit dem riesigen Schild hat der telamonische Ajas
Ihr Entweichen beschirmt: doch nicht vor dem Feuer die Schiffe,
Welches ich unter sie warf. Wo bleiben nun deine Orakel?
Morgen vielleicht schon sehn wir bedeckt die unendliche Meerflut
Von dem flüchtenden Feind und wir opfern Zeus, dem Befreier.

Kassandra.

Ach, zwischen heut und morgen hat ein Gott gesetzt
Die dunkle Nacht und jede dunkle Möglichkeit!
Mir selbst zwar, wie ich vom bezinnten Turm herab
So heldengroß, dich, edler Bruder, schalten sah,
Um einen Speerwurf stets voran dem ganzen Volk,
Unwiderstehlich treiben vor dir her den Feind, —
Mir selbst drang Hoffnung in die hoffnungslose Brust.
Ja, wenn gerecht die Götter, dacht' ich, im Olymp,
Wenn nach Verdienst und Recht sie messen Lohn und Glück,
Wem anders kann der Sieg als Hektor werden dann,
Der für die Götter und die heilig=teure Vaterstadt,
Der für die Eltern, Brüder, Schwestern und das Weib,
Der einz'ge Mann ein ganzes Heer, den Kampf besteht: —
Wer, wenn nicht Hektor, soll des Sieges würdig sein?
Doch wie ein dunkler Schatte fiel mir schwer aufs Herz:
Du Thörin rechnest nach Verdienst und Würdigkeit
Und weißt doch, daß ob Göttern und ob Menschen hoch
Das urteillose, dumpfe, blinde Schicksal steht,
Das ganz nach Willkür hebt und hält und niederstürzt.
Gerechtigkeit ist nur der Menschen frommer Wahn:
Doch in den Sternen oben weiß man nichts von ihr
Und statt Gerechtigkeit regiert Notwendigkeit.

Hektor.

Wahrlich, ein schauerlich Wort, ein vermeß'nes, haft du gesprochen
Und das dem Manne das Herz in der Bruft, das wackre, beklemmt
macht.
Auf, nicht also, mein Herz, wir bedürfen des freudigen Mutes! —
Schwester, wie solches auch sei — und vielleicht erkennft du das
Wahre —
Mir ziemt immer nur Eins: dem Gebot in der Bruft zu ge=
horchen.
Das mich zu kämpfen treibt für die Vaterstadt und die Meinen!
Möge der Sieg des Schicksals sein: — die Tugend ift unser!
Ohne Himmel und mit: — laß uns vollbringen was Recht ift
Und, ift's also verhängt, so laß uns schweigend erliegen,
Edler als unser Feind und gerechter als unser Verhängnis. —
Sieh, dort stürmet heran, in Achilleus' Waffen, Patroklos:
Auf, ihr Wächter, das Thor! mich verlangt, mit dem Tapfern zu
kämpfen:
Ein Orakel nur gilt, das gebeut, für die Heimat zu sterben.

Nemesis.

Die Götter lieben was bescheiden:
  Sie segnen reich das Werk der Pflicht:
Das Stolze wollen sie nicht leiden,
Das sich vom heil'gen Maß will scheiden: —
  Doch neidisch sind die Götter nicht.

Dem Pflüger, der die Frucht der Erde
  Mit stillem Fleiße schwer gewinnt,
Wann er am fromm bekränzten Herde
Im Weine löset die Beschwerde, —
  Ihm sind die Götter hold gesinnt.

Den Schiffer, der den Dioskuren
   Vertraut und nicht dem eignen Mast
Und, landet er an fremden Fluren,
Den Göttern dankt, die mit ihm fuhren, —
   Es ist kein Gott, der solchen haßt.

Doch der die freien Lüfte wollte
   Sich unterwerfen: Ikarus,
Er wagte, was der Mensch nicht sollte,
Daß ihm der Gott des Äthers grollte,
   Und warf ihn in den Tartarus.

Zu stolz hat Niobe gesprochen,
   Zu sicher Krösos sich gesonnt,
Antigone das Recht gebrochen,
Und Xerxes hat das Land durchstochen
   Und überbrückt den Hellespont!

Und Phaëthon, der staubgeboren
   Dem Gott des Lichtes griff ins Amt,
Prometheus, der um Menschenthoren
Den Bund der Götter abgeschworen, —
   Erlegen sind sie allgesamt.

Denn, wer mit ungezähmten Sinnen
   Der ew'gen Ordnungen vergaß,
Das Unerhörte zu gewinnen,
Das Unerlaubte zu beginnen
   Sich kühnen Übermuts vermaß, —

Den stürzen sie, die Allgerechten,
   In ew'ge Nacht und Finsternis:
Streng ob den Guten und den Schlechten
Herrscht, mächtig über allen Mächten,
   Die höchste Göttin: — Nemesis.

————

Gesang der Athener.

Klare Göttin, Zeus-Geborne, nimm Gesang und Opfer hin,
    Dieses Landes alt-erkorne Freundin und Beschirmerin.
Die der Wölfe wilde Scharen mit dem Speer dahingestreckt,
    Und die wilderen Barbaren mit dem Gorgo-Schild geschreckt.
Was da dumpf und ungeheuer, scheuchest du in wirre Flucht;
    Dir ist sanfte Sitte teuer: frommes Maß und edle Zucht.
Xerxes mag den Kriegsgott ehren, der zum Ansturm wütend treibt:
    Du sollst stete Kraft uns lehren, die in Abwehr sicher bleibt.
Wo den heil'gen Speer du senkest, sproßt des Ölbaums Segensfrucht:
    Wo du ihn im Kampfe schwenkest, da entschart den Feind die Flucht.
Gleiches möge man beschieden deinen frommen Söhnen sehn
    Schön und festlich sei im Frieden, schrecklich sei im Kampf Athen.

Salamis.

Stimmt nun freudige Lieder an,
Allen Göttern zu Preis und Lob,
Weil das Heer der Barbaren floh
    Vor den Söhnen von Hellas.
Zahllos, wie sich ein Möwenschwarm
Kreischend auf das Gestade wirft,
Rauschten ihre Geschwader an,
    Häßlich, bunt und verworren.
Doch die Städtebeschirmerin
Hielt ob ihrem Olivenland
Hoch den rettenden Gorgo-Schild: —
    Dank dir, Pallas Athene.
Wieder nun am Ilissos hin
Mag mit Flöten der Reigentanz
Hochaufatmender Mädchen ziehn,
    Sicher vor den Barbaren.

Wieder vor den Altären nun
Mag beginnen das Weihespiel:
Statt des Schildes, o Sophokles,
    Führe wieder die Leier.

Aspasia an Perikles.

Einsam wandelst du, Freund, während des langen Tags,
Einsam wie in dem Haus, so in des Markts Gewühl:
Denn nicht der Feinde Haß reicht, nicht des Freunds Verstehn,
Selbst nicht des Volkes Dank, das dir vergötternd jauchzt,
    Reichet empor an deine Größe.
Ob sie des Feldherrn Schwert, ob sie des Staatsmanns Blick,
Oder des Redners Wort, immer bereit und scharf,
Ehren, hassen und scheu'n: — einzelne Strahlen nur
    Fassen sie, nicht dein Wesen selber.
Wie des Blinden Gefühl tastend den Fuß berührt,
Höchstens das Knie des Zeus, den du durch Pheidias
Leuchtend aus Elfenbein schufest und lichtem Gold: —
    Also betasten sie deine Größe.
Einsam wandelt dein Geist: vollends jedoch dein Herz,
Dieses göttliche Herz, das in der Marmorbrust
Unerschöpfliche Glut edelster Güte birgt, —
    Niemand erkennt es als deine Freundin.
Komm, erschließ' es mir ganz, wie du so oft gethan:
Siehe, die Stunde winkt; weich vom Hymettos her
Flutet der Veilchen Duft und nur der Mond durchlauscht
    Meine verschwiegenen Myrtenhecken.
Dank den Göttern, die schön bildeten diesen Leib,
Dank den Göttern, die weit schufen und tief dies Herz,
Perikles, dir zum Trost: — laß mich gewähren und
    Bald von der Stirne dir weicht die Falte.

Einsam wandelst du, Freund, während des langen Tags:
Aber die holde Nacht legt dein geliebtes Haupt
An Aspasias Brust, welche, — du hast's gesagt, —
   Ganz dich versteht und voll beseligt.

Alexandros.

Nimm hinweg die goldne Schale, schöne Tochter Griechenlands,
   Laß die Flöte von den Lippen, nimm aus meinem Haar den Kranz!
Hörst du nicht die Rosse wiehern? Dank, ihr Götter, sie sind da!
   Sind's, Dareios und die Perser und die ganze Asia!
Heimzahlt heute den Barbaren Hellas lang verdienten Lohn
   Und Athens verbrannte Tempel rächet des Philippos Sohn.
Rasch den Helm, den mähnumbüschten, reichet Schwert mir und Geschoß,
   Auf, Hephästion, mein Trauter, zäume den Bukephalos!
Wie auf dumpfe Rinderherden hohen Sprungs der Löwe fällt,
   Freudejauchzend will ich jagen in die wirre Sklavenwelt.
Weine nicht, du schönes Mädchen! Heut' werd' ich dir nicht geraubt:
   Alle Götter der Hellenen schützen dies geweihte Haupt.
Held Achilleus, großer Ahnherr, leuchtend steht dein Bild vor mir
   Und durch Lethe selbst soll bringen deines Enkels Ruhm zu dir.

Skythenweisheit.

Der Perserkönig hielt zu Susa Hof:
Aus allen Landen kamen die Satrapen
Und beugten in den Staub die stolzen Häupter;
Sie brachten alles Köstlichste zur Schatzung:
Des Meeres Perle und der Ceder Harz,
Der Edelstein des Bergs, des Stromes Gold
Ward reich zu Xerxes' Füßen hingestreut
Und fünfzig Kön'ge dienten ihm beim Mahl. —

Da war ein Mann aus Skythenland gekommen,
— Kein König: ohne König sind die Skythen —
— Nichts schatzend: denn die Skythen schatzen niemand —
Geraubte Rosse heischend, welche Knechte
Des Königs aus dem Grenzgebiet entführt,
Nur seine beiden Knaben sein Geleit. —
Der Mann fand Gnade vor des Königs Augen,
Weil er so anders war, als seine Sklaven.
Er nötigt ihn, zu bleiben Tag um Tag,
Ob längst der Zweck, um den er kam, erreicht;
Er zeigt ihm seine Schätze wie sein Heer,
Der Priester Weisheit und der Frauen Reiz:
Für alles hat der Gast ein sinnig Auge,
Und, wenn er redet, stets ein sinnig Wort.
Und als der Tag des Scheidens nun gekommen,
Da spricht der König: „Höre mich, Borast,
Ich darf nicht hoffen, dich zurückzuhalten,
Denn deine Seele hängt an deinem Volk;
Doch laß die Knaben mir: ich will sie hier
Mit meinen eignen königlich erziehn
Und sie dir reich und weise wieder senden.
Du willst nicht? Schüttle nicht das Haupt, Borast!
Du mußt doch selbst gestehn, es birgt mein Hof
Viel tausend Güter, eurer Steppe fremd.
Verschmähst du alle Schätze, wohl, so können
Von unsern Magiern deine Knaben lernen
Jedwede höchste, euch versagte Weisheit.“ — „Nein,
O König, laß mich ziehn mit meinen Söhnen.
Nur Eine Weisheit giebt's und diese, Xerxes,
Zu lernen komm zu uns ins Skythenland:
Hier ist sie nicht.“ — „Nun,“ lächelte der König,
„Und welches wäre diese höchste Weisheit?“
„Sie ist: — sprach er und ging mit seinen Knaben —
Den Tod nicht fürchten und die Wahrheit sagen.“

———————

Gesang der Legionen.

Durch Alpenschnee, durch Parthersand mit immer stetem Schritte,
    Wir tragen mit das Vaterland und Römer Recht und Sitte.
Und wo der Feldherr Lager schlug, da kann uns Heimat werden:
    Wir folgen unsrer Adler Flug und unser ist die Erden.
Und nach dem Sieg das Schwert gesenkt und Pflug geführt und Spaten:
    Das Land, das römisch Blut getränkt, ward römischer Penaten.
Am Euphrat und am Donaustrom blüht heil'ger Dienst der Laren
    Und rings ersteht ein kleines Rom zum Staunen der Barbaren.
Der Sumpf versiegt, der Urwald fällt, nah'n sich des Liktors Stäbe:
    Wir bringen eine schön're Welt: den Ölbaum und die Rebe.
Wir bauen Straßen von Granit, die noch in fernsten Tagen
    Den eh'rnen Schritt, den Siegesschritt der Schlachtkohorten tragen.
Denn uns ist aus Orakelmund das Schicksalswort verkündet:
    So ewig steht im Erdenrund das Römerreich gegründet,
So ewig ziehn von Pol zu Pol die römischen Legionen, —
    Als am betürmten Kapitol die ew'gen Götter thronen.

Die Vestalin.

Was wälzt sich mit Fackeln durchs schweigende Rom?
Was qualmet und rauchet am Tiberstrom?
Rings Priester, Liktoren — ein wimmelnder Zug —
Für ein einziges Opfer der Schlächter genug!
„Die junge Vestalin, sie brach den Eid:
Auf! rasch sei die Stadt von dem Greuel befreit,
Eh' Fulvius naht, der Imperator,
Der Konsul, der Sieger, der Triumphator,
Der Karthago besiegt, von den Göttern getragen, —
Rein finde die Stadt sein kurulischer Wagen."
Schon betritt das Gerüste die bleiche Gestalt,
In unsäglichem Leid noch von Reiz umwallt.

Und der Pontifex hebt zu den Göttern die Hand:
„Ihr Ewigen, euch ist der Frevler bekannt,
Verschwieg sie ihn uns mit versiegeltem Mund —
Euer Fluch, .euer Blitzstrahl thu' ihn kund."
Da lächelt und spricht, die noch immer geschwiegen:
„Mein Segen wird euere Flüche besiegen!
Geliebter, dir folget auf allen Wegen
Kamillas unendlicher Liebessegen."

Und der Pontifex schleudert den Brand ins Gerüst:
Wie gierig die Flamme die Sohlen ihr küßt!
Da horch — die flaminische Straße herauf
Jagt donnernden Hufschlags beflügelter Lauf:
Rot stieben die Funken — rings weichet der Troß —
Braust Pluto heran auf dem Höllenroß?
Nein, nein, sie erkennen den rasenden Reiter: —
Held Fulvius ist's, der gewaltige Streiter,
Der Konsul, der Sieger, der Schreck der Karthager: —
Trug ein Gott ihn hieher aus dem libyschen Lager?
Tot stürzet der Rappe: — durch Rauch und durch Brand
Dringt Fulvius hin, wo die Lächelnde stand:
Aufschreien die Priester, das Volk ertobt.
„So kommst du, Geliebter, sei ewig gelobt!"
„Und glaubtest du wirklich, ich ließ dich allein
In Schmach und in Schmerzen und Todespein?
Wir teilten der Liebe selige Flammen, —
Wir teilen auch diese: — wir sterben zusammen!"
Und ein Dolch und ein Blitz: — und auf ewig verbunden
In Feuer und Glut sind die beiden verschwunden.

———

Der Sklave.

Aus dem Land der Äthiopen haben sie mich weggeführt,
Wo nach schlanken Antilopen hohen Gangs der Löwe spürt.

Nimmer schau ich mehr die Stätte, wo der Stolz Karthago's brach: —
   Doch ich küsse meine Kette und ich segne meine Schmach.
Denn zum Dienst der schönen, weißen Konsultochter fiel mein Los:
   Seitdem geht mein Blut in heißen Wogen und mein Glück ist groß.
Weißer als die Straußenfeder ist der Nacken Tullias,
   Schlanker ist sie als die Ceder an den Strömen Afrikas
Unter dunkeln Wimpern prangen ihr die Augen prächtig rund,
   Pfirsichflaum deckt ihre Wangen und Rubinen ihren Mund.
Nächtens laur' ich auf der Schwelle, hart das Ohr zur Thür gelegt,
   Lauschend saug' ich Well' auf Welle, die ihr holder Atem schlägt.
Wann ich sie zur Sänfte hebe, stützend ihren runden Arm,
   Tobt mein Herz und ich erbebe und mein Blut rollt siedend warm.
Als sie jüngst im Gartensaale wandelnd nach dem Kühltrank frug,
   Rasch in die krystallne Schale gieß' ich aus dem schlanken Krug;
Und mit freundlicher Gebärde streift mich nur ihr Finger sacht, —
   Und ich zucke und zur Erde klirrend der Pokal zerkracht:
Zornesbleich die Rechte hebt sie: — doch ins Auge blick' ich ihr: — —
   Da errötet und erbebt sie und sie wendet sich von mir.
Ja, du weißt es jetzt, der kühne Knecht auch hat empfindend Blut!
   Einst erscheint ein Tag der Sühne für die grenzenlose Glut.
Sechs Legionen hingerungen hat schon der Empörung Strom,
   Und, von Freien unbezwungen, bebt vor seinen Sklaven Rom.
Wenn die letzte Fessel sprenget starken Armes Spartacus,
   Konsultochter, dann versenget dich des Afrikaners Kuß.

Tacitus.

Der Jungfrau ähnlich, die in Trojas Jubel
Den Weheruf geahnten Unheils warf,
Ungläub'gen Spott allein als Antwort findend,
Kassandra gleich steh' ich in dieser Zeit!
Verderben seh' ich rings, wohin ich schaue,
Mit leisen Geistertritten eilend nah'n,
Indes das Volk im Cirkus brausend lärmt

Und seine wilden Bacchanale hält.

Der Tempel darbt des Opfers und das Herz

Der Andacht; ungeglaubte Götter lehrt

Der Priester: fremden Sagen lauscht das Volk,

Die nicht verknüpft sind mit der Väter Thaten.

Die Weisen spotten über Jupiter

Und finden keinen andern Gott statt seiner.

Die Kaiser aber kränzen sich mit Rosen,

Denn selten ward der Lorbeer in dem Land;

Und will ein Fürst, der noch ein Römer ist,

Dem Unheil steuern, ist's, wie wenn ein Mann

Mit Schwert und Schild den Strom des Weltmeers hemmt.

Die Jugend schwelgt mit griechischen Hetären,

Indessen Sklaven die Legionen füllen,

Die nur mit Scham zur Schlacht der Adler führt,

Und Laster, ungeheure Laster thronen

Auf allen sieben Hügeln dieser Stadt.

Auf steilem Fels steht dieser Riesenbau:

Er wankt und täglich mehr neigt er zu Fall.

Sie kömmt nicht mehr, die Zeit der Scipionen!

Umsonst singt von Triumph der Dichter Mund:

Es sind die letzten Flügelschläge nur

Des Adlers, dem der Pfeil im Herzen steckt.

Im Osten fliegt des Parthers leicht Geschoß

Schon ungestraft in römische Provinzen,

Und furchtbar pocht die Streitaxt des Germanen

An dieses Reiches morschgewordne Thür.

Uns hält der Feinde Zwist, nicht eigne Macht;

Weh uns, wenn diese waldgeborne Kraft,

Wenn diese freien Ströme sich vereinen

Und mächtig von den Alpen niedergehn.

Was haben wir als Damm, sie abzuwehren?

Den Ruhm der Väter und der Enkel Wahn!

Mir aber sei's vergönnt, vorher zu sterben!

Mich ekelt dieser faulgewordnen Zeit,

Und oft beschleicht mich qualvoll der Gedanke:
Die Götter achten dieser Erde nur,
Um uns zu strafen, nicht um uns zu helfen.
Nicht unter diesen Menschen will ich leben:
Aufrollen will ich mir der Zeiten Buch,
Und Großes schau'n, das andre Tage schufen.
Doch dieser Zeit will ich empfindungslos,
Ein Demantspiegel, gegenüber stehn
Und zeigen ihr das ungeheure Bild
Der eignen Thorheit und der eignen Schuld.
O würd' es ihnen zum Gorgonenhaupt,
Das sie entsetzte und versteinerte:
So blieben sie, ein großes Schreckbild, stehn
Und eine Warnung künftigen Geschlechtern.

Das Gericht zu Sirmium.

Der Scheiterhaufe dampft zu Sirmium,
Der Bischof und die Mönche sind zur Hand,
Zum Himmel steigen Weihrauch und Gebet:
Da tönt die Tuba vor dem Thor der Stadt —
Ein Reiterzug — Gesandte sind's und Feldherrn
Constantius', des kirchenfrommen Herrn: —
Sie heischen Einlaß und der Bischof ladt
Zum Richtplatz sie, auf daß sein heil'ger Eifer
Kund werde rühmlich vor des Cäsars Thron.
Der Führer der Gesandtschaft, hoch und ernst,
Nimmt von dem Thron von Elfenbein Besitz,
Als wäre hier sein angeborner Platz.
Den braunen Reitermantel umgeschlagen,
Den Reisehut tief in die Stirn gedrückt,
Gebeut er stumm: „Führt mir die Schuld'gen vor."
Da schreitet vor ihn hin ein junges Paar,
Als sei'n von alabasternen Gestellen

Jüngst ein Mercurius und eine Hebe,
Zu wandeln unter uns, herabgestiegen.
„Und was habt ihr verbrochen?" frägt sie streng,
Mit Adlerblicken forschend, der Gesandte.
„Herr," sprach der Jüngling, „meine schöne Kunst
Ist meine Schuld: ich meißle Marmorbilder
Und an die holden Götter glaub' ich gern,
Die ich mir schaffe: und dies goldne Kind
Gewann ich, daß sie Seel' und Leib mir schenkte;
O sieh, wie schön sie ist: halb Mädchen noch
Und doch schon Weib; nach ihr schuf ich mein Bild
Der Hebe: — laß es kommen, glaube mir,
's ist schön: gern will ich sterben, findest du's nicht schön." —
— „Ihr wußtet beide, tödlich sei die Schuld?"
„Wir wußten," hob die junge Griechin an,
„Daß heutzutage wird zum Tod verdammt,
Was schön und selig und notwendig ist."
„Du bist sehr kühn!" sprach sinnend der Gesandte,
Und dennoch will ich eure Schuld verzeihn
Und euch entziehn der schon geschürten Glut,
Wenn ihr bereut, was ihr gethan, und eurer Liebe
In klösterlichen Büßungen vergeßt."
Da hob, gleich wie im Wettgesang, das Paar
Die Flügelworte der Begeist'rung an:
„Bereu'n? — bereut die Sonne, daß sie leuchtet?"
„Bereu'n? — bereut die Rose, daß sie blüht?"
„Soll ich die ew'ge Schönheit Lüge strafen?"
„Soll widerrufen meines Herzens Schlag?"
„Soll Buße thun, daß ich den Gott empfunden?"
„Verwerfen soll ich meiner Seele Kranz?"
„O komm, Geliebte, lieber in die Flammen —
Als unter Menschen, die das Heil'ge schmäh'n."
Und zu dem Holzstoß eilend schritt das Paar.
Da hob der Mann von dem kurul'schen Throne
Empor die majestätische Gestalt:

Es fällt der Hut, es sinkt der braune Mantel,
Der Purpur glüht, es blitzt das Diadem,
Und zu dem Bischof kehrt er sich und spricht:
„An diesem Paar, du armer Priester, lerne
Das ew'ge Wunder schöner Menschlichkeit!
Nicht wollen sie, wie deine Heiligen,
Mit kurzer Pein sich ew'gen Himmel kaufen: —
Sie wollen nur für ihre Liebe sterben
Und leben ohne diese Liebe nicht:
Das sind die Heiden, die ihr Sünder nennt!
Ihr — bangt nicht mehr! Hier fasset meine Hände:
Constantius der Fromme lebt nicht mehr:
Ich aber bin der Cäsar Julian,
Den die Legionen hoben zu Paris
Mit ihm die alten Götter auf den Schild!
Ja, sie erstehn: das Reich der Pein ist aus!
Vom Himmel schwebt die gold'ne Aphrodite,
Die Grazien kehren in die Welt zurück.
Auf! nach Byzanz! Du, Jüngling, folge mir,
Und ruf' auf die entgötterten Altäre,
Die leeren Tempel den Olymp zurück.
Doch deine Hebe, gleicht sie dieser da,
Soll schmücken des Palastes Giebel mir,
Der Jugendschönheit siegendes Symbol,
Der wie Julianus huld'gen soll die Welt!"

Julian der Apostat.
(A. May zu eigen.)

Ich faff' es nicht, sie wollen mich nicht hören!
Ich rufe sie zum Leben und zum Glück: —
Und Antwort geben sie in Grabeschören,
Und stoßen Kranz und Amphora zurück.

Ein finstrer Wahnsinn hat die Welt befallen!
   Des Opfers darben Tempel und Altar:
Umsonst läßt Phöbos die Orakel schallen,
   Umsonst bekränzt die Priesterin das Haar,
Die Schönheit selbst ließ ich in Marmor meißeln,
   Es schäumt der Wein, es dampfen Myrrhendüfte:
Doch sie zerfleischen sich mit blut'gen Geißeln,
   Und fliehn mit ihrem Gott in Totengrüfte.
Weh mir! mich scheltet ihr den Apostaten,
   Und ihr nur habt des Abfalls Schuld zu tragen,
Die an den Schmerz ihr habt das Glück verraten
   Und alle Freuden habt ans Kreuz geschlagen.
Nein, für die Mönche ward ich nicht geboren!
   Und kann ich nicht den Gang des Schicksals wenden
Und ist der Jugendtraum der Welt verloren,
   Will ich mit allem, was da schön ist, enden.
Horch! Hörnerklang! das sind Barbarenheere!
   Nun folgt mir, Hellas' Schwung und Romas Tugend!
Phöbos Apoll, du Gott, den ich verehre,
   Gieb mir den schönen, raschen Tod der Jugend!
Triff mich im Heldenkampf, im Siegesflug,
   Triff mich wie den Peliden am Skamandros:
Dann für den Griechen, der die Perser schlug,
   Schafft Raum im Hades neben Alexandros!

Aëtius.

Die Schlacht der beiden Welten ist geschlagen, —
   Des Ostens Roheit floh zurück in Schmach:
Den Schild Europas hat mein Arm getragen,
   Daran des Hunnen grimmer Stoß zerbrach.

Der Lorbeer kränzet diesen müden Scheitel,
    Der Sieg vergoldet neu den Feldherrnstab:
Mir aber dünkt der Siegesjubel eitel,
    Und dürft' ich ruh'n, ich stiege gern ins Grab.
Wohl rettet' ich die Welt vor dem Vernachten,
    Doch nicht für Rom, — nicht Rom zum Eigentum:
Germanenvölker schlagen unsre Schlachten,
    Und ihnen wird die Beute wie der Ruhm!
Erschüttert wankten der Legionen Glieder,
    Da hielt der Goten frische Kraft das Feld;
Burgunden rissen Etzels Fahnen nieder
    Und Alamannen stürmten sein Gezelt!
Horch! Gotenjubel rauscht durch die Gefilde:
    Sie heben hoch den jungen Thorismund
Als ihren Siegeskönig auf die Schilde
    Und dünken sich die Herrn vom Erdenrund.
Weh mir: sie sind's! und bis nach Romas Thoren
    Tönt unaufhaltsam fort der Siegesschall;
O wär' ich unter Scipio geboren,
    Und läg' erschlagen auf Karthagos Wall!

Eva.

Der Mann muß bald zurück vom Walde kehren: —
    Er sammelt Reisholz: — lieblich neigt der Wind,
Der Abendwind, des hohen Grases Ähren
    Und spielt im lichten Haare meinem Kind.
Wie schläfst du süß, mein Sohn, und schlingst noch fest
    Im Schlaf um meinen Hals den weichen Arm:
Nicht fürchte, daß die Mutter dich verläßt —:
    Ich bin bei dir: an meiner Brust ist's warm, —
Von Osten her, da leuchtet ferner Schimmer: —
    Von Eden sind's die hohen goldnen Thore:
Die schlanken Edelpalmen seh' ich nimmer,
    Die dort umblühet stehn von buntem Flore.

Schön war es dort! Viel heller schien die Sonne —!
　Ach, anfangs wollte mir das Herz vergehn
Um jenes Gartens wunderhafte Wonne,
　Fühlt' ich von dorther süße Düfte wehn.
Nun aber schweigt mir längst dies eitle Sehnen:
　Du, du, mein Kind, hast mich davon befreit;
Nicht geb' ich meiner Mutterliebe Thränen
　Um jenes Paradieses Seligkeit.
Wenn du mich eng umschlingst mit zarten Armen,
　Drückt unsre Schuld und Gottes Fluch mich minder:
Ich fühl's: Gott ist ein ewiges Erbarmen:
　Er liebt uns auch, denn wir sind seine Kinder!
Schon flutet Dämm'rung über Edens Thoren:
　Da kömmt mein Gatte: still, Freund, schreite sacht:
Es schläft das Kindlein, das ich dir geboren,
　O küsse leise, daß es nicht erwacht!

Lucifer und Atala.
(Ein Dialog.)

Christus.	Raphael, Atalas Schutzengel.
Atala.	Lucifer.

Erster Auftritt.
Erde.
Atala allein.

Atala. Der Abend sinkt. Schon leuchtet unser Stern.
„Ich komme," sprach er. Also kommt er auch.
O komme bald. Mein Herz wallt dir entgegen.
Ein Schritt: — 's ist nicht der seine. Sein Schritt scheint
Vom Boden aufzuschweben, der ihn trägt.

Zweiter Auftritt.

Atala. Raphael.

Raphael. Gott sei mit dir in dieser dunkeln Stunde.

Atala. Hell ist die Stunde: — denn sie bringt mir Ihn.

Raphael. Zum letztenmale warnend sag' ich dir:
Laß ab von ihm.

Atala. Läßt man von seiner Seele?

Raphael. Er deine Seele! Weh' dir, sprächst du wahr!
Nicht länger schon' ich dich: es drängt zum Ende.
So wisse denn, der Fremdling, den du liebst,
Er ist kein Sterblicher gleich dir, Atala:
Einst hoch und hell vor allen Engeln Gottes
Ist er der gottverfluchteste nunmehr:
Denn er ist Lucifer, der Hölle Fürst.

Atala. Was er auch sei, mir ist er aller Männer
Gewaltigster und süßester zugleich.

Raphael. In dieser Stunde schon naht Gottes Sohn,
Der ihn auf ewig in den Abgrund weist,
Von wannen endlos, sieglos, hoffnungslos,
Er führt den Kampf des Trotzes mit der Allmacht.
Willst du von Gott dich wenden und zu ihm?
Willst seinen Fluch du und sein Schicksal teilen
Endlosen Weh's?
O komm mit mir — dir winkt der blaue Himmel:
Dort, wo der Engel goldne Harfen rauschen,
Dort, wo der Sel'gen Jubel ewig tönt,
Dort ist dein Platz und deine Heimat dort.

(Lucifer ist im Hintergrund erschienen. Atala erblickt ihn.)

Atala. O er ist da! — geh, meld' es nur da droben,
Den armen Sel'gen sag was Seligkeit,
An seinem Herzen ist Atalas Himmel,
Atalas Heimat ist auf ewig hier — (an seiner Brust).

Lucifer (die Arme um sie schlingend und ihr Haupt auf seine linke Schulter legend, zu Raphael).

Wohl kennt ihr viel in eurem klugen Himmel,
Doch dieses Mädchens Seele kennt ihr nicht.

(Ihr Haar streichend.)

Kind, er spricht wahr: ich bin der Hölle König
Und ewige Verdammnis ist mein Los.

Atala (mit einem Blick in sein Auge).

Und mein Los ist — auf ewig dein zu sein.

Raphael. Dort kömmt ein Größerer: mein Amt ist aus. (Ab.)

————

Dritter Auftritt.

Vorige. Christus.

(Ein Posaunenstoß.)

Christus. Erfüllet ist die Zeit. Du bist gerichtet:
Der Vater schickt mich, dich hinabzustürzen.

Lucifer (tritt von Atala hinweg).

Ich bin bereit. Empfang' mich, ew'ge Nacht!

Christus. Und sonst hat Lucifer kein Wort mehr übrig?

Lucifer. Doch eine Ewigkeit von That vor sich.

Christus. Du weißt, was dich auch jetzt noch retten kann.

Lucifer. Mich selbst verleugnen und um Gnade flehn!

Christus. Nein. Eine Bitte hast du frei an mich,
Ich schwor dir zu bei meines Vaters Haupt,
Was sie auch sei: — sie sollte sein gewährt.

Lucifer (weicher). Woran gemahnst du mich!

Christus. Am Abend war's
Des ersten Schöpfungstags; zum erstenmal
Im nächt'gen Blau erschimmerten die Sterne,
Aus dunkeln Wolken brach der volle Mond.
Wir saßen zu den Füßen Gottes alle:
Da hobest du, von so viel Schönheit trunken,
Das erste Lied, das je gesungen ward,
Der erste Dichter, rhythmenschwungvoll, an:

Ein Loblied war's auf Gott: es lauschten alle
Die Engel und die Himmel und die Sterne:
Der Dichtung erstes Wunder war geschehn.
Der Vater einzig hatte davon Kunde,
Der seiner Schöpferkraft ein Teil dir hatte,
Dir und uns allen unbewußt, geliehn:
Entzückt schwieg alles und du selbst, erstaunt,
Hieltst inne: aber ich gelobte laut
Beim Haupt des Vaters eine Bitte dir:
Jetzt kam die Not: — thust du die Bitte nicht?

    Lucifer (nach einer Pause). Ja.

    Christus. Nun so sprich, was sie auch sei:
Sie ist gewährt.

    Lucifer. Vernichte diese! (rasch Atala an der Hand vor Christus führend).
Doch sei sie ewig ungetrennt von mir.

    Christus. Unseliger!

    Atala (zu Lucifer). Habe Dank.

(Christus erhebt die Rechte: Atala verschwindet, eine weiße Flamme leuchtet
fortan als Lucifers Stirnlocke.)

    Lucifer. Triumph! Jetzt Trotz dem Himmel immerdar!
Jetzt aus dem Abgrund hol' ich Schwert und Schild
Zu ew'gem Kampf, von jeder Sorge frei.
Atala leuchtet hell auf meinem Haupt,
Der eigne Lichtgedanke meiner Stirn,
Und nun und nie bedarf ich andern Lichts:
Verächtlich sind mir eure tausend Sonnen,
Mein sei die Nacht, wo diese Flamme strahlt.

                 (Stürzt sich in den Abgrund.)

    Christus. Geh in die Nacht, Lichtbringer, Lucifer:
Die weiße Flamme führt dich uns zurück.

Hagars Rache.

Es kam ein Mann durch die Wüste gefahren
   Mit dreißig beladenen Dromedaren.
Die trugen Schätze viel hundert Lasten: —
   Unter den Cedern wollten sie rasten.
Da, auf schnaubenden Rossen, mit Pfeil und Bogen,
   Kamen die Söhne der Wüste geflogen.
Und nahmen das Gut und schleiften den Mann
   Zu ihres Fürsten Zelt hindan.
Der kam geschritten bräunlich schön,
   Wie der Löwe schreitet auf Karmels Höh'n.
„O schone mein Leben, nimm Lösegeld,
   Ich fülle mit Gold dir das ganze Zelt.
Denn Gott gab Segen meinem Stamm —:
   Ich bin Isak, der Sohn des Abraham."
Da riß aus der Scheide der Emir das Schwert:
   „Dank den Göttern der Rache, die dich mir gewährt.
Lang fahnd' ich nach dir, lang such' ich dich schon:
   Denn ich bin Ismael, Hagars Sohn.
In die Wüste, zum Futter der Geier und Raben,
   — So wollt' es ja Sarah, die Treffliche, haben —
In die Wüste verstieß er das Weib und den Knaben,
   Und Jehovah vergalt mit Verheißungsgaben!
Doch die Palme der Wüste war gnäd'ger als Gott:
   Die Verstoßenen leben, Jehovah zum Spott.
Laß sehn, ob er jetzt dich entreißt dem Verderben,
   Gottseliges Brüderlein, du mußt sterben."
Da hob von den Polstern ein hehres Weib
   Den immer noch königlich schönen Leib.
Sie zerdrückt eine Thräne von Stolz und Harm
   Und rührt an des Helden erhobenen Arm.
„O König der Wüste, du mein Juwel,
   Mein Löwe, mein Adler, mein Ismael.

Ich bitte zum Dank für ein ganzes Leben:
　Mir sollst du den Sohn der Sarah geben."
Und er neigte das Haupt und das Schwert dazu
　Und küßte im Staub seiner Mutter Schuh.
„Sag' Abraham," sprach sie zu jenem gewandt,
　„Hagar hat mich dir zurückgesandt."

Judiths Siegeslied.

Ihr Kinder Israel, singet dem Herrn,
　Singt ihm mit Pauken und Chmbelgetön,
　Seid fröhlich und tanzet auf Zions Höh'n:
　Denn der Herr, unser Gott, hilft den Seinigen gern,
　Und er lenket die Schlachten der Völker.
Er stritt für sein Volk mit gewaltiger Hand, —
　Der Assyrer, der kam mit großer Macht,
　Er kam vom Gebirge, von Mitternacht,
　Seine Wagen und Rosse bedeckten das Land,
　Seine Schiffe bedeckten das Wasser.
Er drohte dem Tempel mit Plünd'rung und Spott,
　Er drohte den Städten mit Waffen und Brand:
　Die Männer verzagten vor seiner Hand,
　Doch ihn strafte der Herr, der allmächtige Gott:
　Gab ihn in die Hände des Weibes.
Denn ihn schlug nicht die Lanze, die manchen erschlägt,
　Ihm traf kein Held den gepanzerten Leib —
　Nein, dich, Holofernes, hat ein Weib
　Mit ihrer Schönheit danieder gelegt:
　Ich, Judith, die Tochter Merari!
Denn ich legte von mir mein Witwenkleid,
　Ich zog meine schönen Gewänder an,
　Mit köstlichem Wasser sprengt' ich mich an,
　Ich umschloß mir den Hals mit goldnem Geschmeid,
　Und durchflocht mein Haar mit Rubinen.

Da hat ihm meine Schönheit die Sinne geraubt,
   Meine leuchtenden Augen verblendeten ihn,
   Er wollte zum Kuß in die Arme mich ziehn —:
Doch ich, ich schlug ihm vom Halse das Haupt,
   Daß sich Perser entsetzten und Syrer.
Und es gab sie der Herr in unsre Gewalt:
   Wir erschlugen die Syrer, das Heer und den Troß,
   Denn du, Herr, bist stärker als Wagen und Roß!
   Drum preiset den Herrn, daß es lieblich schallt,
   Preist ihn mit Pauken und Cymbeln.

———

Maria Magdalena.

I.

So, hier das Körbchen mit den reifen Feigen,
Die sich vom grünen Weinlaub bräunlich heben,
Hieher die Datteln und das weiße Brot: —
Auf seinen Sitz breit' ich das weiche Lammfell,
Dorthin das Becken, das die Hände kühlt.
Nun mag er kommen, wann er auf dem Markt
Das Volk gelehrt hat und geheilt die Siechen.
Oft sah ich schon sein Auge heiter ruh'n
Auf diesen kleinen Zeichen meiner Sorgfalt,
Wann er, gedrückt von seiner Göttlichkeit
Im müden Menschenleib, den Tag beschließt. — —
Wie bist du anders worden, Magdalena!
Von Kindheit an schon trieb dies warme Herz
Auf hohen Wellen unbestimmter Sehnsucht:
Nicht von der Schriftgelehrten toter Weisheit,
Nicht von der Jugend Spielen ausgefüllt.
Weit sah der blüh'nden Jungfrau Blick umher,
Auf etwas Großes, nie Geseh'nes harrend.
Und mancher meines Volks sprach mir von Liebe

Und wie ich schön sei wie kein ander Weib:
Mich aber ekelte des Männertums,
Das um ein schönes Weib zu werben wagt
Und knechtisch sich dem fremden Sieger beugt
Und blut'ge Striemen trägt auf schnödem Leib
Von römischer Liktoren Geißelschlag. —
Von meinem Volke wandte sich mein Herz
Zu jenen stolzen Frevlern, groß an Kraft,
Die statt an Götter nur an Rom noch glaubten.
Ich wollte lieben können und bewundern
Und warf mich an des Römers starke Brust.
Doch wehe mir! die weihelose Kraft
Zerstört was sie umarmt und kennt die Scheu,
Die heil'ge Schonung zarter Liebe nicht.
Als ich erkannt, daß mich der Römerstolz
Gleichwie die süße, dunkelreife Traube,
Die er in seinen goldnen Becher drückt
Und jubelnd ausschlürst, achtlos fallen ließ, —
Da faßte mich unnennbar wilder Schmerz!
Ich hatte meines Volkes mich geschämt
Und war die Beute worden seines Siegers!
Nie wollt' ich so viel Schande mir gestehn.
Berauschen wollt' ich das gequälte Herz,
Daß es vergäße seiner bittern Schmach
In süßem Taumel, und von Lust zu Lust
Riß mich der wilde Drang der Sehnsucht fort. —
Doch oft, wann ich den Scharlach der Granate
Zu üpp'gem Fest flocht in mein schwarzes Haar,
Da brannten mir die Blumen auf dem Herzen
Wie heiße Feuerkohlen meiner Schuld. — —
Und als ich einst, gehetzt von Reu' und Trotz,
Von grimmem Widerstreit die Brust zerrissen,
Schritt aus Pilatus' festlichem Palast,
Ein Haufe Volks zog da an mir vorbei,
Geringen Standes, Fischer schien's und Zöllner,

Nicht achtend mein, nur lauschend auf die Worte
Des Jünglings, welchen sie geleiteten.
Der aber wandte sich zu mir: er hatte
Nicht mit dem Auge, mit dem Herzen mich
Gesehn: und unwillkürlich hielt mich's fest,
Ihn anzuschau'n: da traf mich groß sein Blick
Aus seinen runden, tiefen, dunkeln Augen,
Ein Blick voll Himmelreich und Menschenliebe,
Ein Blick voll Gottesruh' und Erdenweh
— Die Ewigkeit lag hell in diesem Blick —
Und seine sanften Lippen that er auf,
Und leise sprach er: „Friede sei mit dir."

Da war's, als hätte mich der Himmel lieb,
Als hätte Gott mein schuldbeflecktes Herz
In seiner ew'gen Gnade Strom getaucht,
Daß ich daraus entstiege lilienrein,
Und all' der starke dunkle Sehnsuchtsdrang,
Der mich von Kind auf trieb, er war gestillt:
Denn Friede war mit mir.

Seitdem hab' ich nicht mehr von ihm gelassen:
Vergessen ist der alte, harte Stolz,
Demütig zwingt es mich zu seinen Füßen
Und Sklavendienste dürst' ich ihm zu thun:
Mein wallend Haar, einst vom Granatenkranz,
Vom goldnen Römerdiadem geschmückt,
Ich fass' es gern, als niedre Magd, zusammen,
Zu trocknen seine Füße von dem Öl,
Das ich ihm reich, ein duftend Opfer, gieße.
Dann ist mir wohl, wann ich mein selbst vergessen,
Zu seinen Füßen lauschend hingestreckt,
Nur seiner Worte Silbertonfall höre
Und fühle seines Wesens stillen Glanz.

Mir ist, ich höre leichte Schritte nah'n —
Er ist's, er kömmt: frohlocke, meine Seele:
Nun badest du im Born der Lieb' und Gnade
Und Friede sonder Ende ist dein Teil.

II.

Sie lag im Staub vor ihm, und heiße Thränen
    Der Reue netzten seines Kleides Saum:
„Nun kennst du alle Schuld in Magdalenen.
    Weh, selbst dein großes Herz verzeiht sie kaum.
Ich war dir lieb, ich weiß! Doch nun für immer
    Kehrt sich von mir dein leuchtend Angesicht:
Denn selbst die Allmacht, sie vermag es nimmer,
    Daß sie Gescheh'nes ungeschehen spricht.
O laß mich sterben!" — — Stumm durch seine Seele
    Zog da der Menschheit ganzes Weh' aufs neu': — —
Dann sprach er sanft: „Kind, wer ist ohne Fehle,
    Und was soll sühnen, wenn nicht solche Reu'?
Verwerfen könnt' ich dieser Seele Sehnen,
    Das so verzweiflungsvoll nach oben flammt?
Erhebe dich und trockne deine Thränen:
    Verdammen nicht, — erlösen ist mein Amt.
Die reine Liebe hast du jetzt gefunden:
    Du bist entsühnt und Friede sei mit dir.
Hier, meine Hand: sie heilet alle Wunden
    Und zu den Sternen hebt sie dich mit mir."

Der weise Scheich.

Wohl halt' ich in Händen den goldenen Stab,
    Den mein Stamm als dem weisesten Richter mir gab.
Doch ich denke der Zeit, da die Mädchen von Zanz
    Als dem glühendsten Sänger mir reichten den Kranz!

Wohl bestürmen das Zelt mir früh und spat
    Graubärtige Scheiche und holen sich Rat.
Doch ich denke der Zeit, da dem grämlichen Scheich
    Von mir ward geschmiedet der lustigste Streich.
Wohl rühmen sie, so viel Haare mein Bart,
    So viel weise Gedanken mein Haupt bewahrt;
Doch ich denke der Zeit, da ich Küsse getauscht,
    Viel mehr als mir Locken im Winde gerauscht;
Und ich denke der Zeit, da auf schnaubendem Roß
    Ich zum Siege gestürmt durch der Franken Geschoß.
Da im Kosen die Nacht und im Kämpfen der Tag
    Und der Abend verrauschte beim Siegesgelag.
Ach Weisheit und Ansehn und Goldstab dazu: —
    Du goldene Jugend, — wie ferne bist du!

Arabische Totenklage.

Weithin ruht in Nacht die Wüste, Sterne flimmern sonder Zahl:
    Weithinweg vom lauten Lager trag' ich meine stumme Qual.
Bei den Zelten kreist der Becher, Sang erschallt und Saitenspiel: —
    Ach und noch sind's nicht drei Monde, daß mein tapfrer Bruder fiel!
Abu Seid, du Stolz des Stammes, Stern des Rates, Sturm der
                             Schlacht,
    Hast gerettet Gut und Leben manchem, der dort singt und lacht.
Abu Seid, gazellenbräunlich, schöner Frau'n geheimer Traum,
    Deinem Feind warst du ein Löwe, deinem Freund ein Palmenbaum.
O was weilt' ich fern in Mekka, als du sankst am Paß Al Irmt,
    Wo du, einer gegen vierzig, unsrer Herden Flucht beschirmt.
Dreizehn Lanzen schon im Schilde, sieben Wunden in der Brust, —
    Immer wollt'st du noch nicht fallen, bis du fallen doch gemußt.
Ha, sie singen, weil die Geier, zehren noch von deinem Leib: —
    Dein vergaß der Stamm, der Emir, dein vergaß das eigne Weib.
Aber ich will dein gedenken, schöner, tapfrer, junger Scheich:
    Hilft kein Gott, kein Mensch dich rächen — so hilf du mir, Höllenreich!

Meine Seele sollt ihr haben, böse Geister, immerdar,
  Helft ihr das Geschlecht verderben, das des Helden Mörder war.
Ha, dann jauchz' ich durch die Hölle, durch der Qualen Ewigkeit:
  „Abu Seid, das war mein Bruder, und ich rächte Abu Seid."

Fatme.

Von seines besten Freundes Grab,
  Vom Grabe Husseins kam Abdallah:
„Weh mir, was er mir Liebstes gab,
  Noch jedesmal entriß mir's Allah."
Und Fatme frägt: „Was klagest du?"
  „Ach, was ich liebe, muß verderben!"
Da haucht sie ihm errötend zu:
  „So liebe mich — und laß mich sterben."

Des Sultans Tochter.

„O Fatime, was verzehret dich, was welken deine Wangen?
Alles was dein Herz begehret, kann dein leiser Wink erlangen.
Willst du Schmuck und Goldgeschmeide, — so befiehl und unsre Flotten
Holen Pupur dir und Seide, Perlen dir aus feuchten Grotten.
Willst du Tanz und bunten Reigen, — die Moriskos brennen alle,
Der Gebieterin zu zeigen ihre Kunst bei Cymbelschalle.
Willst du Blumen, — sieh dein Garten windet schattig sich dahin
Und die schlanken Palmen warten längst schon ihrer Königin.
Oder hat die süße Flamme dir das junge Herz entzündet?
Freie Wahl aus jedem Stamme hat dein Vater dir verkündet:
Ist's der dunkle Held Abdallah, ist's der glühende Hussein?
Sprich es aus: — denn groß ist Allah, ihre Herzen all sind dein!" —
— „Ach, Zuleika, mein Geschmeide hat verloren seinen Schimmer,
Und Fatimens Augenweide, — Perlen sind's und Seide nimmer!

Cymbeln nicht und Kastagnetten sollen die Morisko's schlagen —
Wenn sie Trauerflöten hätten, möchte mir das Spiel behagen!
Nicht Abdallah mir im Herzen, nicht Huffein, der tapfre, steht:
Machtlos ist in meinen Schmerzen Allah selbst und sein Prophet! —
In der Waffenruhe zogen gegen Bagdad taufend Gäste,
Helme blitzten, Banner flogen, Kränze schmückten die Paläste.
Und ich stand auf der Altane, leise gingen Abendlüfte,
Und Jasmin blüht' und Banane und die Rose hauchte Düfte: —
Da, aus hoher Cedern Mitten, — o wie ist mein Herz erschrocken! —
Kam ein Jüngling ernst geschritten, schön, in lichten, langen Locken.
Träumerisch zum Abendsterne schlug er auf die blauen Augen,
Als ob er den Himmel gerne wollt' in seine Seele saugen. —
Halb geworfen, halb entglitten fiel mein Strauß mir aus dem Schleier,
Rosen waren's, frisch geschnitten, Rosen von dem Tigrisweiher.
Ihm zu Füßen sonder Irren fiel der Strauß in weißen Sand,
Er sah auf und schlug mit Klirren auf die Brust die rechte Hand;
Auf die Brust die Rechte schlug er — ach, da ward es mir bewußt:
Einen weißen Mantel trug er, rot bekreuzt die linke Brust!
In des weißen Mantels Linnen schlug er fest die Eisenglieder,
Wandte sich und schritt von hinnen, — und ich sah ihn niemals wieder.

Zuleika.

Schon verschwimmt in Meeresferne, das ihn trägt, das rasche Boot: —
Mit ihm alle guten Sterne, mit Zuleika Nacht und Tod.
Lang eh' du im Land der Franken wieder schaust dein blond Gemahl,
Diese schwarzen Locken sanken und dies Haupt dem Racheftahl.
Sei's: — sie durfte dich erwerben, leben durfte sie für dich: —
Aber ich darf für dich sterben: — und die Reichre acht' ich mich.

Romanzen von König Roderich und Donna Cava.

I.

Donna Cava, Donna Cava,
  O, was mußtest du auch tanzen,
  Oder, wenn du tanztest, fallen,
  Fallen vor des Königs Augen,
    Daß er deine Schönheit sah!
Ach, dies Tanzen, ach, dies Fallen,
  Diese Schönheit warf ganz Spanien,
  Dies mein edelstolzes Spanien
  Unterthan viel hundert Jahre
    In des Sarazenen Hand! —
Im Palaste zu Toledo,
  Auf des Hofraums Marmorestrich,
  Tanzen dreißig schöne Mädchen,
  Tanzen zu des Königs Ehren,
    Der im Erker lässig lehnt.
Niemand auf der weiten Erde
  Kennet Weibes Schöne besser:
  Frau'n bezwinget er wie Männer
  Und gleich schwer ist's, widerstehen
    Seiner Liebe, seinem Schwert.
Achtlos über ihren Reigen
  Läßt er kaum das Auge gleiten:
  Denn zu dicht sind sie verschleiert,
  Nach der Goten strenger Weise,
    Von der Stirn zur Sohle weiß.
Sind's doch lauter Edelfräulein,
  Keusch wie schön, und rein wie reizend:
  Doch an Schöne wie an Reine
  Unbestritten von den dreißig,
    Donna Cava trägt den Preis.

Drum muß sie an Reigens Schlusse
  Nah'n dem König auf den Stufen
Und, ins Knie vor ihm gesunken,
  Reichen ihm den Korb voll Blumen
    Als den duftigsten Tribut.
Als sie nun, die süße Jugend,
  Vor ihn tritt und als sein dunkles
Auge durch den Schleier funkelt,
  Schießen ihr ins Antlitz Gluten,
    Und sie bebt, sie wankt, sie zuckt.
Und sie sinkt vor ihm zu Boden,
  Alle Schleier werden lose,
Und sein Auge trinkt mit Wonne
  Diese Farben, diese Formen,
    Wie er niemals sie geschaut.
Als er sacht sie aufgehoben,
  Fühlt' er ihres Herzens Wogen —:
Da hat er sich still geschworen,
  Daß sie ihm gehören solle,
    Gott und aller Welt zum Trotz.
Doch es streiten die Chronisten,
  Die von jenen Tagen wissen,
Ob das Fräulein sei geglitten
  Ob des hellen Marmor-Schliffes,
    Ob des Königs dunklen Blicks.

II.

Silbern Mondlicht, blaue Schatten, —
  Heißes Lied der Nachtigallen, —
Duft'ge Rosen und Granaten
  Füllten Donna Cavas Garten,
    Als der König glühend warb.

„O, mein König, übet Gnade,
 Übet Großmut an mir Armen!
 Hab' ich's Euch doch eingestanden,
 Daß mein Herz dir glühend schlage,
  Dir zu widerstehn zu schwach!
Sei begnügt mit diesem Siege!
 Anvertraut hat deiner Ritter-,
 Deiner Königsehre Schirme
 Als ein heilig Angebinde
  Don Julian, mein Vater, mich.
Wehe seinem Ahnenschilde!
 Keins ist reiner in Kastilien.
 Wehe Witika, dem Grafen,
 Dem als Braut mit goldnem Ringe
  Don Julian mich längst bestimmt.
Ihre Rache, wehe, wehe,
 Sicher wird sie dich verderben:
 Denn sie zählen zwanzig Festen
 Und der Ritter, Knappen, Pferde
  Zählen sie ein ganzes Heer.“
Doch den Mund schloß ihr der König,
 Schloß ihn fest mit süßem Schlosse,
 Daß ihr Wort und Atem stockte,
 Stockte vor berauschter Wonne
  Und er hob sie auf sein Roß.
„Und ob Himmel, Erd' und Hölle
 Dir von Rächern überströmten,
 Dennoch sollst du mir gehören!
 Und den Menschen und den Göttern,
  Trotzt dies nie besiegte Schwert.“
Und er schwang sich in den Sattel —:
 Sieh, da ist ein Stern, ein klarer,
 Aus des Himmels Höh'n gefallen,
 Und die Sternekund'gen sagen,
  Daß Hispaniens Stern es war. —

III.

Schiffe, Zelte, weißer Burnus,
  Krumme Säbel, falt'ger Turban,
  Rossetummeln, Allahrufen, —
  Halbmond über Andalusien,
    Mauren auf Kastiliens Grund!
„Hilf und rette, Don Robrigo,
  O, was säumst du, Liebesiegter?
  Spielest Spiele der Verliebten?
  Ist denn wahr, daß Zauberliebe,
    Liebeszauber dich umstrickt?"

„Herr, die Mauren sind gelandet!"
  „Küß mein Auge, schöne Cava!" —
  „Herr, Sevilla ist gefallen!"
  „Laß mich spielen dir im Haare!"
  Herr, schon zieh'n sie auf Granada!"
    „O, wie weiß ist deine Hand!"

„Herr, hörst du ihr Allah-heulen?"
  „Ja wahrhaftig! — Und abscheulich
  Stört es stille Liebesträume!
  Sieh, es haben diese Räuber
    Deine Tauben aufgescheucht.

Schlecht habt ihr mein Reich behütet,
  Witila und Don Julian, ihr,
  Denen ich vertraut die Küste:
  Gönntet nicht ihr eurem Fürsten
    Ungestörtes Liebesglück?
Sieben Maurenfürsten habt ihr
  Ungehindert lassen landen.
  Saget, habt ihr mich verraten?
  Schwurt ihr nicht um Donna Cava
    Dreimal Groll und Rache ab?"

„O, wie sollten wir Euch zürnen!
   Nur für Kön'ge blüh'n die Lilien:
   Ehre bringt das Blut der Fürsten.
   Tot und lebend sollt Ihr immer
      Sein verbunden meinem Kind."

„Auf, so bringt denn meine Waffen,
   Und vor meinen Königswagen
   Schirrt die sieben Silberblankos,
   Scharlach seien die Schabracken
      Und von Golde das Gespann.

Denn zum Spiele, nicht zum Kampfe,
   Will ich in die Feinde fahren:
   Sicher wie in Gottes Arme,
   Mir zur Seite Donna Cava
      Schaue meine Siegesschlacht."

IV.

Und auf seinem Königswagen,
   Den die Silberrosse tragen,
   Weißen Mantel um den Nacken,
   Rosen auf dem schwarzen Haare,
      Fährt der König in die Schlacht.

Über Donna Cava hält er
   Seinen Goldschild: doch die Rechte
   Schwingt das nie besiegte Schlachtschwert,
   Und erschlägt der Sarazenen-
      Fürsten vier und fünf und sechs.

Und Entsetzen faßt die Mauren,
   Wo der weiße König nahet!
   Es entrollen sich die Scharen
   Und es wankt die grüne Fahne
      In des letzten Fürsten Hand.

Doch da tauschen scheue Blicke
  Witika und Don Julian: sie
  Zücken rasch die scharfen Klingen:
  Witika trifft seinen König
    Und der Vater trifft sein Kind.
Klaglos, lautlos sinken beide,
  Tot wie lebend eins und einig! —
  Doch als er vom Wagen gleiten
  Sieht des weißen Königs Leiche,
    Hält und wendet sich der Feind.
Und das Glück des Tages wendet:
  Unterm Huf der Heidenrosse
  Liegen Helden und Verräter;
  Siegreich bald von Meer zu Meere
    Des Propheten Fahne weht.
Doch zwei weiße Schatten schweben
  Nächtlich oft noch um die Stätte,
  Wie im Liede noch der Sänger
  Don Rodrigos Angedenken
    Und der schönen Cava lebt.

Die Königin von Aragon.

Die Königin von Aragon, die zählte siebzehn Jahr',
  Ihr Antlitz war wie frischer Schnee, wie dunkle Nacht ihr Haar.
Doch blieb ihr nur ein grauer Turm von ihrem reichen Land:
  Auf Strand und Meer, auf Stadt und Flur lag schwer der Moslim
    Hand.
All' ihre Besten lagen tot, Kaplan und Bischof flohn,
  Ihr eigen war kein Pfeilschuß mehr vom weiten Aragon;
Auf ihrem alten Bergschloß litt die feine Fürstin Not,
  Und oft von goldnen Schalen aß sie Reis und hartes Brot.

Denn vor dem Wall lag Ibrahim, der schwur's mit grimmem Eid,
  Er weiche nicht, bis er im Sturm die Königin gefreit.
Da schrieb die junge Königin an alles Rittertum:
  „Kommt hierher: hier in Aragon erwirbt sich Gold und Ruhm.
Und kömmt ein Held und kann mein Reich und kann mich selbst
                                                  befrei'n, —
  Die Hälfte soll von allem Land und Gut sein eigen sein."
Doch niemand kam und nahm den Lohn aus aller Christenheit:
  Denn Ibrahim und seine Macht, die schreckten weit und breit.
Umsonst die schöne Königin auf hohem Söller stand,
  Und sah nach allen Winden aus und hielt vors Aug' die Hand.
Kein Retter kam, kein Schiff zur See, kein Reiter aus dem Wald;
  Rings alles still: — ihr Schleier nur im Abendwinde wallt. —
Doch endlich tönt das Türmerhorn und sieh, vom Berg ins Thal
  Ein reisig Häuflein niederstieg, dreihundert an der Zahl.
Ein junger Ritter zog voran, in Eisen bis ans Kinn,
  Auf seinem Schild geschrieben stand: „Für meine Königin!"
Er zieht ins Schloß, und neigt sich tief und spricht: „Ich heiß'
                                                  Alfons,
  Und morgen bist du wiederum die Herrin Aragons.
Doch lüstet mich nicht Gold noch Land: ich fordre höhern Preis,
  Ich fordre — einen einz'gen Kuß auf deine Stirne weiß."
Da ward die weiße Stirne rot, die Kön'gin hauchte leis:
  „Erfüllt Ihr Euer Ritterwort, so wird Euch Euer Preis."
Da zog er sein Toledoschwert, die Zugbrück' that sich auf,
  Ins Heidenlager brach die Schar gleichwie des Bergstroms
                                                  Lauf,
Durch Schild und Helm wie Gottes Blitz schlug Don Alfonsos
                                                  Schwert,
  Vom Wirbel bis zum Gurt durchhau'n stürzt Ibrahim vom Pferd.
Die Fahne fällt, das Lager brennt, Entsetzen faßt das Heer,
  Sie flieh'n zum Strand, sie flieh'n zu Schiff, sie flüchten übers
                                                  Meer.
Und Saragossa ist befreit, Huesca thut sich auf.
  Die Schlüssel sendet Stadt um Stadt zur Königin hinauf. —

Da sprach die junge Königin: „Nun zündet Kerzen an,
  Und windet Kränze grün und bunt und thut mich bräutlich an.
Laßt meine Banner prächtig wehn von Turm und Zinnen all,
  Die Pforten auf, die Thore weit und laut Trompetenschall.“
Und als der Zug nun zögernd kam, da rief die Königin:
  „Er hat sein Wort gelöst, wohlan: — den Preis nun nehm' er
          hin.“
Doch alle Ritter schwiegen still, es schloß sich auf die Schar: —
  Da lag Alfonso stumm und bleich auf einer blut'gen Bahr'.
Rot Schild und Panzer: in der Brust, da stak ein Wurfpfeil drin
  Und auf dem Schild geschrieben stand: „Für meine Königin!“
Da schritt die Königin hinzu, küßt' auf die Stirn ihn leis:
  „Ich schulde dir in Ewigkeit, Alfons, den Siegespreis.
Ihr Ritter aber, folget mir! Nach Saragossa nun!
  Die Könige von Aragon in Saragossa ruh'n.
Dort senket euren König ein und meinen Eheherrn:
  Seln bleib' ich bis zum Wiedersehn auf einem schönern Stern!“

———

Klagelied der Mauren bei ihrer Vertreibung aus Spanien.

Ach, die Fahne des Propheten sank von der Alhambra Zinnen!
  Unser Streiten, unser Beten mochte nicht den Sieg gewinnen.
  Fort in die Verbannung gehen, in die Fremde flüchten wir: —
  Und Kastiliens Banner wehen hoch ob dem Guadalquivir!
Du, der sich mit Engelscharen gürtet, wie das Meer mit Sand,
  Keinen Engel, uns zu wahren, hast du uns herabgesandt:
  Als die scharfen Christenspeere unsre Besten hingestreckt,
  Keinen Retter unsrem Heere, Allah, hast du auferweckt.
Wo einst süße Frauen schritten, in dem schattigen Serail,
  Nun in schwarzer Priester Mitten ragt der Scheiterhaufe steil.
  Der Alhambra Löwenbronnen dient der Christen Taufe jetzt,
  Wer dem Bad des Bluts entronnen, mit dem Weihbad wird
          benetzt.

Wo der Ball zur Abendstunde flog am silbernen Xenil,
    Aus Gebüsch und Säulenrunde Sang erscholl und Saitenspiel,
    Schreiten murmelnd jetzt die dunkeln Mönche mit dem här'nen Kleid
    Und, mit Schwert und Speerefunkeln, Hermandad, dein Blutgeleit.
Froh in edler Bildung Mitte lebten wir bei Spiel und Kunst,
    Längst gezähmt durch holde Sitte war der heißen Heimat Brunst:
    Aber in die Wüste weist uns nun Europa wieder aus,
    Pfeil und Bogen wieder speist uns und das Zelt wird unser Haus!
Aus den Schätzen von Granade, der Alhambra goldnem Schos,
    Gönnet uns des Siegers Gnade diese Handvoll Erde bloß:
    In die Wüste wieder gehen mit der Handvoll Erde wir
    Und Kastiliens Fahnen wehen hoch ob dem Guadalquivir!

Spanische Romanzen.

I.

Vor die Kön'gin zu Toledo trat der eble Don Rodrigo
    Bog das Knie vor ihrem Throne: „Gebt Gewährung, Königin,
Gebt Gewährung mir und Eures Hofes erster Edelzofe,
    Donna Blanka, zur Vermählung, wenn Ihr glaubt, ich sei sie wert."
Und die Kön'gin sprach: „Gewährung geb' ich dir mit Donna
                                 Blanka
Zur Vermählung und für immer bann' ich dich aus meinem Reich."
„Herrin, was hab' ich verbrochen?" „Neig' dein Ohr, ich will dir's
                                   sagen:
Du begnügst dich mit der Zofe und warst wert die Königin."

II.

Habt ihr gesehn in Barcelona das schönste Weib im Abendland?
    Den Menschen heißt sie La Corona: — mir aber heißt sie Todes-
                                    brand.

Wie Lava fühlt' ich's in mir lohen, als ich heran sie schreiten sah —
All meine guten Geister flohen, da mir ihr erster Blick geschah.
Drei tapfre Brüder zählt die Sippe — in grauen Haaren ein Ge-
mahl: —
Mein wird erst eine heiße Lippe, dann in der Brust ein kalter
Stahl.
Sei's drum! Im Leben und im Sterben reißt jeden doch sein Schick-
sal hin:
Mein Schicksal nun ist, zu verderben um diese Andaluserin!

III.

Nicht neid' ich den König zu Madrid:
   Schwer drückt ihn die goldene Krone,
  Mich aber, mich trägt der beflügelte Schritt
   Zum granaten-umbüschten Balkone:
   Leis klirret der Laden: — die Leiter fliegt: —
   Und wogenden Busens am Herzen mir liegt
  Die schöne, die weiße Corone!
Erst leg' ich — denn ringsum lauert der Tod —
   Auf den Estrich die funkelnde Klinge:
   Dann — o Nacken so weiß und Lippen so rot,
   Und ihr süßen, ihr heimlichen Dinge! —
   Die Nachtigall schmettert die ganze Nacht: — —
   Und froh wie ein Gott, wann der Morgen erwacht,
  Aus dem Ambragelock ich mich ringe.
Leb wohl nun, Geliebte! Auf Wiedersehn,
   Wann im Tajo sich spiegeln die Sterne.
  Und muß ich dahin durch die Menschen gehn, —
   Ich denke nur dich in der Ferne,
   Nur der schlanken Gestalt alabasternen Glanz
   Und wie sie so hold und mein eigen so ganz
  Bis zum süßesten, innersten Kerne!

Lieder des Troubadours Raoul le Prenx an Königin Jolanthe von Navarra.

O Rose von Navarra,
  Die meine Seele liebt,
  Dein Hauch noch in der Ferne
  Duft meiner Seele giebt.
  Sehnsucht fliegt liebewärts:
  Sie hemmt nicht Stein, nicht Erz:
Mit heißen Liebesgrüßen
Legt huld'gend sich zu Füßen,
  Mein Lied dir und mein Herz.
Ich muß mit Schwert und Rede
  Hart ringen fern von dir;
  Jedoch durch Fest und Fehde,
  Durch Tanz und durch Turnier
  Ein Bild, das niemals flieht,
  Dein Bild treu mit mir zieht:
Mit heißen Liebesgrüßen
Legt huld'gend sich zu Füßen
  Mein Herz dir und mein Lied.

II.

Auf deinen Lippen brennt mein Kuß
Daß stets dein Herz mein denken muß.
Wohl nahen dir mit Freiergaben
Hispaniens schönste Fürstenknaben,
Wohl wirbt um dich mit goldner Kron'
Des stolzen Frankreichs Königssohn
Und ich kann, gilt es Gold zu wägen,
Mein Lied nur in die Schale legen:
Und doch, ich weiß, ein Sang von mir,
Aufwiegt er alle Kronen dir.

Drum bang' ich nicht, dich zu verlieren
Und sprech' in stillem Triumphieren:
Auf beinen Lippen brennt mein Kuß,
Daß stets dein Herz mein denken muß.

III.

Ja rühmet nur mit lautem Schall
    Die Namen
    Eurer Damen: —
Ihr Thoren, euer lach' ich all!
Ich bin in tief verschloßner Brust
Mir unerreichten Glücks bewußt:
  Es ist — o selig Schweigen —
  Die Schönste doch mein eigen.

Ich halt' in meines Herzens Schacht
    Zusammen
    Heiße Flammen:
Oft lodern die empor mit Macht: —
Dann brechen helle Lieder aus,
Dann tönt und klingt der Jubelbraus:
  „Es ist — kann's nicht verschweigen —
  Die Schönste doch mein eigen."

So hell die Sonne Mond und Stern,
    Die Rose
    Dunkle Moose,
So weit mein Lied — Trutz euch, ihr Herrn! —
All eure Lieder überstrahlt,
So überstrahlt, von dem ihr prahlt,
  Der Damen ganzen Reigen
  Die Schönste, die mein eigen.

IV.

Wohl streut die prächtige Toulouse
  All ihren Schimmer auf mich hin,
Der Minnehof in Schloß Châterouse,
Die Cour d'Amour, hat meine Muse
  Dreimal gekrönt als Siegerin:
    Noch nie der Frauen süßes Lob,
    Der Männer Neid so hoch mich hob: —
  Und doch, und doch ich hehle
  Nur Einen Wunsch der Seele:
    O fort, hinweg von hier,
    Jolanthe, fort zu dir.

Wohl gleichet nichts, o Thal der Wonne,
  Du Rose Frankreichs, dir, Provence:
Wann auf den Höh'n von Carcassonne
In Gold und Purpur taucht die Sonne
  Das Land vom Rhône zur Durance,
Dies Land, wo meine Wiege stand,
Mein und des Wohllauts Heimatland: —
  Und doch, und doch ich hehle
  Nur einen Wunsch der Seele:
    O fort, hinweg von hier,
    Jolanthe, fort zu dir!

V.

  Wie schwelgt' ich jüngst im Überfluß
  Und pflückte Kuß auf Kuß und Kuß
  Und sog in vollen Zügen
  Und fand doch kein Genügen.
  Und jetzt gäb' ich mein Leben drum,
  Säh' ich vorbei dich schweben stumm
  Und rührte meiner Feder Flaum
  Nur leise deines Schleiers Saum.

VI.

Hört ihr das Schlachthorn,
  Das schmetternde, werben?
Horch, wie es ladet
  Zu stürmen, zu sterben
In lange gezogenem,
  Rufendem Schall!
Heraus nun die Schwerter,
  Ihr Reisigen all!
Folget, ihr Knaben,
  Ihr Ritter und Rosse,
Über den Graben,
  Durch die Geschosse,
Folget dem Helmbusch,
  Diesem weißen!
Seht ihr die Fahnen
  Des Feindes gleißen?
Weg will ich bahnen,
  Blutig-heißen!
Siegender Hand sie
  Niederreißen!

VII.

Sieg hab' ich verheißen und Sieg ist geschehn!
Nun eile, mein Herold, zu ihr zu gehn,
  Zu aller Frauen Königin:
Die eroberten Banner leg vor ihr nieder,
Sprich: „Das sind Troubadours jüngste Lieder,
  Bald kehrt er heim zur Gebieterin."
Auf, kränzet die Speere, die Helme, die Haare,
Und blaset die jauchzende Siegesfanfare:
  „Hoch lebe die Kön'gin, das lächelnde Kind,
  Das die Herzoge schlägt und die Schlachten gewinnt!"

VIII.

So trink' ich denn in vollen Zügen
  Des Lebens höchste Herrlichkeit!
Es hebt ein seliges Genügen
  Das Haupt mir hoch, das Herz mir weit:
Mit Sieg beschloß ich Lied und Rede,
Mit Sieg beschloß ich alle Fehde,
  Und Ros' und Lorbeer kränzen mir
  Wetteifernd Helm und Harfenier.

Gleich einer Braut im Festgewande
  Prangt die Provence im Blütenschnee:
Und dir erstritt ich diese Lande,
  Geliebte, dir vom Fels zur See!
Auf höchster Höhe steht mein Leben:
Dir, dir zur Ehre will ich heben
  Den Becher dunklen Rhonewein:
  Ruhm, Sieg und Sieger, — sie sind dein!

Zerbrich, Pokal, dich soll entweihen
  Fortan kein minder sel'ger Mund!
Und jetzt — könnt' ich dir Flügel leihen! —
  Mein Rappe, sauße durch Burgund
Und raste nicht, bis wir sie schauen
Die wonneseligste der Frauen:
  Den glatten Bug dann klopft sie dir,
  Und vornehm grüßend dankt sie mir.

Denn Neider lauschen rings und Merker!
  Doch, sank des Sonnenwagens Lauf,
Dann schließt sie mir im stillen Erker
  Ihr tief geheimstes Leben auf:
Die Ampel glüht in roten Funken:
Ich aber schlürfe wonnetrunken,
  Wann duftig mich ihr Haar umfloß,
  Glück wie kein Mann vor mir genoß.

IX.

Nun ist's erreicht: — gekrönt ist nun mein Leben:
　　Der höchste Kranz, der seligste, ward mein:
Ihr süßes Selbst hat sie mir ganz gegeben,
　　All ihres Kelches Honig sog ich ein.
Ich lag berauscht vom Duft der weißen Blume,
　　Durchströmt von Wonneschauern kalt und heiß,
Und tief in ihrer Seele Heiligtume
　　Ihr höchstes Kleinod ward mein Siegespreis.
Nun ist erfüllt all meines Lebens Sehnen,
　　Wonach ich rastlos rang mit Schwert und Lied:
Gewaltig fühl' ich meine Brust sich dehnen,
　　Raoul, du stehst auf deiner Bahn Zenith.
Mein ward sie, mein, vor Gott und seinen Sternen:
　　Kein Schicksal nimmt die Stunde mir zurück:
Komm, Ewigkeit mit dämmerblauen Fernen,
　　Nimm du uns auf und unser ewig Glück.

————

Donna Bianca Vendramin.

Durch die Straßen von Ravenna,
Durch die Hallen und Paläste
Zwischen Schwarzen längst und Weißen,
Ghibellinen tobt und Guelfen
　　Unversöhnlich grimmer Streit.
Aber heute drängt sich alles,
Ritter, Bürger, Senatoren,
In die schwarz verhangne Rota,
Wo die strengen Richter richten
　　Über blut'ge Frevelthat.

Vendramin, das Haupt der Weißen,
Von Ravennas ält'stem Adel,
Weise, mild, ein Greis voll Tugend,
Heute Nacht ward er ermordet
　Auf der Straße nach Forli!
Und in mitternächt'ger Stunde
Von den Weißen ward ergriffen
Nah der Casa Vendramini,
Ohne Wehrgehäng und Gürtel,
　Fortunato Loredan.
Er, der Schwarzen junger Führer,
Ritterlich und kühn und feurig:
Niemand zieh ihn leicht des Mordes: —
Doch er weigert Wort und Auskunft
　Und den Argwohn mehrt sein Trotz.
„Strenge Rota, sprich dein Urteil.
Was bedarfst du weiter Zeugnis?
Er verweigert Wort und Auskunft
Und um seine stolzen Lippen
　Spielt ein siegreich Lächeln noch."
Also drängt der Haß der Weißen:
Doch der Konsul, hoch von Ansehn,
Spricht: „Ich kann's und will's nicht glauben!
Nein, du bist kein Meuchelmörder,
　Fortunato Loredan.
Aber nun zum letztenmale
Frag' ich dich: — es gilt dein Leben! —
Sage mir, nur mir, dem Richter,
Wo du diese Nacht gewesen,
　Als die grause That geschah?"
Doch das Haupt wirft in den Nacken
Stolzen Blicks der schöne Jüngling:
„Edler Konsul, nimm mein Leben,
Aber Himmel nicht noch Hölle
　Ringt ein Wort aus meinem Mund."

Und schon hebt den Stab der Konsul: —
Horch, da murmelt's durch die Menge:
„Platz der Dame! Laßt sie nahen,
's ist die Nichte des Erschlagnen,
   Donna Bianca Vendramin."
Und mit festem raschem Schritte
Durch die Halle schwebt das Mädchen,
Schwarzen Schleier um die Locken,
Marmorbleich die edeln Züge,
   Doch im Auge Siegesstolz.
„Edle Herrn," spricht sie, „und Richter,"
— Und sie breitet auf die Tafel
Wehrgehäng und Dolch und Gürtel —
„Zeugnis komm' ich abzulegen
   Vom Geheimnis dieser Nacht.
Diese Nacht hat der Signore
Vor den Thoren von Ravenna
Meinen Oheim nicht ermordet,
Denn Signore Lorebano —
   Diese Nacht — war er — bei mir."
Sprach's und aus dem Gürtel riß sie
Fortunatos Dolch und hob ihn: —
Doch es fiel von vorn der Konsul,
Von der Rechten der Geliebte
   Selber rasch ihr in den Arm.
Und es sprach der alte Konsul:
— Thränen standen ihm im Auge,
— Thränen auch den andern Richtern —
„Niemals hat ein Weib auf Erden
   Eine schönre That gethan.
Heil, Ravenna, dir und Frieden!
Guelfen hört's und Ghibellinen,
Nun ist aller Streit geschlichtet
Und die Hochzeitglocken läuten:
   Loredan und Vendramin."

Dogaressa.

Es messe sich mit mir kein Weib auf Erden!
  Nicht, weil in meinen Schos aus allen Zonen
  Von meines Gatten Sieges-Galeonen
Juwelen sonder Zahl geschüttet werden: —
Nicht, weil die kleinste meiner Huldgebärden
  Lebt in der Sänger glühenden Kanzonen:
  Nicht, weil ich darf, San Marcos Hausfrau, wohnen
Beim Flügel-Leu und bei Lysippos Pferden:
Nicht weil mir, rührt mein Fuß den Saum des Strandes,
  Das Meer als seiner Kön'gin huld'gend leis
Aufrauschend küßt die Schleppe des Gewandes, —
Nein, weil den besten Mann des Abendlandes,
  Weil Dandolo ich ganz mein eigen weiß, —
Heisch' ich von allen Frau'n den Siegespreis.

Das Lied vom Sturm.

  Sprecht, kennt ihr den Streiter
    Im schwarzen Gewand?
  Den rasenden Reiter
    Durch Meer und durch Land?

In der Sáchàra ferne,
  Auf glühendem Sand,
Da wird er gezeuget
  Von Licht und von Brand.
Er schwingt, noch ein Knabe,
  Im Spiele die Fahne:
Doch wehe dir, holt er dich ein, Karawane!
  Wohl recken die klugen Kamele die Ohren,

Wohl sauset der Hengst unter blutenden Sporen!
 Vergebens: da ist er! Verloren! Verloren!
Auf das Antlitz stürzt, was da lebet nieder:
Und er fliegt drüber hin: — nie erstehn sie wieder.
  Schon naht er, ein Jüngling,
    Dem schlummernden Meer:
 Da fährt er mit triefenden Locken daher,
 Und bohret und wühlt in die ewigen Tiefen,
 Wo die Perlen in nachtgrünem Dunkel schliefen.
 Und er wölbet die Wasser zu türmenden Bogen,
 Und er wirft an die Wolken die Kränze der Wogen,
 Ihm erbebet Gibraltar, das Felsenriff:
 Doch erschaut er das feste, das trotzige Schiff,
 Da frohlockt er in gellendem, jubelndem Pfiff;
 Und er faßt es und hält es und hebt es nach oben,
 Ein Freier in rasendem Liebestoben,
 Und zerreißet die Anker und wendet die Last,
 Den Kiel zu den Sternen, zum Abgrund den Mast.
Nun zieht er, ein Mann, stark, verderblich und schön,
 Schwarzwollig herauf über Spaniens Höh'n:
 Wie ein Adler die mächtigen Flügel gespannt,
 Wiegt lang er sich schwebend hoch ob dem Land,
 Bis daß aus dem blühenden Kranze der Städte
 Er sein Opfer erkor, das kein Gott mehr errette. —
 Wie prangt die besinnte, die stolze Granade,
 Das edle Gebild langpflegender Zeit,
 In freudiger Kraft und Sicherheit!
 Da horch, was donnert herab die Nevade?
 Felstrümmer und Eichen und dampfenden Schnee
 Wälzt dicht er voran auf dem tosenden Pfade: —
 O wehe dir, Stadt der Paläste, weh!
 Das umterkerte Schloß, die gewölbte Moschee,
 Das Thor von Granit, das der Römer gebaut,
 Die Türme, von denen der Maure geschaut,
 O wehe dir, Stadt der Alhambra, weh! —

Sie rühren in bangem Gebete die Glocke, —
Da ergrimmt er und schleudert die Feuerflocke,
Den Blitz, aus seiner nie fehlenden Hand:
Und über die Dächer in rotem Gewand
Hin flattert sein schrecklicher Knappe, der Brand: —
Und siegreich aus der eroberten Stadt
Zieht nordwärts der Held, des Zerstörens satt.
So kömmt er gesänftigt ins deutsche Land
Und Segen verstreut er aus warmer Hand.
Er wandelt hinauf den geschlungenen Rhein,
Da erblühen die Mandeln, da duftet der Wein.
Der wilde Araber, der tödliche Schnitter,
Wie ist er verwandelt zum höfischen Ritter!
Und trifft er die Lilie, so wendet er sich
Und läßt sie verblühen so klösterlich.
Doch trifft er in hütenden Laubwerks Schose
Die junge, die enge, die knospende Rose, —
Da stockt, der die Welt hat durchtobet in Eile,
Da stockt ihm der Atem vor Lust eine Weile,
Und tief holt er aus und versammelt die Kraft
Und wirbt um die Knospe dämonenhaft.
Horch, von seiner Heimat Wunderdingen
Wie weiß er ihr liebliche Märchen zu singen:
Von schöneren Sternen, von Cedern und Palmen,
Von Kolibrischiller in Blütenhalmen. —
Doch wenn er dann anhebt von ihrer Schöne,
Wie den Stolzesten sie nur des Stolzes entwöhne,
Und wie er nach ihr, nach ihr allein
Durchstürme die Erde mit suchender Pein,
Wie sie nur, ja sie nur die Stirn ihm bekröne,
Da unwiderstehlich erklingen die Töne —
So schmeichelnd, so flehend, so stark und so leise: —
Da öffnet in selig erglühender Lust
Die Knospe die wogende, schwellende Brust:
Auf schließt sie die eng umgürteten Kreise

Und haucht in die wellende Maienluft
Den ersten, den süßesten Rosenduft:
Den trinkt er in sich bis zum innersten Kerne
Und trägt ihn mit sich in unendliche Ferne.

Der Erdgeist und das Mädchen.

I.

Oftmals ging die weiße Mila,
Mila mit den roten Locken,
In das dunkle Waldgebirge,
    Wo des Erdgeists Höhle lag.
Und sie kränzt die roten Locken
Mit den blauen Glockenblumen,
Und sie streckt die weißen Arme
    Schimmernd nach der Felsschlucht aus.
„Erdgeist“, ruft sie spottend, „lieber,
Dunkler, feuerschöner Erdgeist,
Komm hervor und laß dich schauen:
    Denn mein Herz verlangt nach dir.“
Und dann braust es in den Schlünden
Und dann zuckt es in den Felsen
Und dann grollt es in den Tiefen,
    Dampf und Funken steigen auf.
Und der Geist rief aus dem Berge:
„Kind, laß ab, mich zu verspotten,
Kind, laß ab, mich aufzureizen,
    Denn du quälst mich freventlich.
Sieh, es zucket in den Felsen,
Weil dein Ruf mein Mark durchdringet,
Und es sprühen rote Funken,
    Weil dein Bild mein Herz entflammt.

Zittre, wenn ich, deinem Rufe
Folgend, aus der Tiefe steige:
Ich zerstöre, was ich liebe
    Und mein Kuß ist Flammentod."
Doch es lacht die weiße Mila
Und sie schüttelt keck die Locken:
"Also ich, das kleine Mädchen,
    Quäle dich, den mächt'gen Geist?
Erdgeist, sieh, das eben freut mich!
Zucke nur, und glüh' und leide! —
Und es lüstet mich auch sehnlich,
    Und es reizt mich, dich zu schau'n.
Und nicht fürcht' ich deine Flammen,
Weil mich weise Mönche lehrten,
Augenblicks mußt du erliegen
    Vor dem einen Wörtlein: — ‚Kreuz'.
Sieh, schon ruht der Felsen Zucken,
Es versiegen Dampf und Funken
Und in Ohnmacht sinkt dein Toben,
    Weil ich nur dies Wörtlein sprach."

II.

Süß die Lindendüfte hauchten,
Heiß die Nachtigallen schlugen
Durch die dunkle, liebesschwüle,
    Liebestrunkne Sommernacht.
Neckend halb und halb in Sehnsucht
Flüstert an den Fels geschmieget
Mila leise Liebesworte
    Und ihr Busen wogt und wallt:
"Steig' empor doch, dunkler Erdgeist!
Mächtig sehnt mich's, dich zu schauen:
Zucken fühl' ich deine Felsen,
    Funken sprühst du wie noch nie.

Mich verdrießt der matten Herzen,
Die mich frei'n, der Erbenknaben:
Steig' empor, denn meine Seele
 Ahnet dich als artverwandt."
Da erkracht im Grund die Erde
Und aus urwelttiefem Schoße
 Steigt in Glut und Pracht und Lohe
 Schrecklich schön der Gott empor:
Auf dem Haupt die Feuerkrone,
Auf den Schultern schwarze Locken:
Göttlich traurig sind die Augen
 Und doch jeder Blick ein Blitz.
Stolz und still und majestätisch
Breitet weit er aus die Arme
Und ein Flammenpurpurmantel
 Flutet herrlich um ihn her.
Da vergißt der Priesterweisheit
Und des Rettungswörtleins Mila,
Und nur Ein Wort kann sie denken,
 Kann sie flüstern: „O wie schön!"
Und in seine Arme sinkt sie,
Weiße Glut steigt auf und schweigend,
Triumphierend, in die Tiefe
 Trägt der Erdgeist seine Braut.

Allvater.

Es seufzt meine Seele in unsäglichem Jammer
Um des Schmerzengeschlechts, um der Menschen Geschick.
Denn was in der Welt von wechselndem Wehe
Brandend sich bricht in jeglicher Brust: —
Mitempfinden, mitdurchkämpfen,
Mitdurchklagen muß ich es alles —

Alles, alles: — denn geheißen
Bin ich Allvater:
Bald des besiegten bessern Mannes,
Den ein Böser bezwungen,
Bitter beißenden Seelenbrand,
Wie er, grollend in Todesgram,
Flucht dem grausamen Schicksal: —
Bald des Liebenden tödlich Leid,
Der in leere Luft mit den Armen langt,
Dem langsam das Leben verlodert
An nie verlöschender Sehnsucht Licht: —
Und der Witwe Wehklage,
Der Waisen Weinen
Und der versinkenden Seele
Letzten schrillen Verzweiflungsschrei; —
All dies Elend, öd' und endlos,
Es empfindet's mit Allvater.
Und wie wenig wollen dawider
Ach die winzigen
Wonnen wiegen,
Die wie verwehte Rosenblätter
Wogen auf weiten, weiten Wellen,
Auf des Weh's unendlichem Ocean. —
Traun, ein Trost nur tröstet die Trauer:
Ein Ziel ist gezeichnet den zahllosen Zähren,
Eine Endezeit.
Ich segne den Tag, da der sengende Surtur
Erbarmend der letzten Menschen Gebilde
Zugleich mit der müden Erde zermalmt,
Da endlich der Quell unerschöpflicher Qualen
Versiegt: das letzte menschliche Herz.
Willkommen der Tag! — Und wären sie weise,
Noch wärmer wünschten sie selbst ihn herbei.

Elliba.

Ernst ging Odhin, der Allvater,
Wo er ihn fände, Bragi zu suchen,
Den Gott des Gesangs.
Und gar leicht war Bragi zu finden:
Erd' und Himmel, sie wiederhallten
Von goldnen Tönen seines Gesangs.
Selig saß er auf grünendem Eiland,
Blühende Büsche atmeten Duft,
Abendwolken, golden und dämmernd,
Gingen am Himmel und alle Sterne: — —
Nur Einer fehlte: — noch war nicht geschaffen
Der schönste der Sterne, der Abendstern. —
Neben ihm lehnte an Rosen die Harfe:
Manchmal griff die Rechte, verloren,
Leis, in die Saiten und Wohllaut scholl;
Doch mit dem linken Arm umschlang er
Seiner Geliebten blendenden Nacken,
Seiner Elliba Wonnegestalt. —

Vor sie trat Odhin: gerührten Auges
Prüft er das Paar: — sie gehörten zusammen
Wie Wort und Gesang,
Wie Äther und Sonne: und sie blieben umschlungen.
Da sprach er: „Du weißt es, Bragi, mein Liebling
Bist du vor allen Göttern gewesen:
Denn nimmer ertrüg' ich die Öde des Weltalls,
Rauschte nicht drinnen, leis übertönend
Seufzer und Wehruf, holder Gesang.
Aber jetzt muß ich Schmerz dir verkünden
Und, wann verkündet, richten ins Werk.
Gegen der Götter urewige Satzung,
Gegen des Schicksals heilig Gesetz,
Gegen der Sterne Lauf dich empörend

Haft du der Riesen strahlende Tochter,
Haft du Elliba dir auserwählt:
Nimmer, du weißt es, kann er geschehen,
Dieser unselig verderbliche Bund:
Geschieden auf ewig sind Götter und Riesen:
Nieder sonst brechen die Säulen des Weltbaus,
Flammend vom Himmel stürzen die Sterne,
Es lösen die ewigen Ordnungen sich. —
Schon jezo bewegst du unendlichen Aufruhr:
Dich haben die eignen Lieder verraten
Den Göttern und mir:
Nicht wollen die Wolken, die Winde, die Sterne
Mehr wandern: sie bleiben, sie werden nicht satt,
Zu lauschen, wie schön du Elliba singest,
Zu schauen, wie schön Elliba sei:
Es wanken die Felsen, es beben die Berge
Und Glut entzündet dein Feuergesang:
Du wirfst in Zerrüttung den Frieden der Welt.
Dem setzen die ewigen Götter ein Ende,
Du mußt ihr entsagen, gebeut ihr Beschluß:
Schon griff nach dem Hammer Thor, sie zu treffen:"
(— Da drückte sie Bragi fester ans Herz. —)
„Auf, scheidet für ewig!" So endete Odhin.
„Ha, Schicksal und Satzung und ewige Ordnung!
Uns ist unsre Liebe das ewige Schicksal.
So kommt und versucht denn, ob wir zu scheiden,
Führt Thor den Hammer, so führ' ich das Schwert,
Laßt sehn, wer mich zwingt, kämpf' ich um Elliba.
Die Harfe hier will ich in Trümmer zerschlagen,
Daß Wohlklang auf ewig flieht die Welt
Und Kampf soll es gelten auf ewige Zeiten:
Dort drüben das Weltall, hier ich und mein Lieb." —

Aber es wiegte das Haupt Allvater:
„Es jammert mich dein, mein tapferer Jüngling,

Und mehr noch des Mägbleins, denn sie ist lieblich:
Lieblicher keine, so weit mir Erd' und Himmel bekannt:
Mich jammert der Holden, beharrst du im Troße:
Nichts schaden wir dir, auch wann du erlegen:
Du bleibst unentbehrlich, Unsterblicher, uns:
Wir werden dich ehren, auch wenn wir dich zwangen.
Doch wehe dem Mägblein, wann du erlagst!
Nicht die Speere der Götter fürchte für sie, —
Fürchte der Göttinnen spißeren Haß!
Denn, glaube, sie werden ihr nimmer vergeben,
Nicht, daß sie liebte, — nein, daß sie geliebt ward,
Geliebt ward von dir:
Wehe, schon seh' ich am Boden sie schleifen
Lästernder Feindinnen jubelnde Schar,
Seh' sie am wallenden Haare gezerrt! —
Siehe, schon nahen in Waffen die Götter"
(— Aufsprang vom schwellenden Moose das Paar —)
Sie reiten von Osten auf blutroten Wolken:
Nicht kann ich dich schüßen, der Neid ist im Recht!
Auf, schwöre bei meinem Haupt, zu vergessen
Und nicht mehr zu lieben das liebliche Kind."
Da lachte, die Locken schüttelnd, der Liebgott:
„Ich schwöre, bei deinem Haupte, zu lieben
Und nie zu vergessen das liebliche Kind!
Ich nimmer sie lieben? wie könnt' ich's vollenden!
Und könnt' ich's vollenden, so wollt' ich es nie.
Ich schwöre, sie troß den unsterblichen Göttern
Zu lieben, zu lieben in Ewigkeit."
Da krachte der Donner und näher im Sturme
Jagten vom Osten die drohenden Rächer.
Und wieder ein Donner: — doch Bragi fuhr fort:
„Ist das der Unsterblichen klägliche Weisheit,
Zu glauben, sie trennen vom Herzen das Herz?
Ohnmächtige Allmacht, sieh deine Beschämung,
Auf ewig nenn' ich Elliba mein."

Und er legte die Hand auf das leuchtende Haupt ihr:
— „Dein Wille mein Schicksal,“ hauchte sie noch: —
Da war sie verschwunden. — Doch oben am Himmel
Erglänzte ein neuer, der schönste der Sterne
Im abendroten Westengewölk.
Und singend verneigten sich alle Gestirne,
Die jüngste, die lieblichste Schwester zu grüßen:
Es nennen die Götter Elliba den Stern,
Die Menschen aber den Stern der Liebe,
Der Sehnsucht Morgen- und Abendstern.

Lied der Walküre.

Froh sah’ ich dich aufblühn, du freudiger Held,
  Lang folg’ ich dir schwebend und schweigend gesellt.
Oft küßt’ ich des Schlummernden Schläfe gelind
  Und leise die Locken, die dir wehen im Wind.
Hoch flog ich zu Häupten, — du kanntest mich kaum —
  Durch die Wipfel der Wälder, dein Trost und dein Traum.
Ich brach vor dem Bugspriet durch Brandung dir Bahn,
  Vor dem Schiffe dir schwamm ich, weiß-schwingig, ein Schwan.
Ich zog dir zum Ziele den zischenden Pfeil,
  Aufriß ich das Roß dir, das gestrauchelt am Steil.
Oft fing ich des Feindes geschwungenes Schwert,
  Lang hab’ ich die Lanzen vom Leib dir gewehrt.
Und nun, da die Norne den Tod dir verhängt,
  Hab’ ich dir den schnellsten, den schönsten geschenkt.
„Sieg!“ riefest du selig, „Sieg, Sieg allerwärts!“
  Da lenkt’ ich die Lanze dir ins herrliche Herz.
Du lächeltest lieblich, — ich umfing dich im Fall: —
  Ich küsse die Wunde — und nun auf: — nach Walhall!

Wikinger=Fahrt.

Die Segel zerschlissen, zersplittert die Rah',
Das Steuer gebrochen, kein Hafen nah',
Der schuppige Drache gehau'n vom Bord:
Doch braust in den Fluten ein freudiger Nord:
   Er trägt uns zum Süd,
   Wo die Traube glüht,
   Zum sonnigen Süd!
Die Mäntel spannet als Segel auf!
Gott Odhin, leih' uns guten Lauf,
   Zum Süd, zum sonnigen Süd!
Lang dient' ich dem Kaiser in Byzanz,
Dort ist zu holen Glück und Glanz:
Hei was ich da roten Goldes sah! —
Ein Eiland heißet Sicilia,
Dort spülen die Quellen Edelstein
Und blau lacht ewig der Himmel drein:
Und vom selben Baum und vom selben Ast
Ich pflückte die Blüt' und der Goldfrucht Last:
Und nimmer find' ich Ruh' und Rast
Bis ich wieder der seligen Insel Gast
   Im Süd, im sonnigen Süd!
Dort blühen die Weiber in dunkler Pracht
Und die Männer wandeln in Weibertracht,
Sie tragen die Brünne von Gold statt Erz:
Doch darunter pochet ein feiges Herz.
Dies Reich ist ein Becher, gefüllt zum Rand,
Es harrt auf des kühnen Trinkers Hand,
Ist der Goldfrucht gleich, die vollreif glüht,
Der üppigen Witwe, des Schleiers müd:
   Zum Süd, zum Süd!
Wir fahren zum sonnigen Süd!

———

Jung Sigurd.

Jung Sigurd war ein Wikinger stolz,
   Der fuhr in den Sturm mit Lachen.
Und schwang er die Lanze von Eschenholz,
   Da mußten die Schilde zerkrachen:
Die Traube von Chios, das Gold von Byzanz,
Begehrte sein Herz und sein Hammer gewann's.
Doch priesen die Freunde den blühenden Leib
   Der Römerin, die sie gefangen,
Und lobt' ihm ein andrer sein ehelich Weib,
   Das daheim sein harre mit Bangen,
Und sprach ihm von Lieb' und von Liebesglut, —
Laut lachte jung Sigurd wie brandende Flut.
— „Mein schwellendes Segel hat weißere Brust
   Als euere Buhlen, ihr Schelme,
Mir ist kein Weiberauge bewußt
   So licht wie der Stein hier am Helme,
Und lüstet nach lieblicher Süße mein Mund,
So schlürf' ich den feurigen Wein von Burgund.
Ja, stieg', umflossen von Asgardhs Licht,
   Mir Freia selber hernieder, —
Fürwahr, ich höbe die Wimper nicht,
   Zu schau'n die unsterblichen Glieder:
Wenn je mir ein Sehnen die Schönheit weckt,
So werde mit Nacht dies Auge bedeckt." —
Und sie landen am öden Felsengestab
   Im Strahl mittäglicher Sonnen: —
Jung Sigurd schweift auf verlassenem Pfad,
   Da lockt ihn der rieselnde Bronnen
Und als er schreitet zum Quellenrand,
   Da steht ein Mädchen im Bettlergewand;
Wohl birgt sie der Schleier, wohl deckt sie der Rock,
   Doch es schimmern so schneeig die Füße,

14*

Und es glänzt durch die Hülle wie golden Gelock
   Und die Stimme, wie klingt sie so süße!
Und als sie zum Trunke den Krug ihm bot, —
   Da wurden die Wangen ihm bleich und rot:
Und es wallte sein Blut und sein Herz schlug laut
   Und er rief: „O lege geschwinde,
   Auf daß mein verlangend Auge dich schaut,
      Vom Haupte die hüllende Binde:
   Aus Mantel und Schleier wie strahlt es licht,
   Wie hold muß strahlen dein Angesicht!"
Und er greift nach den Falten und bittet und fleht: —
   Da ruft sie: „Dir werde dein Wille!"
Und der Mantel fällt und der Schleier verweht: —
   Da wurde jung Sigurd stille,
   Denn hehr, von unsterblichem Glanz umwallt,
   Erkannt' er der Liebesgöttin Gestalt.
Licht floß von den Schläfen das goldene Haar,
   Alabastern glänzten die Wangen,
   Aus den Augen, den siegenden, schimmert' es klar,
      Als käme die Sonne gegangen:
   Und den Nacken umschloß das goldne Geschmeid,
   Das der Anmut bannenden Zauber leiht.
Jung Sigurd schwieg: ihm versagte der Laut,
   Da sprach sie mit zürnendem Munde:
   „Des Himmels Königin hast du geschaut,
      Und die Sehnsucht kennst du zur Stunde:
   So werde vollendet dein trotzig Wort, —
   Und Nacht bedecke dein Aug' hinfort."
Und es ließ der Blinde von Schwert und Schild
   Und begann, die Harfe zu schlagen:
   Doch es schuf ihm das Eine, das göttliche Bild
      Sein Dunkel zu leuchtenden Tagen:
   Kein Sänger vermocht' ihn im Kampf zu bestehn,
   Denn er hatte die Göttin der Schönheit gesehn.

Helgi und Hilde.

Du haft mir den Vater erschlagen und schlugst mir den Bruder dazu,
Und dennoch in ewigen Tagen mein Liebster, mein alles bist du.
Es liegen so müde vom Fechten die erschlagenen Helden zu Hauf:
Ich aber, in mondhellen Nächten, ich wecke die schlummernden auf.
Sie fassen verschlafen die Schilde, sie rücken die Helme zurecht,
In den Lüften ertobet das wilde, das schreckliche Geistergefecht.
Da krähet der Hahn und sie stocken: — noch im Schwunge die
Lanze ruht,
Ich trockne mit meinen Locken auf Helgis Stirne das Blut.
Ins Hügelgrab sinken wir beide, ins Brautbett dunkel und still:
Und über die graue Heide hinpfeifet der Nordwind schrill.

Der Fremdling.

„Der Fremdling war's im grünen Mantel, ums Lockenhaupt den
Veilchenkranz,
Er hat bethört die Königstochter, die er geführt im Maientanz.
Er kam, man weiß es nicht, von wannen, er schied und niemand
weiß, wohin.
Du bist betrogen, schön Haralda, und Schmach und Tod ist dein
Gewinn.“
So klagt das Volk; doch König Olaf, der finstre, klagt und drohet
nicht.
Ein Grab läßt er im Walde graben, durch Eis und Schnee der
Spaten bricht.
Im Frühmärz ist's: kahl stehn die Bäume, kein Vogelruf, Eis deckt
den Quell,
Rings alles starr: nur hoch am Himmel zieht's hin wie Frühlings-
wolken hell.
Und schweigend führt vor allem Volke sein Kind er an den dunkeln
Schlund:
„Lebendig sei mit deiner Schande verschlungen von der Erde Grund,

Sagst du mir nicht des Freylers Namen und wo ihn trifft mein
Strafgericht."

Doch sie schlug auf die schönen Augen und sprach in Ruh': "Ich
weiß es nicht!

Ich weiß nur, daß er ist mein Gatte und daß er wiederkehret mir:
Er schlang von gelben Schlüsselblumen den Reif um meine Rechte hier,

Und sprach: "Auf Monde bannt das Schicksal mich fern von dir,
geliebte Frau:

Doch wann die Schlüsselblumen wieder, die gelben, sprießen auf
der Au,

Dann kehr' ich dir zurück so sicher, als Sonn' und Mond am Himmel
gehn."

Schon hab' ich heut' aus Schnee und Eise das erste Veilchen
lauschen sehn,

Nun kommt er bald!" — "Du willst noch höhnen?" ruft da der
König zornesbleich,

"Hinab mit dir!" — Schon setzt die Holde den weißen Fuß ins
Totenreich: —

Da plötzlich rauscht es durch die Lüfte, es blitzt, es donnert, braust
und weht,

Ein süßer Hauch wie Veilchendüfte berauschend durch die Wipfel geht,
Hie Sonnenschein, dort Regenbogen, ein Schwalbenflug, er zwitschert
hell,

Der Rasen grünt, die Büsche knospen und aus dem Eise bricht
der Quell.

Die Erde bebt und aus dem Grabe, umstrahlt von lichtem Götter-
glanz,

Der Fremdling steigt in grünem Mantel und auf dem Haupt den
Veilchenkranz.

"Gott Baldur!" rufen Volk und König und sinken bebend in die Knie,
Er aber faßt die Hand Haraldas und zu den Sternen schweben sie.

Der stolze Gast.

„Er darf, er soll's nicht länger treiben, sein Stolz ist unser aller
Spott,

Er soll nicht mehr im Lande bleiben, der durch uns hingeht wie
ein Gott.

Er lacht beim Ruf der Münsterglocken, trägt Tag und Nacht sein
breites Schwert,

Und trotzig schüttelt er die Locken, wenn man ihn unsere Sitte lehrt.

Mit fremden Weisen, kühn und wilde, bezwang er unsrer Skalden
Kunst: —

Verbann' ihn, Königin Gunilde, nicht länger schirm' ihn deine Gunst.

Er kam, ein Flüchtling, sturmverschlagen, ans Land und niemand
weiß woher:

Die Welle soll ihn wieder tragen, den Wilden, in das wilde Meer."

Vom Drachenhelm bis auf die Sohlen stand er gehüllt in schwarzes Erz:

Er schwieg: nur manchmal flog verstohlen sein Blick durchs Fenster
küstenwärts.

Er stand zunächst an ihrem Throne, gestützt auf seinen hohen Schild

Sie lächelt unter ihrer Krone und dräut ihm mit dem Finger mild:

„Ihr hört, wie schwer sie Euch verklagen: wie wollt Ihr Euch ver-
teib'gen? Sprecht."

Doch er, den Blick emporgeschlagen, sprach: „Königin, sie haben
recht.

Ich fühle hoch mich, unvergleichbar, ob diesen frommen, zahmen Herrn

Und ihrem Sinn so unerreichbar, wie ihrem Arm der Morgenstern."

„Hörst du sein freches Überheben! Auf, werft den Höhnemund ins
Meer!"

Sie aber sprach mit leisem Beben: „Und, Fremdling, dieser Stolz,
woher?"

„Woher? Nicht, weil dem neuen Glauben sich nie dies freie Haupt
gebeugt,

Nicht, weil ich, wie der Falk die Tauben, die Christenritter oft
gescheucht,

Nicht, weil wie Heklas Feueratem mein Lied all' ihre Singkunst
schmolz, —

Nein, nicht auf mir und meinen Thaten, — auf einem Weibe ruht
der Stolz.

Wohl mag sein Haupt zu Sternen heben und fühlen sich den Göttern
gleich

Der Mann, dem Seel' und Leib gegeben die schönste Maid im
Nordenreich."

„Und wo, du Prahler," scholl's im Saale, „und wer ist dieses
Wunderweib?"

Da warf den Schild von schwarzem Stahle er mächtig über seinen
Leib,

Sein breites Schwert schwang er mit Schalle und auf den Thronsitz
sprang er hin:

„Dies Weib? wohlan, ihr kennt es alle: hier steht es, eure
Königin!"

„Ha, Tod dem Frevler," klang es wieder und alle Klingen wurden
bloß.

„Zu spät," sprach er vom Thron hernieder: „der alten Götter
Macht ist groß.

Blickt aus zum Strand! Hört ihr es schallen? Hie Thor und Odhin!
tönt's mit Wucht,

Und meine Drachenschiffe wallen mit stolzen Wimpeln in die Bucht.

Mein ist das Reich: und in drei Stunden, Herr Bischof, räumet Ihr
das Land.

Doch du, mein Weib, das sich verbunden dem Flüchtling arm und
unbekannt,

Die schönste Nordlandskrone legen will auf die weiße Stirn' ich dir,

Denn Sigurd bin ich von Norwegen und Meer und Inseln
dienen mir."

Die bleiche Königin.

I.

Es schlummert König Knut der Greis,
  Sein Atem fiebernd geht:
Zu seinen Häupten lilienweiß
  Seine junge Königin steht:
Den Heilkelch hält die rechte Hand,
  Sie hält ihn abwärts schwank:
Es fallen auf des Estrichs Sand
  Die Tropfen von dem Trank.
Die Linke preßt, so dicht sie kann,
  Die braunen Augen beid'. —
Sie weint: — ist's um den alten Mann? —
  Ist's um ein eigen Leid?
Der Greis erwacht — er blickt sie an: —
  Sie sieht es nicht vor Weh:
Er denkt: „noch nie hat wohlgethan,
  Wer Rosen barg in Schnee." —
Da hebt sich Lärm in Hof und Flur,
  Sein Feldherr stürzt daher,
Das Haupt verbunden, mühsam nur
  Hält aufrecht ihn der Speer:
„Stirb, Norwegs König, stirb vor Weh, —
  Der Tod ist dir Gewinn, —
Wir sind besiegt zu Land und See!" —
  Und rasselnd stürzt er hin.
Und Tostig folgt, sein Brudersohn, —
  Blut zeichnet seinen Pfad: —
„Weh', Oheim, dir, und Norwegs Kron': —
  Denn Erich Blutaxt naht.
Dein Heer zerstreut wie Laub vom Sturm,
  Die Schiffe sind verbrannt,
Schon pocht an deinen Königsturm
  Wie Donner seine Hand.

Durch Schwert und Schild und Brünne schlug
　Sein Beil mir bis ins Mark,
　Für Menschen bin ich Mann's genug, —
　Den macht die Hölle stark."
„So muß ich," rief der alte Mann,
　„Den Wiking selbst bestehn!
Auf, legt mir Helm und Harnisch an
　Und stützet mich im Gehn."
Er spricht's und richtet sich empor,
　Und sinkt in Ohnmacht hin: —
　Da schreitet langsam zu dem Thor
　Die junge Königin.
Jarl Tostig ruft: „Wie? hemmst wohl du
　Des Unholds Siegeslauf?"
　„Ich will's versuchen!" — sprach in Ruh'
　Die Königin darauf. — —

II.

Im Garten rauscht der Brunnen sacht, —
　Es flüstern Busch und Baum: —
　Ein Duft schwebt durch die Mondennacht
　Süß wie ein Liebestraum. —

Der Sprosser lockt mit leisem Schlag,
　Bis jede Rose wacht,
　Und tausend Blumen, spröd' am Tag,
　Erschließt der Kuß der Nacht.

Die Schwäne ziehen still im Teich,
　Der Südwind atmet lau
　Und koset Stirn und Wange weich
　Der schönen, bleichen Frau.

Sie lehnt und lauscht: — es biegt ihr Arm
　Zurück den Geißblattstrauch:
　In ihre Seele flutet warm
　Der duft'gen Blüte Hauch.

Da knarrt die schmale Gartenthür
   Und mächtig pocht ihr Herz,
  Und klirrend tritt ein Mann herfür
   Gleich einem Gott von Erz.

Auf seinem Helme sträubt sich wild
   Ein Adlerflügel=Paar,
  Auf seine Schultern nieder quillt
   Das prächtig schwarze Haar.

„Herr Tostig" — ruft er — „seid Ihr, sprecht,
   Zum Kampf schon wieder heil?
  Habt acht, nicht immer trifft so schlecht,
   Wie's gestern traf, mein Beil.

Ihr rieft mich her — ich bin bereit" —
   Da rauscht es im Gesträuch: —
  Die Kön'gin haucht: „Die List verzeiht,
   Ich hab' entboten Euch."

Und Erich zuckt, sein Auge rollt, —
   Starr blickt er vor sich hin, —
  „Was ist's, das Ihr vom Wiking wollt,
   König Kanuts Königin?"

„O Erich Goldmund, höre mich" —
   „Mein Nam' ist umgetauft!
  In Strömen Blutes längst hab' ich
   Viel schönern mir erkauft!"

„O glaube mir . . ." — „Dir glaub' ich nichts!
   Ich glaubte dir genug,
  Du redest wie ein Geist des Lichts
   Und jedes Wort ist Trug."

„O weißt du noch . . .?" — „Wohl weiß ich's noch,
   Du sprachst von Liebe heiß,
  Du sprachst so treu und logest doch: —
   Gieb acht, ob ich's noch weiß.

Ich seh' ein Schloß auf Schwedens Höh'n,
　Wie hier einen Garten grün,
　Und die Königstochter wunderschön,
　Eine Rosenknospe, blühn:

Die Brunnen rauschen: — auf leiser Spur
　Zieht der Schwan im Mondenlicht,
　Das Königskind tauscht Kuß und Schwur
　Mit einem Knappen schlicht.

Der sang ihr süßer Lieder viel, —
　Den Goldmund hieß man ihn.
　Er aber ließ sein Saitenspiel,
　Ein Held hinauszuziehn.

Er schwur: „Ich bau' mit Schwert und Speer
　Mir auch ein Königreich,
　Dann hol' ich dich, kein Knappe mehr,
　Nein, deinem Vater gleich."

Er schwur's und ging und hielt sein Wort:
　Ein Reich schuf ihm sein Stahl,
　Und als er heimkam, — war sie fort,
　Und König Knuts Gemahl!

Da lacht' er grimmig, wie der Sturm,
　Wann er das Meer zerstiebt,
　In seiner Brust, wie einen Wurm,
　Zertrat er, was er liebt';

Und sprang in Kampfblut knöcheltief,
　Warf Gnad' und Milde weg,
　Und weit durch alle Lande lief
　Seines neuen Namens Schreck.

Der Rache schwur er nun sein Wort
　Und brach durch Meer und Land
　Sich blut'gen Weg durch Schutt und Mord,
　Bis er sein Treulieb fand.

Und jetzt, den Sieg in seiner Hand,
  Frägt er das Eine nur:
Wohin, wohin die Treue schwand,
  Die sie dereinst ihm schwur?"

Sie aber sprach: „Ihr Vater starb: —
  Der Däne trug den Tod
Drei Jahr durchs Land, — ihr Reich verdarb,
  Ihr Volk verging in Not.

Kein Retter rings, bis König Knut
  Bot Hilf' und Hand zumal: —
Ihr Volk verging in Krieg und Blut: —
  So ward sie Knuts Gemahl:

So nahm sie Norwegs Diadem;
  Da war ihr Glück dahin: —
Die Menschen heißen sie seitdem
  Die bleiche Königin.

Am Tage lebt sie ihrer Pflicht
  Und niemals klagt ihr Mund,
Doch Gott und seiner Sterne Licht
  Sind ihre Nächte kund.

Willst du nun Rache, — zieh' den Stahl
  Und tauch' ihn in dies Herz
Und sei bedankt viel tausendmal, —
  Du lösest mich vom Schmerz.

Doch scheue des Greises Silberhaar,
  Er ist edel, mild und gut,
Und heilig, wer zur Totenbahr'
  Die letzten Schritte thut."

„Er hat mir all' mein Glück geraubt,
  Deine Hand, meines Lebens Licht": —
Da flüsternd senket sie das Haupt:
  „Doch meine Seele nicht!"

„Die Seele nicht! So folge mir,
  O folge mir, mein Glück:
Und selig, selig kehret dir
  Die alte Zeit zurück.

Ich trage dich an Schiffes Bord —
  Ha, wie mein Herz erglüht! —
Die günst'ge Welle trägt uns fort
  Zum wunderschönen Süd.

Dort ragt mir hoch ein Königsschloß,
  Von Marmor glänzt es hehr,
Im stillen Eiland Tenedos
  Im blauen Griechenmeer.

Durch Säulenhallen zauberschön
  Der Tag dort goldner quillt:
Dich stell' ich auf die Tempelhöh'n
  Als schönstes Götterbild.

Das Land ein Blütengarten weit,
  Der Himmel ewig klar:
O komm, auflebt die Jugendzeit
  Und jeder Traum wird wahr.

O komm! In Rosen schönster Glut
  Soll wieder blühn dein Leib." —
„Halt' ein, du sprichst in Fieberwut
  Zu König Kanuts Weib."

„Sein Weib! — Doch nicht für immerdar!
  Ich weiß, du liebst mich noch:
Leb' wohl, und sei's nach Tag und Jahr, —
  Ich seh' dich wieder doch."

Er geht: — sie kehrt zum Schlosse leis,
  Wo sie den König fand
Und legt auf seine Stirne heiß
  Die schmale, weiße Hand.

III.

Und als die Morgensonne hell
   Aufs Pfühl des Kranken schien,
Da trat herein Jarl Tostig schnell:
   „Herr König, Heil, sie flieh'n!
Kein Schiff zur See, kein Zelt am Strand,
   Hier war ein Wunder nah!"
Da nahm der König ihre Hand:
   „Ich weiß, wie das geschah.
Ein Engel Gottes lilienweiß
   Hielt vor mich seinen Schild,
In Ehren stirbt der müde Greis: —
   Ich danke dir, Swanhild.
Und wann ich nun gestorben bin
   Und im Lenzwind rauscht die See,
Dann blüh'n, du bleiche Königin,
   Die Rosen aus dem Schnee."

Der Königsbronn in Dunsadal.

„Der ist allein ein König, wen bindet keine Pflicht,
Wer andrer Recht soll achten, der ist ein König nicht."
So sprach der König Olaf, frisch kam er von Byzanz,
Hat dort als Gast bewundert des Imperators Glanz.
„Ich bin der trotz'gen Bauern von Svearike satt,
Wie Leo will ich herrschen in seiner goldnen Stadt."
Er sandte seine Boten und Schatzung schrieb er aus:
Von jedem Kopf ein Schilling und zwölf von jedem Haus. —
Und der Bote kam nach Dunsadal und bot das Volk zu Hauf
Zur Hofburg nach Upsala, zu Ting und Schatzung auf.
Da sprach ein Bauer — man kennt ihn nicht — sein Bart war weiß
                                     wie Schnee:
„Wer etwas will, der geht zu dem, von dem er's will, von je.

Wir woll'n von König Olaf nichts: — und will er was von uns,
So komm' er, wo wir tagen stets, an den Königsbronn von Duns.
Da harr'n wir sein zur Sonnenwend', wann die Linden in Blüten stehn."
Der Bote ging und der König schwur: „Der Trotz soll euch vergehn."
Und als die Lind' in Blüten stand, entbot er Roß und Mann
Und zog, dreitausend Reiter stark, nach Dunsadal hinban.
Und als er kam zum Königsbronn mit den Seinen von Mittag her,
Zwölf alte Männer saßen dort, sonst war die Dingstatt leer.
Ein dichter Eichwald lag im Nord: hehr lag er, stolz und still,
Nur wann der Wind in den Wipfeln ging, scholl's, wie wann's
wettern will.
Und der König ritt an des Brunnens Rand: — der Brunnen war
schwarz und tief: —
Die Zwölfe saßen im Kreise still, der König aber rief:
„Ich bin gekommen, ihr habt's gewollt: doch mit dreitausend Mann:
Wollt ihr jetzt thun, wie ich gebot und gehorchen meinem Bann?" —
Da sprach ein Bauer — man kennt ihn nicht — sein Haar war
silberhell,
Er trug ein großes Büffelhorn und sein Mantel war Bärenfell.
„Du hast gefragt:" — sprach der alte Mann — „als Antwort frag'
ich dich:
Woher heißt der Brunnen Königsbronn, weißt du das, König, sprich?"
„Was soll der Bronn? ich weiß es nicht!" — „So will ich dir's
thun kund:
Drei alte Sveakön'ge liegen in des Brunnens Grund.
König Knut war hart wie Eisen, er war von deinem Geschlecht,
Er wollte die Bauern zwingen und brechen das alte Recht.
Und war er hart wie Eisen, — die Bauern waren wie Stein,
Und sie nahmen den stolzen König und warfen ihn hier hinein.
Und auf Knut kam König Håko und auf Håko König Svein: —
Nun rede, König Olaf, willst du der vierte sein?"
Blutrot ward da der König und er zückte den Speer im Zorn:
Doch zur Seite trat der Alte und stieß in sein großes Horn.
Da ward der Wald lebendig und jeder Strauch ein Mann.
Rings Waffen, Waffen, Waffen: — wie die Meerflut schwoll's heran.

Und der Alte zog aus dem Mantel eine Streitaxt, die war schwer:
„Biel sind dreitausend, König, aber dreizehntausend sind mehr!
Du wolltest die Bauern zwingen, wohlan, die Bauern sind da:
Versuch's, versuch's, Herr Olaf: — der Königsbronn ist nah!"
König Olaf warf den Rappen herum, im Sturm jagt' er davon
Und es kam kein Svenkönig mehr je wieder zum Dunsabronn.

———

Sir Lanval.

Hoch rauscht die Pracht der Feste durchs Schloß zu Avalett,
   Es folgen Tanz und Lieder, Turnier sich und Bankett.
Die ganze Tafelrunde rief König Artus ein:
   Wie nie zuvor verherrlicht will Frau Ginevra sein.
In gelber Seide wiegt sich die königliche Frau,
   Die Krone glänzt auf Flechten wie Rabenschwingen blau.
In Goldschrift steht gegraben auf ihrem Baldachin:
   „Der schönsten aller Frauen soll jeder Ritter knie'n."
Und sieh die Paladine, die stolzen Degen all,
   Sie nah'n dem Thron und beugen das Knie bei Hörnerschall.
Die Reihe trifft Herrn Lanval: — der hört sich rufen kaum,
   Er steht, geschloßnen Auges, versenkt in tiefen Traum.
Nun schreitet er zum Throne, hoch aufrecht bleibt er stehn:
   „Wohl seid Ihr schön, Frau Kön'gin, doch — sei's um mich
                              geschehn! —
Ich kann mein Knie nicht beugen dem Lügenspruche hier:
   Ich weiß ein Weib, das tausendmal schöner ist als Ihr."
Da war's, als bräche die Hölle im Königssaale los,
   Aufsprangen die Vasallen und jedes Schwert ward bloß.
„Ha, nieder mit dem Lästrer, ha, frevelhafter Spott!"
   „Halt' ein," sprach da Ginevra, „auch du halt', Lancelot.
Erst spreche doch Sir Lanval, — Neugier bekenn' ich schon! —
   Wer ist die Wunderholde? gern räum' ich ihr den Thron.
Ist's Bagdads Sultanstochter? die Kais'rin zu Byzanz?
   Und prangt ihr hoher Name schon in des Liedes Kranz?"

„Ich weiß nicht," sprach Sir Lanval, „wer sie noch wo sie ist:
  Im Wald fand ich sie gestern, im tiefsten Buschgenist.
Sie trug ein weiß Gewande, kein Gold als nur ihr Haar,
  Darin als Schmuck ein Glühwurm erglomm smaragdenklar.
Sie gab sich ganz zu eigen in sel'gem Schweigen mir: —
  Frau Kön'gin, die ist schöner viel tausendmal denn Ihr."
„Ha," fuhr empor Ginevra, ins tiefste Herz gekränkt:
  „Die waldverlaufne Dirne, die ihre Gunst verschenkt,
Die Fremde, Namenlose, ziehst du Ginevra vor?
  Zur Rache, Paladine, jetzt stirb, du frecher Thor!"
Schon dringen hundert Schwerter scharf auf Herrn Lanval ein,
  Er kämpft und kämpft und blutet, verloren muß er sein.
Da furchtbar kracht ein Donner, des Saales Wölbung birst,
  Schloß Avalett erzittert vom Grundstein bis zum First.
Und sieh, herab vom Himmel, — welch' eine sel'ge Schau! —
  Auf schwangezognem Wagen schwebt nieder eine Frau:
Sie trägt ein weiß Gewande, kein Gold als nur ihr Haar,
  Und einen Lilienscepter, und lächelt wunderbar.
Und hundert Harfen klingen und Rosen regnet's schwer
  Und tausend Elfen tanzen und fliegen um sie her.
Sie hebt zu sich Herrn Lanval, der sinket an ihr Herz
  Und langsam, langsam schwebet der Wagen sternenwärts.
Doch Artus und Ginevra und alle Ritter knie'n:
  „Titania, Elfenkön'gin, die Schuld sei uns verzieh'n."

König Alfred.

„In harter Not liegt Engelland!
  Es sind mit tausend Kähnen
  Die gottverhaßten Dänen
Gelandet an des Humber Strand:
Durch Yorkshire wütet Mord und Brand,
Und wo ist König Alfreds Hand,
  Zu trocknen unsere Thränen?

Er fiel, er fiel der teure Held
 Von einem scharfen Speere!
 So bringt's die blut'ge Märe!
 Kein Retter steht uns mehr im Feld:
 So räumt denn diese Inselwelt
 Die Hengst und Horsas Asche hält,
 Und suchet neue Meere!"

So schallt's im Gaugericht zu Kent
 Bei Grafen und bei Thanen,
 Zu rascher Flucht zu mahnen.
 Da ist kein Mund, der Hilfe nennt:
 Schon ist der Schöffen Kreis getrennt,
 Schon senken sich — des Dinges End' —
 Vom Lindenbaum die Fahnen.

Da trat hervor ein Harfner alt:
 Er stand am Stamm der Linde,
 Es flog sein Haar im Winde:
 Vom Kriegermantel braun umwallt
 Stolz reckte sich die Erzgestalt,
 In seinem Schild' ein breiter Spalt,
 Sein Haupt verbarg die Binde.

„Gemach, ihr lieben Herr'n zumal,
 Ich will euch nicht bethören,
 Nicht euren Ratschluß stören:
 Doch komm' ich frisch von blut'ger Wal: —
 Sprecht, wollt ihr nicht zum letztenmal
 Von eurem Herrn, der dort befahl,
 Von König Alfred hören?"

„Von König Alfred!" — ruft die Schar —
 Und alles bleibt, zu lauschen
 Und feuchten Blick zu tauschen, —
 „Weißt du von seinem Ende gar?
 O, sing' von ihm, wie groß er war!"
 Da blitzt des Harfners Auge klar,
 Und seine Saiten rauschen:

„O Wodenswood, du arges Feld,
  Fluch sei mit deinen Eichen!
  Da ward von Dänenstreichen
Manch alter Sachsenschild zerspellt!
Und, kühn zum Fußkampf erst gestellt,
Nach seinem Hengst rief mancher Held,
  In Flucht hindan zu weichen.
Das dünkte König Alfred schlecht:
  Er jagte hin und wieder
  Durch alle Reiterglieder,
Und rief: „Ein Sachse, treu und echt,
Harrt aus im Tod, ob Than, ob Knecht!“ – –
Und sprang herab zum Fußgefecht
  Und stach sein Streitroß nieder.
Und nahm von York das Sturmpanier,
  Der Bauern Kampfgenosse,
  Und trug's in die Geschosse.
Da schlug ein Beil ihm ins Visier,
Schlug ihm vom Helm die Kronenzier, –
Schlug ihm ins Haupt, zum Tode schier,
  Und über ihm die Rosse! —
Lang lag er so, die Nacht war kalt: —
  Da weckten ihn mit Kratzen
  Des Leichenwolfes Tatzen —
Er schlug: — das Untier wich alsbald —:
Da dacht' er, wie des Feinds Gewalt
Nun wird sein Land vieltausendfalt
  Verwüsten, heeren, schatzen.
Das brannte mehr als Wundenschmerz!
  Er hätt' sich gern gewendet,
  Verzweifelt und geendet:
Doch lauter sprach sein Königsherz:
„Du bist des Landes Schild von Erz,
Und sinkt dein Hoffen niederwärts,
  Ist Engelland geschändet.“

Schwer stand er auf, schwer war sein Schritt:
    Da, unter tausend Toten,
    Sein Kronhelm lag zerschroten:
Er ließ ihn, wie's sein Herz zerschnitt,
Es ist das Volk die Krone nit: —
Doch seinen Schild, den nahm er mit,
    Die Ehre hat's geboten."
„So lebt er noch? — ich bitte dich!" —
    — So scholl's aus jedem Munde —
    „Woher ward dir die Kunde?
Ist das sein Schild? Wer bist du? Sprich!" —
Da warf der Harfner hinter sich
Die Hüllen und voll-königlich
    Durchflog sein Blick die Runde.
„Ja, das ist eures Königs Schild,
    Und ich" — da hob von allen
    Ein Rufen sich und Schallen —:
„Und du, du teures Heldenbild,
Bist König Alfred stark und mild,
Auf! führ' uns an ins Schlachtgefild: —
    Die Dänen sollen fallen!"
Da sprach der Fürst: „Die Treu' ist echt,
    Die nimmer will verzagen.
    Des will ich Dank euch sagen:
Du Volk von Kent: das sei dein Recht,
Daß von Geschlechte zu Geschlecht
Du sollst in jeglichem Gefecht
    Das Banner Englands tragen."

Robin Hood.

I.

Der König John that mich in Bann.
Gott lohn' es ihm, dem wackern Mann:

Er hat mich freigegeben:
Nun geht der Herr mich nichts mehr an, —
Nun mag ich fröhlich leben.
Er hat verbrannt mein Ritterschloß,
Er ließ mir doch mein schwarzbraun Roß,
Er ließ mir Pfeil und Bogen:
So bin ich denn als Hausgenoß
Zu Bär und Wolf gezogen.

Jetzt schert mich Graf und Sheriff nichts
Und weiser Spruch des Rüggerichts
Und dummer Schnack der Pfaffen:
Ich freue mich des Sonnenlichts
Und meiner guten Waffen.

Wie lieblich weht der Morgenwind,
Erwach' ich mit schön Rosalind
Wohl unter grünen Tannen:
Sie reicht mir Helm und Schwertgebind
Und wehe den Normannen!

Der Kanzler reich, der Bischof feist,
Der Kaufherr, der zur Messe reist,
Sie alle sind mir frönig:
So weit der Falk den Forst umkreist,
Sir Robin Hood ist König.

Mein Sperber ist mein Seneschall,
Mein Minstrel ist die Nachtigall,
Mein Thron das Moos, das feine,
Mein Mundschenk ist der Wasserfall
Und Pfaffen brauch' ich keine.

II.

Nun da zu Gold die Sonne ging,
Gesellen, lagert euch im Ring
In grünen Buchenhallen
Und her zum Schmaus am Felsenborn,

Wo duftend blüht der Hagedorn,
　Ruft allen, ruft allen
Mit lautem Jägerhorn.
　Das Tagwerk brachte gute Pirsch!
　Wie mundet des Regenten Hirsch
　　Zum Klosterwein des Pfaffen!
　Gott lohn' ihm in der Ewigkeit!
　Nun singt und trinkt: doch alle Zeit
　　In Waffen, in Waffen,
　Dem Überfall bereit.
Denn seit der König mied das Land,
　Ist Freiheit in den Wald verbannt,
　　Wo hoch die Eichen wachsen:
　Doch wir, ob's Graf, ob Bischof sei,
　Wir tragen keine Thrannei:
　　Wir Sachsen, wir Sachsen:
　Wir zieh'n zu Walde frei.
Nun seht, wie Stern an Stern erwacht,
　Ein duft'ger Hauch geht durch die Nacht:
　　Nun laßt die Harfe tönen:
　Und singt, des Waldes Hofgesind,
　Von Robin Hood und Rosalind
　　Der Schönen, der Schönen,
　Dem holden Grafenkind.

III.

Barfüßig aus dem Grafenschlosse flohst du zu mir und in den Wald,
Mein Lieb, mein Weib, mein Herzgenosse, das sei vergolten tausendfalt.
Du sollst ein grünes Wunderleben genießen wie kein Weib gewann:
Des Waldes sel'ge Geister schweben um ihre Königin fortan.
Vom Scheitel bis zur Sohle deck' ich mit Blumen dich und Küssen zu,
Dies Haupt als treues Pfühl dir streck' ich, darauf dein wundes
　　　　　　　　　　　　　　　　Füßlein ruh'.
O bange nicht! was wir gewannen, der Wald und ich, wir halten's warm
Und alle Teufel und Normannen entreißen nicht dich diesem Arm.

IV.

Im Walde war's, kein Kreuz dabei, uns hat kein Priester eingesegnet,
Doch wilde Rosen hat der Mai aufs grüne Brautbett uns geregnet:
Still war die Nacht und voller Duft, leis ging der Lenzwind in den
Bäumen,
Nur manchmal scholl es durch die Luft, süß, wie wenn Nachtigallen
träumen:
Ein Stern brach durch das Wolkendicht: — dein Auge blitzte durch
das Dunkeln, —
Und leuchtete des Glühwurms Licht anstatt der Hochzeitfackel Funkeln.

V.

O wenn ich König von England wär', da sollt' ein Leben tagen!
Erst ließ ich aus London den Thron hieher, in den rauschenden
Buschwald, tragen.
Dann flöcht' ich aus Rosen und Maiglöcklein das duftigste Kranz=
gewinde
Und spräche: „Das soll deine Krone sein, Waldkönigin Rosalinde."
Dann sucht' ich das größte Schiff im Reich, drauf packt' ich die
Pfaffen alle,
So feist wie hager, so rot wie bleich, und schickte sie fort mit Schalle;
Drauf ließ' ich alle Schuldner frei und die Gläubiger ließ ich binden
Und schickte sie nach der Klerisei mit allen günstigen Winden;
Und dann ein Gesetz, das keinen verletzt, ein einziges, ließ ich ver=
fassen:
„Wird König Robin einst abgesetzt, — seine Königin muß man ihm
lassen."

─────────

Romanze des Gefangnen.

Hoch ob meinen Gitterstäben
Seh' ich rasche Vögel schweben,
Meergewohnte Möwenbrut:

Und sie scharen sich im Kreise
Und sie rüsten sich zur Reise
    Nach des Nordmeers ferner Flut.
Ach! wie oft sah ich sie horsten
In Alt=Englands dunkeln Forsten,
    An des Humber grünem Strand,
Wann ich ritt zu froher Beute,
Laut umtost von Roß und Meute
    Und den Sperber auf der Hand.
In den Wald entflog der Sperber
Und die Mähne hängt der Berber
    Und die treue Rüde klagt:
Doch es jubeln die Barone:
Nach des Lang=Verschollnen Krone
    Wird manch kühner Griff gewagt.
Rasche Vögel, auf, von dannen!
Wo in dunkelgrünen Tannen
    Ruht ein stilles Königshaus, —
Dort an eine Frau vielsüße
Richtet tausend, tausend Grüße
    Vom gefangnen König aus.
Hört ihr dann zum Trost der Schönen
Eine helle Stimme tönen,
    Ruft dem Troubadour: „Halt ein!
Blondel, laß die holden Weisen:
König Richard liegt in Eisen,
    König Richard harret dein!"

König Richard und Sir Hugh.

I.

„Nun zieh' ich ins gelobte Land, der heil'ge Christ hat Not,
    Jetzt helf' ich ihm mit meiner Hand, der mir oft Hilfe bot.

Und dir, Sir Hugh, empfehl' ich all mein Volk und was es hat,
Schloß Dover, meines Reiches Wall, und London, meine Stadt.
Ich kenne dich von edlem Mut: ich weiß, treu wahrest du
Noch treuer als dein höchstes Gut mein Königsrecht, Sir Hugh.
Mein Vetter Frankreich ist ein Schelm, mein Bruder John dazu:
Sei du Altenglands Schild und Helm an meiner Statt, Sir Hugh."
Der König Richard sprach's und stieg an Bord mit seinem Heer:
In seinen Fahnen flog der Sieg und Schreck zog vor ihm her;
Vorauf dem Kreuzheer stritt der Held und hell erklang wie Erz
Durch Christenland und Heidenwelt der Name: Löwenherz.

II.

Sir Hugh indes des Rechtes pflag und hielt das Reich in acht:
Dem Staat gehört der laute Tag, der Lieb' die stille Nacht.
Denn einst, als er zu angeln ging am Severn blau und breit,
Sir Hugh als süße Beute fing die allerschönste Maid.
Das war das junge Fischerkind, nicht sechzehn Winter alt,
Ihr golden Haar so seidenlind, so wonnig die Gestalt;
In grüner Einsamkeit erblüht, gleichwie die Wasserros',
Die an dem Rand des Severn glüht, von Schilf versteckt und Moos.
Manch' goldnen Abend fuhren sie, wann süß der Hänfling sang,
Wohl Mund an Mund und Knie an Knie, den stillen Strom ent-
lang.
O waldumfriedet Glostershire, du erlengrünes Land,
Welch' stille Freuden schautet ihr, ihr Buchten an dem Strand!
Das Ruder ruht, — sie treiben leis, — vorauf der wilde Schwan —
Und Blüten streuet rot und weiß der Maiwind in den Kahn.

III.

Seit Monden ruht der flinke Kahn, umsonst der Vogel schlägt,
Kein Liebespaar auf blauer Bahn der stille Severn trägt:
Sir Hugh zog aus mit Mann und Roß für König Richards Thron,
Denn Frankreich griff nach Dover-Schloß, nach London griff Prinz
John.

Und manchen Tag stand er im Feld, es wuchs und wuchs der Feind,
Schon vor dem Thor von London hält er seine Macht vereint.
Und morgen will in blut'ger Schlacht Sir Hugh die Stadt befrei'n,
Da stürzt ins Zelt bei tiefer Nacht sein treuster Knapp' herein:
„Du bist betrogen! folge mir nach Haus, Sir Hugh, nach Haus!
Du kämpfst für König Richard hier, vieltreuer Mann, den Strauß:
Und König Richard ist zurück, und stiehlt dir wie ein Dieb
Im Wald von Glostershire dein Glück und herzt und kos't dein Lieb,
Sie sitzt auf seinem Schos in Ruh', — oft küßt er ihren Mund,
Ich hab's gesehen — ich schwör' dir's zu — zur Rache fort, zur
     Stund'!"
Wohl ward des Ritters Wange bleich: doch griff er zum Panier:
„Wohlauf! zur Schlacht für Kron' und Reich! und dann — nach
     Glostershire!"

IV.

Am Severn vor dem Grafenschloß saß König Löwenherz,
Von seinen bärt'gen Lippen floß manch' frohgemuter Scherz.
Im Rosenbusche saß das Paar, Wein perlet im Pokal,
Er spielt mit ihrem weichen Haar, mit ihren Fingern schmal.
Da stürmt Sir Hugh herein zum Hag: — die Maid ward rot
     und fahl,
Verbunden seine Linke lag, die Rechte schwang den Stahl.
Und vor dem König erst mit Zucht ins Knie sinkt der Baron:
„Das Heer von Frankreich nahm die Flucht, geschlagen ist Prinz
     John.
Frei Dover, deines Reiches Wall, frei London, deine Stadt,
Und deines Rechtes überall wahrt' ich an deiner Statt,
Ich war Altenglands Schild und Helm" — da sprang er auf im
     Schmerz —
„Doch du, Herr König, bist ein Schelm und nicht ein Löwenherz!
Und schlug der Feind mich blutig wund für dich und für dein Recht,
Mein Zorn ist heil, mein Grimm gesund, auf, König zum Gefecht!
Und bist du gleich der Heiden Schreck und Englands Majestät:
Nicht lebend kömmst du mir vom Fleck, — Richard Plantagenet!"

Der König Richard sah ihn an und sprach in hellem Ton:
  „Gott segne dich, du tapfrer Mann, Gott segne dich, mein Sohn.
  Wohl kannt' ich dich, du herrlich Blut: Gott weiß, treu wahrtest du
  Und höher als dein höchstes Gut mein Königsrecht, Sir Hugh.
Sir Hugh, ich bin kein falscher Dieb, liebkos' ich diese Maid,
  Denn meine Tochter ist dein Lieb, die Frucht vielsüßer Zeit.
  Auch ich fing einst am Severnfluß ein holdes Fischerkind: —
  Dein Aug' war hell, und süß dein Kuß, du arme Rosalind!
Ob lang das Moos dein Grab umgrünt, heut schauest du in Huld,
  Wie endlich reich dein Richard sühnt die alte Liebesschuld:
  Das Beste, was ich geben kann, soll unsres Kindes sein:
  Ich geb' ihr den getreusten Mann, der in ganz England mein!"

Sir Roger de Montremy.

Das war Sir Roger de Montremy, zog singend durch die Gauen
  Und wo er kam, da lächelten sie, wo er schied, da fluchten die
  Frauen.
Denn er trug an seiner linken Hand einen Ring von rotem Achate,
  Den gab ihm einst aus Feeenland Claribelle, seine Pate.
Und drehte das Gold er am Finger sacht, so zuckte sie, die er erkoren,
  Und drückte er an den Stein mit Macht, — war mit Seel' und
  Leib sie verloren.
Und es konnte zur Rache kein Ehgemahl, kein tapferer Bruder taugen,
  Denn die Männer sanken vor seinem Stahl wie die Frauen vor
  seinen Augen.
So ging er durch Frankreich und Burgund nach England über die
  Wogen.
  Heut war sein übermütiger Mund von unbändigem Stolz umzogen.
Denn die schöne Königin Eleanor, das begehrteste Weib auf Erden,
  Nach Teviot=Hall ihn heut Nacht beschwor, da sollte viel Glück ihm
  werden.

Sie hatte geschrieben: „Sir Montremy, o komm, es gilt mein Leben,
Ich will die Bretagne, die Normandie und mich selber will ich dir
geben."

Und Sir Roger ritt im Abendlicht, wo des Teviot Fluten rauschen:
Sein Stolz war groß: — er wollt' jetzt nicht mit Gott im Himmel
tauschen.

Und als er kam, wo die Fähren sind, die Wandrer überzufahren,
Da saß am Steg das Schifferkind von noch nicht siebzehn Jahren. —

Ein blaues Röcklein, — ein Hembchen weiß, drauf zwei gelbe Zöpfe
fielen,
Über die nackten Zehen leis ließ sie rinnend die Wellen spielen. —

Er stieg vom Roß, er rief sie an: — ihr Blick hat ihn getroffen,
Ein einziger Blick: — da faßt' es ihn an, als säh' er den Himmel
offen.

Und es kam wie Tau nach Sonnenbrand ihm über die Seele gezogen
Und er streifte den Ring von der linken Hand, warf weit ihn weg
in die Wogen.

Und er sank vor dem Kind verstummt aufs Knie, in den Schos hat
sein Haupt sie genommen: —
Seither hat von Roger de Montremy kein Mensch mehr Kunde
bekommen.

Childe Arthur.

I.

Der Nachtwind geht in den Rosen, den Rosen von Berwick-Park:
„Nun fasse dich, Lady Ellen, nun fasse dich und sei stark."
„Wem soll ich dich befehlen, mein Leben und mein Glück,
Daß du vom falschen Schottland mir sicher kehrst zurück?
Sie schwuren: Tod dem Percy! und sie haben's treu gemeint:
Und tiefer treibt seitdem noch dein Stolz dich in den Feind.
Zwar steht' ich, dein zu hüten, der edeln Vettern viel:
Die Mortons und die Gordons und den tapfern Lord Sir Steel.

Doch die folgen eignen Fahnen und dein Bruder, der Minstrel mild,
   Taugt wohl zu Lied und Laute, doch nicht zu Schwert und Schild.
Fluch über seine Laute, das Spiel der Müßigkeit,
   O wäre statt des Sängers ein Held dein Schutzgeleit.
Weh, wenn sie auf vier Speeren dich tragen nach Berwick-House, —
   Ich weine mir die Augen, das Herz wein' ich mir aus."
Da küßt er seinem Weibe das wunderschöne Gesicht:
   "Befiehl sich selbst den Percy, Eleanor, und bange nicht."
Und er schied und sie weinte leise, von dem Wind das Haar ver-
                                   stört, — —:
Im Erker stand Childe Arthur, der hatte das all' gehört.

II.

"Zielt alle mir auf den Percy, ihr Schützen von Brabwarbine,
   Und hüten ihn hundert Engel, — heut soll er verloren sein.
Ihr trefft den Specht im Fluge, im Husche die Waldforell':
   Jetzt trefft mir nicht den Reiter, das Roß trefft scharf und schnell.
Am Galgen soll er mir sterben und in Martern unerhört.
   Der die schönste Tochter Schottlands zu seinem Weib bethört."
So rief der schwarze Douglas am Tag von Rockylair:
   Nun helfe Gott dir, Percy, — hier hilft kein Heil'ger mehr.
Weit jagt er voraus den Seinen, sein Hengst thut's allen zuvor:
   Die Bogenschützen strammen die Sehnen bis ans Ohr.
Und plötzlich schwirrt's wie Vögel mit Eisenschnäbeln vorn
   Und plötzlich klirrt's wie Hagel und Tod ist jedes Korn.
Zu Boden stürzt der Renner: — doch der Reiter springt empor,
   Hell schallt durch scharfe Hiebe sein Schlachtruf: "Eleanor!"
Und wieder auf tausend Bogen liegt reiherbesiedert der Pfeil:
   "Ihr Mortons," ruft Childe Arthur, "ihr Gordons, auf in Eil'.
Zu Hilf', zu Hilf' dem Percy, wie oft habt ihr's gelobt,
   Jetzt laß' die Reiter fliegen, Lord Steel, im Sieg erprobt."
Die Mortons und die Gordons, die schütteln stumm das Haupt:
   "Childe Arthur," spricht Lord Steel, "was hat dir den Sinn
                                   geraubt?

Dein Bruder ist verloren, das sieht ein blinder Mann:
  Nicht um das breite Schottland den Pfeilsturm spreng' ich an."
„So hilf mir, Gott im Himmel, um Lady Ellens Not!"
  Er rief's und sprengte hinunter in die Schotten und den Tod.
Just recht kam er geritten, denn jetzt barst des Percy Schild:
  Noch den Douglas stach er nieder, dann sank der Minstrel mild.
„Ihr Mortons und ihr Gordons," Lord Steel mit Staunen sprach,
  „Zuvor that's uns der Knabe: thun wir's zu mind'st ihm nach!"
Und eh' zum drittenmale die Schützen den Bogen gespannt,
  Ein Reitersturm: — und die Schotten, sie stoben zerstreut ins Land.
Der Percy stand, wo der Bruder unterm wilden Birnbaum lag:
  „Ich lebe und du?" — „Ich sterbe!" — „Was kann ich noch thun
                                                          dir, sag?" —-
„Zerschlage meine Laute, wenn nach Berwick-House du ziehst,
  Und grüße mir Lady Ellen, wann du sie wiedersiehst."

Das Steinkreuz und die Rose.

Ein Steinkreuz ragt an des Buschwalds Saum:
Vor Moos und Epheu gewahrst du's kaum:
Die Amsel, wann die Sonne schied,
Singt dort im Lenz ihr schönstes Lied
Und über Epheu hin und Moose
Rankt eine wilde, weiße Rose:
Dort haben in grauen Tagen
Sie den jungen Percy erschlagen: —
Warum? die Rose kann dir's sagen.

Rosamunde.

Kennt ihr das Lied von Rosamunde?
  Ein traurig Lied: — doch hört man's gern,
Wann Wehmut haucht die Dämmerstunde
  Und Liebe strahlt der Abendstern. —

Des Reichs vergessend und der Krone
  Ging Englands König wie im Traum:
Der Rat der Ritter und Barone
  Und seine Hofburg sah ihn kaum.

Im Jägerschlosse waldverschwiegen
  Hält er versteckt das holde Kind:
Die Amseln, die im Buschlaub fliegen,
  Ihr einzig Haus= und Hof=Gesind.

Des wildverwachs'nen Gartens Lauben
  Hüllt Epheu dicht und Geißblatt ein,
Da nisten gurrend wilde Tauben
  Und nicken einverstanden drein.

Oft lag sein Haupt auf ihren Knieen,
  Vor Wonne schwer, vor Glück verstummt:
Rings still: — nur Silbermelodieen
  Der Sommermücke Schwirren summt. — --

Umsonst, daß man den Zauber löse,
  Baron und Bischof sich verschwor:
„Ich find' es aus!“ sprach still die böse,
  Die Kön'gin=Mutter Eleanor.

Und sie umlauscht ihn lange Wochen,
  Bei Tag, bei Nacht, zu jeder Stund':
Und einst hat er im Schlaf gesprochen:
  „O Greenwood=Hall, o Rosamund.“

In Greenwood-Hall mit Tagesgrauen
  Stand Eleanor die Königin schon:
„So lang er kann dies Auge schauen, —
  Ich fühl's — verloren ist mein Sohn.

Auf! tötet sie! nur ihr Verderben
  Giebt England seinen Herrn zurück.“
Das Kind sprach nur: „Gern will ich sterben!
  Bei Gott, ich wollte nur sein Glück.“

Sie lag gebahrt auf blut'ger Bahre:
　Umher die Kön'gin, Kanzler, Graf:
Ein Minstrel kränzte noch die Haare
　Mit Rosen ihr zum ew'gen Schlaf:

Da horch, am Schloßthor schallt's von Hufen
　Und mit gezücktem Dolche fliegt
Der König über Stein und Stufen,
　Wo bleich die schöne Tote liegt.

Er schaut die Mutter, die Barone,
　Er starrt der Schläf'rin ins Gesicht:
„Nun magst du wieder tragen Krone,
　Der böse Zauber ward zu nicht.

Der schwüle Traum, er war vom Bösen:
　Du kannst nicht irren mehr: es tagt: —
Von Qual und Wahn mußt' ich dich lösen" —
　„Ja, Mutter, wahr hast du gesagt.

Nur Eine Bahn ist mir geblieben:
　Du läßt der Liebe keine Wahl!"
Und bis zum Heft ins Herz getrieben
　Traf ihn zum Tod der treue Stahl. —

Das ist das Lied von Rosamunde. —
　Ein traurig Lied: — doch hört man's gern,
Wann Wehmut haucht die Dämmerstunde
　Und Liebe strahlt der Abendstern.

Ralf Douglas.

I.

„Ja, sterben soll der König James und sein Kanzler, Thomas Rairn,
Als seine Knechte hält er uns, den Kanzler als seinen Herrn;
Die Kirche schwelgt, der Adel darbt, und schnöde Macht der Pfaffen
Bricht Siegel, Brief und Pergament, bricht Burgen, Recht und Waffen;

Nicht Bitten frommte, nicht Gewalt, und Rat und Trost ist fern:
So sterbe denn der König James und sein Kanzler, Thomas Kairn."
So raunt es still bei Tag und Nacht im breiten Schottland rings:
Vom Tweed zum Forth, vom Forth zum Dee, vom Dee zum
Murray ging's,
Und Boten ritten bei Sonn' und Mond und tauschten geheimes Wort
Und schnitten Zeichen in Thür' und Baum und jagten hastig fort.
Da trafen bald sich Edle viel in Sumpf und Wald und Fels:
Die Mortons und die Hamiltons, die Douglas' und die Bells.
Sie trafen sich am finstern Strom zu mitternächt'ger Stund',
Sie thaten einen großen Eid und einen festen Bund,
Sie losten um einen scharfen Dolch für den König und Thomas Kairn,
Das war Ralf Douglas, den es traf: der nahm den Dolch nicht gern.

II.

Und König James hielt lustig Hof zu Inverneß im Schloß:
Von Bischöfen im Inful-Schmuck, von Priestern welch ein Troß!
Der junge König geht einher wie ein guter Engel licht,
Und wie ein dunkler Schatte folgt der Kanzler Kairn ihm dicht.
Und wo der junge König kömmt, da kömmt's wie Sonnenschein,
Und wo der finstre Kanzler naht, in Wolken hüllt sich's ein.
Da trat Ralf Douglas vor ihn hin und sprach: „Sire, hört mich an,
Rings um mein Schloß zu Stirlingsford, da rauscht der schönste Tann.
Da äsen Hirsche rudelweis und falbe Reh' genug
Und mancher Reiher wiegt den Busch in königlichem Flug,
Die Otter lauscht im blauen Strom, der Luchs auf schwankem Ast:
Ich lade dich und deinen Hof nach Stirlingsford zu Gast."
Da rief der König: „Sagt, Sir Kairn, wie dünkt Euch, was er spricht?"
„Mir dünkt es sicher im eignen Haus: Wort, Glas und Treue bricht."
Der König aber sprach: „Mir dünkt mein Haus mein ganzes Reich
Und wer so arm von Treue denkt, des Treue scheint nicht reich.
Es jagten meine Väter all im Wald von Stirlingsford
Und fanden immer treu wie Gold der Douglas That und Wort:
Sir Ralf, brecht auf und sagt uns an, wir folgen Euch alsbald
Und jagen die Otter im blauen Strom und den Hirsch im grünen Wald."

Und der Douglas ging und sein Herz war schwer und er wog des
König's Wort
Und er ritt mit Gram, die Hand am Dolch, durch's Thor von
Stirlingsford.

III.

Die Zugbrück' prangt in grünem Laub, Sir Ralf steht am Portal,
Da reiten heran der König James und der Kanzler Kairn zumal.
Und es scheut sein Roß und es schreit der Troß, vom Hufschlag
dröhnt die Brück',
„Ein schlimmer Eingang! wendet, Sire, nach Inverneß zurück."
Sir Thomas ruft's: „seht unsern Wirt, wie starrt, wie bebt er dort."
Der König aber lacht: „Sir Ralf, komm, sprich dein Willkommwort."
Er springt vom Pferd, beut ihm die Hand und nickt ihm freundlich zu:
„Die Douglas waren immer treu, ein Douglas bist auch du."
Und als sie gezecht im hohen Saal, da sprach der König: „Nun
Hab' Dank, Freund, für dein gastlich Haus: — nun lüstet mich zu ruhn:
Ich sah in deinem Gartenhag grün sammetweiches Moos,
Da lausch' ich den Waldvögelein, mein Haupt auf deinem Schos."
Er gürtet los das breite Schwert und reicht's dem Wirte dar
Und geht mit ihm zum grünen Hag, wo's still und schattig war.
„Hier setz' dich auf den Rasenhang, zur Seite lieg' ich dir,
Von meinem Haupt auf deinen Knien die Fliegen wehre mir."
Ralf Douglas thut, wie er gebeut, am Dolch die rechte Hand,
Die Linke scheucht die Mücken ihm von Locken und Gewand.
Er wägt den Eid, den jüngst er schwur, bei Nacht am finstern Strom,
Und wägt den Lehnseid, den er schwur, zu Edinburg im Dom. —
Und wie er wägt und sinnt und seufzt, da hallt ein rascher Schritt,
Der Kanzler eilt den Weg heran und Knapp' und Ritter mit,
„Herr König," ruft er, „Preis sei Gott, Ihr lebt! — auf, lest dies Blatt,
Euch droht Gefahr und dieser ist's, der Euch zu morden hat."
Der König schlug die Augen auf: „Was stört ihr meine Ruh'?
Ich schlief so süß — gieb her das Blatt!" — er nimmt's und faltet's zu
Und steckt es schweigend in sein Wams: „geht, stört mich jetzt nicht mehr,
Die Douglas waren immer treu, ein Douglas ist auch der."

Und ruhig beugt er das Haupt zurück nach seines Wirtes Schos,
Doch der springt auf und fällt aufs Knie: „Dein Glauben ist zu groß!
Wahr ist, mein König, was er spricht, daß ich dich morden soll:
Ich kann es nicht: vor deinem Blick zerfließt der starre Groll.
Jetzt schick' mich, sei's in Kerkernacht, sei's nach Frankreich über See:
Ich hab's verwirkt, daß ich hinfort dein gütig Antlitz seh':
Doch glaube mir, des Volkes Dank und Segen wird dir nicht,
So lang in deiner Güte Kranz Kairn seine Dornen flicht.“
Der König stand erschüttert schwer; dann sprach er: „Das ist hart,
Daß jetzt der Douglas Treue wankt, die nie gebrochen ward.
Weh denen, die's dahin gebracht: — sie verschulden schweres Weh:
Sir Thomas Kairn, Ihr seid verbannt nach Frankreich über See.
Gebt ab die Schlüssel und den Stab: — Ralf Douglas, nimm sie du
Und als mein Kanzler hüt' hinfort mein Reich und meine Ruh'.“

List und Liebe.
(Mit Benutzung eines schottischen Motivs.)

„Und soll's euer harter Wille sein,
    Daß der Schottenlord wird niemals mein,
    Stiefmutter, Stiefbruder, ich bitt' euch sehr,
    Thut meinem letzten Wunsch Gewähr,
    Und laßt mich, wann ich nun sterben werde,
    Bestatten in seiner, in Schottlands Erde:
    In der ersten Kapell' auf schottischer Mark
    Da senket zur Gruft den bekränzten Sarg.“
So flehte schön Ellen; der Vater war tot:
    Stiefbruder, der lachte: „Was hat's für Not?
    Ist Schwesterlein tot und ihr Erbland mein,
    Soll's, wo ihr gelüstet, begraben sein.
    Selbst führ' ich die Leiche zur Schottenkapelle:
    Da mag sie empfangen ihr trauter Geselle.“
Stiefmutter, die raunte: „Für Mädchenlist
    Noch Weibertücke gewachsen ist.“

Schön Ellen auf hohen Söller stieg:
   „Mein weißer Falke, nun steig und flieg."
Der Vogel war treu und rasch und klug: —
   Gen Norden, gen Schottland ging sein Flug. —
Schön Ellen trinkt aus geschliffner Schale:
   Da faßt sie Erstarrung, leichenfahle:
Bald liegt sie auf Myrten und Rosen gebahrt
   Und der Bruder rüstet die Leichenfahrt.
Doch siehe, da tritt Stiefmutter herzu:
   „Träumst du auch, schöne Schläferin du?"
Und sie öffnet ihr nestelnd das Busengewand
Und sie hebt das Wachslicht mit böser Hand
Und träuft, wo der Lebenden Herzen klopfen,
   Drei heiße, brennendheiße Tropfen:
Doch nicht zucket die Wimper, nicht bebt der Mund:
   „Bei Gott, sie ist tot, brecht auf zur Stund'."
Und als sie kamen zur Waldkapell',
   Da wiegt auf dem Thor sich ein Falke hell.
Und als sie zur Erde gesenket die Bahr',
   Empfängt sie psallirender Mönche Schar,
Und als der Prior den Dekel gehoben,
   Da breitet schön Ellen die Arme nach oben:
„Das Wachs war heiß und schaurig der Sarg, —
   Doch die Liebe macht über alles stark."
Da zückte der Prior ein blißendes Schwert,
   Hei, waren die Mönche so reisig bewehrt:
„Nun heb' dich von hinnen, o Schwägerlein,
Leer bringe die Truhe der Schwieger mein
Und meld' ihr: „Erstanden ist schön Ellen,
   Ich führte sie selber zu ihrem Gesellen."
Wohlauf nun, mein Falke, nun fleug voraus,
   Du kennst ja den Weg in das Hochzeithaus!"

Die Lady von Campion-Hall.

„Was klinget und singet vor meinem Schloß?
  Was woget so bunt? — Ein Zigeuner-Troß!
  Mein Gemahl ist in London, der strenge Lord,
  Mit Hunden wohl hetzte der sie fort!
  Ich aber, ich will — her ist's gar lang! —
  Mich einmal letzen an Tanz und Sang.“
Und herab die Terrasse die Lady schritt, —
  Ihr Fuß war klein und leicht ihr Tritt:
  Sie winkt mit dem Fächer, — der Reigen beginnt:
  Wie flattern die schwarzen Locken im Wind,
  Wie schmettert die Chmbel, das Tamburin,
  Wie brausen und sausen die Paare dahin!
Da tritt mit der Laute der Fiedler zu ihr:
  „O Lady, fair Lady, nun lausche du mir!
  Des Tanzes nur achtet dein Schloßgesind: — —
  Gedenkst du noch Schottlands, Berthalind?“
  Da wurde vor Schreck sie blaß und rot:
  „Du, Edgar? Mein Edgar? O läg' ich tot.“
„Tot lagst du drei Jahre beim eisigen Greis:
  Nun sollst du erwachen zum Leben heiß.
  Sie haben gebrochen mein Ritterschloß.
  Doch blieb mir die Laute, das Schwert, das Roß:
  Und mein ward die Heide, das Waldmoos weich
  Und aller Zigeuner Königreich!
Dein Bett ist von Silber, dein Kamm von Gold,
  Demanten dir decken den Busen hold,
  Dich trägt die Sänfte von Pardelfell,
  Dein Spiegel Krhstall von Venedig hell: — —
  Komm mit! Komm mit! laß alles zurück,
  Nur Lieb' ist Leben und Glanz und Glück.
Dein Bett wird das duftige Heidekraut,
  Statt Demanten dir Perlen die Mainacht taut,

Deine Sänfte mein Arm, dein Spiegel der See,
Dein Kamm meine Finger, dein Gespiel das Reh,
Dein Kissen diese vieltreue Brust, —
Dein Los — nie ausgeschöpfte Lust."
Und der Mond ging auf über Campion-Schloß:
Da jagt in den Tann ein schwarzbraun Roß:
Der Hunde Gebell, der geketteten, hallt.
Ein Mantel fliegt und ein Schleier wallt:
Jetzt sind sie verschwunden — sie ritten zu zweit: —
Wer will sie erspähen? — Die Welt ist weit!

Lady Isabelle.

„O Lady Isabelle,
Wie blitzt dein Auge helle,
    Wie rosig blüht dein Mund!
  O sieh, dein Herr und König
  Ist deinen Reizen frönig,
    Mein Herz, mein Herz ist wund.

Mit Perlen und mit Seiden
Laß fürstlich dir umkleiden
    Den minnesüßen Leib:
  O laß dir Liebe schwören,
  Willst du mich nicht erhören,
    Du zauberschönes Weib?"

So König Edward flehte,
Wie sich der Reigen drehte,
    Im Schloß zu Cumberland:
  Da über ihre Wangen
  Kam glühend Rot gegangen,
    Und sie entzog die Hand:

„Mein König, dir soll werden
Was diese Bittgebärden

Verdienen, zweifle nicht:
Wo Kön'ge liebend werben,
Muß jedes Weib verderben
Und sterben Treu' und Pflicht.

Komm du zur Geisterstunde,
Komm zur Jasminrotunde,
Da findest du den Lohn."
Von hinnen flog sie sachte
Und König Edward dachte:
„Gewaltig freit die Kron'."

Und still —, nach heißem Warten, —
Schleicht er hinaus zum Garten,
Zum duftigen Jasmin
Er stockt: — ihn mahnt die Lehre
Von Pflicht und Treu' und Ehre: —
Nicht lang doch mahnt sie ihn. —

Er bringt mit leckem Schritte
Bis in der Laube Mitte,
Wo dicht ein Vorhang wallt:
„Wo bist du, ruft er schnelle,
O Lady Isabelle,
Du süße Huldgestalt?"

Doch plötzlich — welch' ein Schrecken! —
Rings Fackeln in den Hecken —
Und, als der Vorhang fällt,
Da steht im Gartenhäuschen, —
O wärst du jetzt ein Mäuschen,
Du königlicher Held! —

O weh, da steht mit allen
Den Rittern und Vasallen
Der Lord von Cumberland,
Und hält beim Fackelschimmer —
So lieblich war sie nimmer —
Sein Weib an seiner Hand.

Er sprach: „Wir wüßten gerne,
Was Ihr beim Licht der Sterne,
Sire, sucht an diesem Ort?"
Doch der, wie pfeilburchschossen,
Fuhr auf, rief nach den Rossen
Und ritt im Sturme fort. —

Und nie seit diesen Tagen
Kam ihm die Lust zu jagen
Nach fremdem Edelwild:
Er nahm ein Weib in Liebe
Und strafte alle Diebe,
Ein Fürst gerecht und mild.

Lady Angus und jung Kenneth.

I.

„O komme, jung Kenneth, dich lieb' ich mit Macht,
O komme zur Sonnwend um Mitternacht.
Vor Sonnwend zieht Lord Angus zu Feld, —
Nicht kann er uns stören, der graue Held:
Ich öffne dir Garten und Erker und Arme,
Daß in Flammen dein kühles Herz erwarme."
„Laß ab, Lady Angus, und locke mich nicht!
Gern schau' ich, gern sing' ich dein schönes Gesicht:
Doch scheu' ich Lord Angus im grauen Haar
Und den Wächter am Thor und den Wolfshund gar:
Leicht hört man den Schritt auf dem Marmorhofe
Und dicht an dem Erker dir schläft die Zofe."
„Den Wächter am Thor stillt schwerer Trank, —
Den Wolfshund kett' ich zur Eichenbank, —
Den Hof bestreu' ich mit Binsen ganz, —
Die Zofe schick' ich zum Sonnwendtanz: —
Leis öffn' ich dir selber den knarrenden Riegel
Und schließe den Mund dir mit glühendem Siegel."

„Laß ab, Lady Angus, und lade mich nicht!“
  „Sag', bist du ein Ritter oder ein Wicht?
  Wohl schlägst du die Laute, den Federball
  Und tanzest geschmeidig in bunter Hall'
  Und lispelst von Lieb' und Liebesgabe,
  Doch heißt es ein Mann sein, — da zittert der Knabe!“
„Lady Angus, du machst mir die Wangen rot!
  Ich komme lebendig, wohlan, oder tot:
  Und geb' ich uns in der Hölle Macht: —
  Ich komme zur Sonnwend um Mitternacht:
  Du hast mich bezwungen, du hast mich beschworen: —
  Ich komme und sind wir beide verloren!“ — —

II.

„Den Wächter am Thor bannt schwerer Trank, —
  Der Wolfshund schläft an der Eichenbank, —
  Den Hof bestreut' ich mit Binsen ganz,
  Die Bose tanzt auf dem Sonnwendtanz,
  Der Himmel ist dunkel und leer von Sternen, —
  Jung Kenneth, nun sollst du das Küssen lernen!“
Die Turmuhr schlägt die Mitternacht, —
  Lady Angus öffnet die Pforte sacht, —
  Da steht er schweigend im Portal:
  „Mein Süßer, wie bist du so kalt, so fahl?
  Und auf weißem Wams ein dunkler Flecken: —
  O laß die Arme, mich tötet der Schrecken!“ — —
Doch er schnürt die Arme ihr um den Leib
  Und er preßt an die Brust das entseelte Weib:
  „Lady Angus, dein Gatte stach mich tot!
  Ich aber kam auf dein Gebot:
  Du hast mich bezwungen, du hast mich beschworen
  Und auf ewig sind wir beide verloren.“

Maria Stuart und Sir Gordon.

I.

An Englands Grenze harret die schöne Sünderin:
  Doch nicht mehr steht nach London, nach andrem steht ihr Sinn.
Er steht nach neuer Liebe, nach neuem Glück und Wahn:
  Das war Sir Leslie Gordon, der hatt' es ihr angethan.
Er nahm in Gordon Castle die Flücht'ge gastlich auf, —
  Er ahnte nicht, welch Unheil er lud zu sich herauf!
Mit höf'schen Rittersitten er dient' ihr als Vasall
  Und schaute kalten Auges die süße Schönheit all.
Das konnte sie nicht tragen: — nicht lag's in ihrer Art: —
  Noch hatt' in ihrer Nähe kein Mann sein Herz gewahrt.
Tief sah sie in sein Auge und als das blieb so kühl,
  Entflammt' das eigne Herz ihr bezwingendes Gefühl.
Sie rang mit ihrer Liebe, und ihre Liebe gewann,
  Und eines Abends trat sie vor den geliebten Mann:
Gesenkten Hauptes, gleitend, wie geheime Liebe thut,
  Vertausendfacht ihr Liebreiz durch leise rieselnde Glut.
„Sir Leslie", haucht sie bittend, „Sir Leslie, gebt mich frei,
  Mir träumte schwer, mir träumte, daß ich Eure Gefangne sei."
„Dies Schloß ist Euer, Kön'gin — gefangen? Ihr sprecht im Scherz!"
  „Ich sprech' im tiefsten Jammer und gefangen ist — mein Herz."
Und sie drückt die verschlungnen Hände vor die Stirne marmorweiß:
  „Ich liebe dich, Leslie Gordon, Mary Stuart liebt dich heiß."
Da trat Sir Leslie Gordon zurück zwei Schritte weit:
  Und stolz sprach er und eisig: „Lady Stuart, das thut mir leid.
Ihr liebt mir zu geschwinde: — ich kann nicht folgen so schnell:
  Sir Cecil und Sir Darnley und Rizzio und Bothwell: —
Und meint Ihr, Leslie Gordon, der wäre der Fünfte? Nein!
  Lady Stuart, es wollen die Gordons überall die Ersten sein."
Da hob das Haupt Maria, das sie tief vor ihm gebeugt,
  Ein Blick voll tiefsten Liebens und Vorwurfs auf ihn fleugt:
„Wohl hab' ich das verdienet: — doch nicht aus deinem Mund!
  Auf! sattelt meine Rosse, nach London geht's zur Stund'!"

Und Leslie Gordon sah ihr betroffnen Blickes nach
Und Scham und Schmerz und Reue sich brandend in ihm brach.

II.

„Sie schmachtet im dumpfen Tower, vom Mord das Haupt bedroht,
Und ich hab' sie gestoßen von mir in den bittern Tod.
Das süßeste Weib auf Erden bot Herz mir, Hand und Heil,
Und ich zum Dank entgegen stieß sie dem Henkerbeil.
O nur noch einmal küssen den Staub von deinen Schuh'n,
Sonst kann in Himmel und Hölle meine Seele nimmer ruh'n.
Nein, nein, du sollst nicht sterben, ich rette dich, bei Gott,
Ich rette dich, Maria, oder teile dein Schafott." —
Zu London im alten Tower hielt man zu scharfe Wacht,
Am Tage vor Maria ward er zum Tod gebracht.
Fest schritt er aufs Gerüste: „Hier ist der Vortritt mein:
Sagt ihr, es müssen die Gordons überall die Ersten sein."

———

Germanisches Osterfest.

I.

Es kam der Hirt vom Anger und sprach: „Der Lenz ist da!
Ich sah sie in den Wolken, die Göttin Ostara:
Ich sah das Reh, das falbe, der Göttin rasch Gespann,
Ich hörte, wie die Schwalbe den Botenruf begann.
Es brach das Eis im Strome, es knospt der Schlehdornstrauch,
So grüßt die hohe Göttin, grüßt sie nach altem Brauch."
Da ziehn sie mit den Gaben zum Hain und zum Altar,
Die Mädchen und die Knaben, der Lenz von diesem Jahr:
Das Mädchen, das noch niemals im Reigentanz sich schwang,
Und doch vom Knabenspiele schon fernt ein scheuer Drang.
Der Knabe, der noch niemals den Speer im Kampfe schwang,
Und dem der Glanz der Schönheit doch schon zum Herzen drang.

Sie spenden goldnen Honig und Milch im Weiheguß,
Und fassen und umfangen sich in dem ersten Kuß.
Und durch den Wald, den stillen, frohlockt es: „Sie ist da!
Wir grüßen dich mit Freuden, o Göttin Ostara!"

II.

Gute Göttin, du vom Aufgang, gabenreiche, du bist da!
    Und wir grüßen dich mit Andacht, gute Göttin Ostara.
Aus dem Land von Palm' und Ceder, draus der Väter Wandrung
                                        brach,
    Ziehst du jährlich ihren Enkeln in des Nordens Wälder nach.
Längst begraben ist der letzte, der dort deine Säulen sah,
    Doch wir wissen's noch: — vom Aufgang sind auch wir, wie Ostara.
Rüttelt hier die Eichenwälder mondenlang der Sturm und Frost,
    Klingen an dem Herd uns wieder Märchen alt aus goldnem Ost.
Und wir haben's nicht vergessen und in Sagen tönt es nach,
    Wie der Ahn an blauen Strömen wunderschöne Blumen brach.

Siegesgesang nach der Varußschlacht.

Auf, Siegesgesang,
    Fleug Wolken entlang
    Wie rauschendes Adlergefieder,
    Daß hoch in Walhall
    Die Einheriar all
    Auflauschend schauen hernieder.

Seid bedanket zuvor,
    Ihr, Wodan und Thor,
    Ihr fochtet für euere Söhne:
    Im Eichengebraus,
    Im Sturmesgesaus,
    Wir erkannten die göttlichen Töne.

In der Wolken Gebild
  Mit Speer und mit Schild
  Die Walküren sahen wir jagen:
  Wie der Schnitter das Korn
  Hat der Himmlischen Zorn
  Die Fremblinge niedergeschlagen.

Jetzt kam uns die Zeit,
  Für unsägliches Leid
  Mit gerechter Vergeltung zu zahlen:
  Kein Bube wird mehr
  Im römischen Heer
  Vom besiegten Germanien prahlen.

Die das Recht uns gekränkt,
  Ihr Blut hat getränkt
  Die entsühnte heimische Erde:
  Wie Schnee, der zerschmolz,
  Liegt der römische Stolz
  Unterm Hufschlag unserer Pferde.

Die mit Ruten und Beil
  Bedroht unser Heil:
  Sind die Knechte nun unserer Knechte:
  Die List, den Verrat
  Mit männlicher That
  Durchhieb die cheruskische Rechte.

Nicht Lager und Wall,
  Nicht die Kriegskunst all,
  Nicht sollte den Fremden sie frommen.
  Ha, die Pforten erzwängt,
  Die Kohorten zersprengt
  Und die Adler, die Adler genommen!

Auf der Götter Altar
  Bringt die Fahnen dar,
  Deren Rauschen die Wälder entehrte:

Die Legionen sind tot
Und vom Herzblut rot
Liegt Varus im eigenen Schwerte.

Den brausenden Strom
Wollt' der Kaiser zu Rom
Mit dem eh'rnen Joche bebrücken:
Doch aufrauschend alsbald
Brach die freie Gewalt
Den Bau zu Trümmern und Stücken.

Heil dem Helden Armin!
Auf den Schild hebet ihn,
Zeigt ihn den unsterblichen Ahnen:
Solche Führer wie der
Gieb uns, Wodan, mehr, —
Und die Welt, sie gehört den Germanen!

————

Veleda.

Dort auf Tiburs steilen Felsen, wo der Anio wirbelnd rinnt,
Stumm, mit schmerzgebleichten Wangen, steht Germaniens stolzes
Kind;
Um die hohe Stirne windet sich der Lindenblüten-Kranz,
Von den Schläfen zu den Knieen fließt des roten Haares Glanz,
Und den weiten Opfermantel trägt sie wie im Heimatland,
Aber ach, die goldne Fessel schlingt sich um die weiße Hand. —
„Bin ich Veleda? Ach, bin ich's?" — seufzt der schöne, bleiche
Mund —
„Die mit Göttern Zwiesprach tauschte auf des heil'gen Berges Rund,
Die in hoher Eichen Wipfel hohe Weissagung belauscht,
Welcher laut des Rheines Wirbel Siegverheißung zugerauscht? —
Bin ich's, der mein Volk mit Jauchzen deinen Feldherrn, stolzes Rom,
Zugeführt als Ehrenbeute auf befreitem Lippestrom?
Denn ich hatte Sieg verheißen, Sieg in Land- und Wasserschlacht, —
Und auf seiner Prunktriere ward der Prätor mir gebracht.

Doch ein Tag kam — seine Schrecken kündete kein Götterwort —
Weh! da scholl im heil'gen Haine Waffenlärm und wilder Mord,
Römerhelme — rote Fackeln — Priesterblut und Waldesbrand,
Und sie schleppten mich gefangen aus dem grünen Bruktrerland. —
Wer vom Vaterland genommen, dem ist Licht und Luft geraubt;
Wie die ausgeriss'ne Blume neig' ich hoffnungslos das Haupt;
Ach, an dieser heißen Sonne welkt verdorrt mein Leben bald: —
Wo bist du, mein dunkelkühler, ferner, schöner Buchenwald?"
Sprach's und sah vom hohen Felsen sehnend in das Land hinaus:
Sieh, da schritten zwei Liktoren auf sie her vom Marmorhaus,
Purpur brachten sie und Goldstab, und es folgt ein Kriegerschwarm,
Laut ihr winkend: doch die Jungfrau hebet streng den weißen Arm.
„Veleda, komm, steige nieder," — ruft ihr der Centurio —
„Heut erfüllt sich deine Weisheit, du Prophetin siegesfroh!
Zögre nicht: — der Imperator harrt: — es murrt die Menge schon: —
Schon vom Palatinus nieder steigt Legion auf Legion;
Tuben schmettern, Opfer rauchen — Veleda nur fehlet noch." —
„Sprecht, was wollt ihr?" rief's und ahnend trat sie an das
                                                    Felsenjoch.
„Wie, du frägst noch? Im Triumphe ziehet heut der Feldherr ein,
Du in seiner Siegeskrone bist der schönste Edelstein:
Du, vor Cerialis Wagen, bist Germaniens Symbol."
„Veleda, komm," rufen alle, „fort, hinauf zum Kapitol!"
Und zum Felsen, sie zu greifen, schreitet schon der Römer vor: —
Sieh, da richtet die Prophetin majestätisch sich empor;
Blaue Blitze sprüht ihr Auge und im Sturm ihr Busen wallt
Und die Feuer-Locken fliegen um die dräuende Gestalt;
Und zum Himmel mit der Fessel hebt sie hoch die zorn'ge Hand,
Und zertrümmert an den Felsen schleudert sie den goldnen Tand.
Und die Römer sehn's mit Grauen, und sie ruft hinab ins Thal:
„Ha! ich fühl's, die Götter steigen zu mir nieder noch einmal!
Ja, sie nah'n in diesem Schauer, der mich zorneskalt durchrinnt,
Wie daheim durch Eichenwipfel weht mit Weissagung der Wind.
Nicht in meinen Ketten kehrten hohe Götter bei mir ein,
Aber jetzt, aus freier Seele, darf ich nochmals prophezei'n;

Wahrheit schau' ich, Wahrheit künd' ich; vor mir tagt's wie Sonnen-
schein:
Veleda, nie, nie Germania führt ihr im Triumphzug ein!
Seht ihr's, Römer? Von den Bergen dort herab ins Süden-Feld —
Seht ihr's nicht? — steigt hell in Waffen eine ganze Helden-Welt!
Immer neue, neue Scharen! — Namen voller Siegesklang!
Adlerhelme, blanke Schilde, Hörnerjauchzen, Schlachtgesang!
Heil, du blonder Siegeskönig! Schwing' die Streitaxt, schwing'
sie wohl!
Sieh, sie trifft: es fällt in Trümmer Thor und Turm am Kapitol.
Dann zerspringt die Völkerfessel, wie jetzt meine Fessel sprang,
Und es wird die Freiheit tagen, die ich, freudig sterbend, sang!"
Sprach's, die Römer hörten's schauernd — und noch eh' das Wort
verhallt,
Schwang sich nieder von dem Felsen eine leuchtende Gestalt,
Rasch und hell, wie wenn vom Himmel hoch ein Stern gefallen wär':
Und der Flußgott trug die schöne Tote fort ins freie Meer.

Goten-Lieder.

(Aus dem Roman: „Ein Kampf um Rom.")

Goten-Treue.

Erschlagen lag mit seinem Heer
    Der König der Goten, Theodemer.
Die Hunnen jauchzten auf blut'ger Wal,
    Die Geier stießen herab zu Thal.
Der Mond schien hell, der Wind pfiff kalt,
    Die Wölfe heulten im Föhrenwald.
Drei Männer ritten durchs Heidegefild,
    Den Helm zerschroten, zerhackt den Schild.
Der erste über dem Sattel quer
    Trug seines Königs zerbrochnen Speer.

Der zweite des Königs Kronhelm trug,
  Den mitten durch ein Schlachtbeil schlug.
Der dritte barg mit treuem Arm
  Ein verhüllt Geheimnis im Mantel warm.
So kamen sie an die Donau tief
  Und der erste hielt mit dem Roß und rief:
„Ein zerhau'ner Helm — ein zerspellter Speer: —
  Vom Reiche der Goten blieb nicht mehr!"
Und der zweite sprach: „In die Wellen dort
  Versenkt den traurigen Gotenhort:
Dann springen wir nach von dem Uferrand —
  Was säumest du, Vater Hildebrand?"
„Und tragt ihr des Königs Kron' und Speer: —
  Ihr treuen Gesellen: — ich habe mehr."
Auf schlug er seinen Mantel weich:
  „Hier trag' ich der Goten Hort und Reich!
Und habt ihr gerettet Speer und Kron', —
  Ich habe gerettet des Königs Sohn!
Erwache, mein Knabe, ich grüße dich,
  Du König der Goten, Jungdieterich."

———

Tejas Todesgesang.

Erloschen ist der helle Stern
  Der hohen Amalungen:
O Dietrich, teurer Held von Bern,
  Dein Heerschild ist zersprungen.
Das Feige siegt, das Edle fällt,
  Und Treu' und Mut verderben,
Die Schurken sind die Herrn der Welt: —
  Auf, Goten, laßt uns sterben! —

O schöner Süd, o schlimmes Rom,
    O süße Himmelsbläue,
O blutgetränkter Tiberstrom,
    O falsche, welsche Treue!
Noch hegt der Nord manch kühnen Sohn
    Als unsres Hasses Erben,
Der Rache Donner grollen schon: —
    Auf, Goten, laßt uns sterben!
Vom Kaukasus bis vor Byzanz,
    Welch stolzes Siegeswallen!
Der Goten Glück stieg auf in Glanz,
    In Glanz auch soll es fallen.
Die Schwerter hoch, um letzten Ruhm
    Mit letzter Kraft zu werben:
Fahr wohl, du freudig Heldentum: —
    Auf, Goten, laßt uns sterben!

———

Gotenzug.

Gebt Raum, ihr Völker, unsrem Schritt: wir sind die letzten Goten!
    Wir tragen keine Schätze mit: — wir tragen einen Toten.
Mit Schild an Schild und Speer an Speer wir ziehn nach Nordlands
                                            Winden,
    Bis wir im fernsten grauen Meer die Insel Thule finden.
Das soll der Treue Insel sein: dort gilt noch Eid und Ehre:
    Dort senken wir den König ein im Sarg der Eichenspeere.
Wir kommen her — gebt Raum dem Schritt! — aus Romas falschen
                                            Thoren:
    Wir tragen nur den König mit: — die Krone ging verloren.

———

Die Gotenschlacht.
(Valle dei Goti.)

Wo die Lavaklippen ragen an dem Fuße des Vesuvs,
  Durch die Nachtluft hört man klagen Töne tiefen Weherufs.
Und die Felsen hallen wider Worte, stolz und ahnungsvoll, —
  Fremde, wunderschöne Lieder eines Volks, das lang verscholl.
Hirte, Räuber nicht noch Bauer bringet in die Bergschlucht ein
  Und es schwebt ein banger Schauer brütend ob dem dunkeln Stein
Denn ein Fluch von großen Toten lastet auf dem Felsenring:
  Und es ist das Volk der Goten, das hier glorreich unterging.

Lied Siegfrieds.

Nun kehrt das Schiff empor den Rhein
  Und kränzet Helm und Schilde: —
Du, Falke, sollst mein Bote sein,
  Mein Bote zu Krimhilde.
Nun sprich: „Frau, gieb mir Botenlohn:
  Die Sachsen sind geschlagen,
Und eine neue Königskron'
  Mag König Gunther tragen.
Dein Siegfried zwang die Fürsten zwar,
  Ihn hat das Glück getragen: —
Doch, der das Beste that, das war,
  Das war von Tronje Hagen."
Hei, schlug er in die Sachsenmacht,
  Wie Blitz schlägt in die Eichen:
Mein ganzes Herz hat aufgelacht
  Bei seinen stolzen Streichen.
Ei, Leudeger und Leudegast,
  Getrost, gefangne Fürsten: —
Ihr seid bei Siegfried jetzt zu Gast,
  Ihr sollt, bei Gott, nicht dürsten.

Habt nicht des Kampfs zu schwere Reu'!
    Man wird euch nicht erwürgen,
    Wie Gold ist König Gunther treu: —
    Ich, Siegfried, will's verbürgen.
Er kennt nicht Neid noch Übelmut,
    Er ist mir wie ein Bruder,
    Wer ihm vertraut, der trauet gut. —
    Nun auf und rührt die Ruder!
Und Silber streut ins Land und Gold
    Vollauf aus unsrer Beute:
    Sie soll'n uns alle werden hold
    Von hier bis Worms die Leute.
Und schmücket Segel, Rah' und Mast
    Mit Kranz und Laubgewinden,
    Als käm' ein Götterzug zu Gast
    Zu frohen Menschenkinden.
Ich sing' mit heller Melodei,
    Das Steuer führet Hagen,
    Und Volker soll uns von Alzei
    Dazu die Harfe schlagen.

Krimhilde.
(Emanuel Geibel zugeeignet.)

Auf dem Söller stand Krimhilde, sah ins braune Heideland,
    Helme blitzten, Speer' und Schilde von dem fernen Hügelrand.
Aus der Stirn die feuerblonden Locken strich die weiße Hand:
    „Seid willkommen, ihr Burgonden-Gäste in Krimhildens Land!
Sieben Jahre mächtig, mächtig hab' ich diesen Tag ersehnt:
    Schwer alltäglich und allnächtig hat mein Harren sich gedehnt.
Wann ich von des Heunen Munde Kuß auf Kuß mit Schaudern trug,
    Dacht' ich schweigend an die Stunde, die nun endlich zögernd schlug.
König Etzel, zu den Waffen, den man Gottesgeißel nennt!
    Nun den Brautschatz sollst du schaffen, der in Blut und Feuer brennt.

Nicht umsonst gab ich dem größten Waffenkönig diesen Leib:
  Rache, Rache soll mich trösten, wie sie nie genoß ein Weib.
Sieh, es scheuet, König Gunther, hoch dein Hengst vor meiner Brück'.
  Klopfe nur den Hals ihm munter, — niemals trägt er dich zurück.
Als mein Siegfried ritt zu jagen, hat auch ihm nicht bang gegraut,
  Und du hast ihn doch erschlagen, der so arglos dir vertraut.
Seh' ich recht? Ja, das ist Hagen! Traun, ein Gott nahm ihm
                                               den Sinn:
  Konnt' er sonst ins Land sich wagen, wo Krimhilde Königin?
Magst dein Haupt so hoch du tragen wie die höchste Tann' im Hag:
  Diese Hand soll's niederschlagen, die auf Siegfrieds Herzen lag.
Aber dort, auf weißem Pferde, — frei sein Goldhaar spielt im Wind —
  Mit der freundlichen Gebärde, — das ist Giselher, das Kind.
O mein Bruder mild von Sitten, mit den Wangen weiß und rot,
  O was bist du mit geritten zu Krimhildens Gastgebot!
Sieh, sie steigen von den Rossen: — Hagen auch: — sie sind herein: —
  Dumpf hat sich das Thor geschlossen: alle, alle sind sie mein!"

Hagens Sterbelied.

Nun werd' ich sehr alleine! — Die Fürsten liegen tot: —
  Wie glänzt im Mondenscheine der Estrich blutig rot! —
Die fröhlichen Burgunden, wie sie nun so stille sind!
  Ich höre, wie aus Wunden das Blut in Tropfen rinnt.
Es steiget aus dem Hause ein Dunst von Blute schwer,
  Schon kreischen nach dem Schmause die Geier rings umher.
Es schläft der König Gunther in fieberwirrem Schlaf,
  Seit ihn vom Turm herunter ein spitzer Bolzen traf.
Und Volker liegt erschlagen; er lachte, wie er fiel:
  „Nimm all' mein Erbe, Hagen, nimm du mein Saitenspiel."
Er trug, vor Heunentücken geschirmt, die Fiedel traut
  Auf seinem sichern Rücken, den nie ein Feind geschaut.
Sie scholl wie Nachtigallen, wenn Volker sie gespannt;
  Wohl anders wird sie schallen in meiner harten Hand.

Vier Saiten sind zersprungen, — drei haften noch daran! —
  Ich habe nie gesungen, ich bin kein Fiedelmann. —
Doch treibt mich's, zu versuchen, wie Hagens Weise geht:
  Ich denk', ein gutes Fluchen ist auch kein schlecht Gebet!
So sei'n verflucht die Weiber, Weib ist, was falsch und schlecht:
  Hier um zwei weiße Leiber verdirbt Burgunds Geschlecht.
Und Fluch dem Wahngetriebe von Sitte, Liebe, Recht:
  Erlogen ist die Liebe und nur der Haß ist echt.
Die Reue ist der Narren! Nur das ist Atmens wert,
  Im Tod noch auszuharren beim Groll, beim Stolz, beim Schwert.
Und hätt' ich zu beraten neu meine ganze Bahn, —
  Ich ließe meiner Thaten nicht Eine ungethan.
Und käm', der Welt Entzücken, ein zweiter Siegfried her, —
  Ich stieß' ihm in den Rücken zum zweitenmal den Speer!
Was reißt ihr, feige Saiten? Versagt ihr solchem Sang? — —
  Ha, wer mit mächt'gem Schreiten kommt dort den Hof entlang?
Das ist kein Heunenspäher, das dröhnt wie Schicksalsgang,
  Und näher, immer näher: — ein Schatte riesenlang. —
Auf, Gunther, jetzt erwache, den Schritt kenn' ich von fern:
  Auf, auf! — Der Tod, die Rache und Dietrich kömmt von Bern!

Lied der Sachsen.

  Herr Kaiser Karl, du meinst es gut
    Mit uns verstockten Heiden:
    In deines großen Reiches Hut
    Willst sorglich du uns weiden.
    Willst uns aus Wald und Heide fort
    An deinen Hof verpflanzen: —
    Herr Kaiser Karl, glaub' unserm Wort,
    Wir taugen nicht zu Schranzen!
    Nie wirst du uns vertreiben
    Die stolze Lust an Wald und Au:
    Wir wollen wild und frei und rauh,
    Wir wollen Sachsen bleiben!

Herr Kaiser, du bist fromm und weis'!
 In deiner Pfalz zu Aachen,
 Da summen tausend Pfaffen leis'
 In fremden, süßen Sprachen.
 Du willst uns zu dem weißen Christ
 In seinen Himmel bringen,
 Wo's wieder wie zu Aachen ist:
 Gold, Weihrauchduft und Singen! —
 Herr Karl, das macht uns Grausen:
 Wir wollen lieber allesamt
 Nach Walhall, wo die Schildburg flammt,
 Zu Wodan geh'n und schmausen!
Herr Kaiser, wir woll'n steuern nicht
 Zu Zehnten, Dom und Brücken,
 Woll'n nicht das Haupt im Sendgericht
 Vor deinen Grafen bücken!
 Auf, schlaget alle Pfaffen tot,
 Die Burgen brennet nieder,
 Dem Donar und dem Sassenôt
 Türmt Stein und Altar wieder!
 Herr Karl kann uns verderben, —
 Nicht zwingen, daß wir Knechte sind:
 Auf, führ' uns, Herzog Wittelind,
 Wir wollen lieber sterben!

———

Emma an Eginhard.

Wann sie nun balde schlafen,
 Die Kämm'rer all' und Grafen,
 Will ich auf leisen Zehen
 Zu dir geschlichen gehen,
  Du wonnestarker Mann:
 Und ob durch Hof und Hallen
 Der Herbstnacht Grauen wallen

Und finstre Schatten schweben, —
Wie soll das Weib erbeben,
    Das dich zum Freund gewann?
Schon ist der Hof gewonnen:
    Eintönig gießt der Bronnen:
    Der Thorwart mit der Lanze
    Schaut mich im Nebelglanze
        Und schlägt ein Kreuz und kehrt:
    Doch ich in Geisterweise
    Zum Eckturm schwebe leise,
    Wo deine Schreiberzelle
    Der Ampel rote Helle
        Mir wie ein Stern verklärt.
Nach kaltem Grau'n und Bangen
    Wie heiß werd' ich empfangen!
    Ich zweifle, daß so süße
    Sonst Schülerin man grüße,
        Wie mich der Meister mein:
    Ach, ob sie dich den Weisen
    In allen Künsten preisen: —
    Mir wolltest du erklären
    Die schönste deiner Lehren,
        Die Weisheit, dein zu sein!

Der Leichenzug Otto III.
(Ferdinand Gregorovius zugeeignet.)

Ihr Welschen, weicht und gebt uns Raum und scheut die grimmen Streiche:
    Wir tragen einen Kaisertraum und eine Kaiserleiche.
Dem Jüngling schien zu nebelgrau das schlichte Land der Sachsen,
    Ihn zog's nach Südens goldner Au, wo stolz die Lorbeern wachsen.
Der Romstadt, die am Tiber prangt, ihr galten seine Thaten: —
    Die Römer haben's ihm gedankt, und haben ihn verraten.

Er ruhte nicht, bis er aufs neu' ihr stolzes Reich gestiftet: --
  Die Römer schwuren ew'ge Treu' und haben ihn vergiftet.
Und als sein Herz litt Sterbensqual, begann es, deutsch zu
  schlagen: --
  Das war das erst- und letztemal in allen seinen Tagen.
Er sprach: „Ihr Freunde treu und schlicht, tragt mich zum Heimat-
  lande,
  Laßt einsam meine Asche nicht auf fremdem, falschem Strande."
Und als er hob zum letzenmal das Haupt in goldnen Locken,
  Da heulten dröhnend in den Saal zum Sturm die röm'schen
  Glocken.
Und als sein Blick den Glanz verlor, da stand das Haus in
  Flammen:
  Wir aber brachen aus dem Thor und hieben sie zusammen.
Da gab's ein mächtig Schrein und Fliehn, der Tiber ging in Leichen,
  Das Forum und der Palatin erscholl von deutschen Streichen.
Wir trugen ihn von hinnen frei, mit Blut den Schritt erworben,
  Und unter unserm Siegsgeschrei ist lächelnd er gestorben.
Wir tragen auf zwei Lanzen quer den Sarg bei Sturmgeläute:
  Die Welschen schwärmen um uns her wie Wölfe nach der Beute.
Von jedem Dach fliegt Stein und Erz, es gellt der Weiber Stimme:
  Wir ziehn dahin mit Stolz und Schmerz, mit stillem, heißem
  Grimme.
Den Helm geschlossen, nackt das Schwert, den Schild umklirrt von
  Pfeilen,
  Ziehn wir, den Alpen zugekehrt, still, langsam, sonder Eilen.
Denn eine edel heil'ge Last wir tragen in der Mitte:
  Da ziemet keine schnöde Hast, da ziemen stete Schritte.
Die kühnen Schwaben schreiten vorn, links Bayern, rechts die Franken,
  Den Rücken decken, zäh im Zorn, die Sachsen, die nicht wanken.
So ziehn wir traurig, grimmig, stolz: am Tag trotzt uns kein Degen:
  Von rückwärts nur zischt Pfeil und Bolz aus Öl- und Wein-
  Gehegen.
Und fall'n sie uns zur Nachtzeit an, — sie finden wache Herzen,
  Wir zünden ihre Dörfer an zu roten Leichenkerzen.

Haut nieder, was heran sich wagt, schont Weiber nur und Kinder,
Und jeder, den ihr niederschlagt, das ist ein Todfeind minder.
So ziehn wir fort durch Land und Strom, dem Vaterland entgegen,
Bis wir die heil'ge Last im Dom zu Aachen niederlegen.

Das Lied vom Kaisersohn und vom getreuen Grafen.
(Herzog Ernst und Werner von Kyburg.)

„Mein Vater liegt im kühlen Grab,
Meine Mutter thät' ihn verschmerzen,
Die einem neuen Gatten gab
Mein Land mit ihrem Herzen.
Nun ist mein Richter — ihr Gemahl:
Der Waisen Hort auf Erden,
Der Kaiser selbst mein Erbe stahl
Und nie kann Recht mir werden.

Geächtet bin ich und verbannt,
Gehetzt mit Horn und Hunden,
Ein Bettler irr' ich durch das Land,
Der Herzog der Burgunden!
Nicht Vater, Mutter, Weib noch Kind
Darf ich mein Eigen nennen:
Die Wölfe sind mein Hausgesind,
Die in den Wäldern rennen.

Nur dich, mein Freund, dich hab' ich noch,
Mein Werner, du Getreuer,
Mir mehr als Reich und Scepter doch,
Als Erd' und Himmel teuer:
Drei Kronen ob der Kaiser hält
Und Perlen und Juwele,
Mein ist der reichste Schatz der Welt. —
Denn mein ist deine Seele.

Die Menschen laffen uns nicht Wahl
Sie haben uns ausgetrieben:
Wir wollen fie haffen allzumal, —
Uns beide woll'n wir lieben." —
Der Herzog fang's auf dem Falkenstein,
Der fchuttzerfall'nen Fefte,
Herr Werner kredenzt ihm Brot und Wein,
Die Eulen waren die Gäfte.

Dann deckt er ihn mit dem Mantel zu,
Dem einz'gen, den fie hatten:
Der Kaiferfohn fchlief ein in Ruh'
Auf armen Binfenmatten.
Herr Werner zog den fcharfen Stahl,
Hielt Wach' am Thor von ferne
Und hell, mit ihrem fchönften Strahl,
Liebkof'ten ihn die Sterne. —

So lebten fie, vom Sturm umfegt,
Ein Leben weltverfchollen,
Wie oft im Wald ein Recke pflegt,
Dem Recht und Richter grollen.
Und jagt der eine Wild und Fifch, —
Der andre fchirmt die Fefte:
Der reiche Schwarzwald deckt den Tifch
Dem Kaiferfohn aufs befte.

Und wer zurück vom Jagen kam,
Der follte fpähn bedächtig,
Und fchnell, wann er Gefahr vernahm,
Ins Hifthorn ftoßen mächtig.
Auf daß durch einen dunkeln Gang
Tief unter der Donau Bette
Der andre Freund fich waldentlang
Hinaus ins Freie rette.

Lang ungefährdet lebten fie
Im dichten Waldgehege,

Und nur der blaue Häher schrie
Verscheucht auf ihrem Wege. — —.
Doch einst kam Werner von der Pirsch
Im ersten Abenddunkeln,
Am Rücken trug er den jungen Hirsch: —
Da sah er Helme funkeln.

Und sechzig Reiter sieht er dort
Herab den Eichbühl traben, —
Ihr Banner fliegt gebauscht im Nord: —
Die Grafenfahn' von Schwaben.
Er stutzt: — da sprengt Graf Mangold schnell
Zu ihm mit blankem Schwerte:
„Du bist des Todes, Weidgesell,
Verrätst du unsre Fährte.

Auf, nehmt ihn in die Mitte fest: —
Er stirbt, will er sich rühren,
Und vorwärts auf das Felsennest,
Die Marder aufzuspüren."
Und weiter leise trabt der Zug, —
Herr Werner späht mit Sehnen, —
Da sieht er an dem Mauerbug
Den jungen Herzog lehnen.

Und nach dem Horn greift er in Hast
Und stößt darein mit Schallen·
„Flieh, Herzog Ernst, flieh ohne Rast!"
Laut ruft er's noch im Fallen,
Und Herzog Ernst vernahm den Ruf
Und wandte sich erschrocken:
Und sah zerstampft von Rosses Huf
Herrn Werners braune Locken.

Und sah den Führer ziehn den Stahl
Rot aus Herrn Werners Herzen:
Er sah's und schrie und sprang zu Thal
Und schwang sein Schwert in Schmerzen,

Vorüber am geheimen Weg, —
Herab den Fels, den Hügel, —
Hoch über Graben, Wall und Steg, —
Es war, als hätt' er Flügel.

Und „Werner!" — schreit er jetzt am Ziel:
Da sprach der Graf behende:
„Ist das Herr Werner, der da fiel?
Dann ist mein Amt zu Ende.
Der Kaiser grollt nur ihm allein,
Der ihm dein Herz genommen,
Du aber sollst begnadet sein,
Herr Herzog, und willkommen.

Lothringen sollst du und Burgund
Und des Vaters Erbe haben:
Ich bürg' es dir mit Hand und Mund,
Ich, Mangold, Graf von Schwaben."
„Ha, Fluch dir und dem Kaiser Fluch!
Gebt mir Herrn Werner wieder!"
Und scharf durch Schild und Brünne schlug
Sein Schwert den Grafen nieder.

Und schlug den Bannerwart danach
Und schlug noch drei der Knechte,
Bis klirrend ihm die Klinge brach
Und riß das Brustgeflechte.
Da traf ein Speer: — die Knechte floh'n
Und ließen die Freunde schlafen: — —
Das ist das Lied vom Kaisersohn
Und vom getreuen Grafen.

Weltuntergangs-Erwartung.
(1000 nach Christus[1]).)

Ein Cyklus.

Fulko, der Jungherr.

Morgen um die zwölfte Stund',
Heia, geht die Welt zu Grund!
Doch zuvor, schön Hildegund,
Wird noch mein dein roter Mund!
    Heute Nacht,
    Wann Hut und Wacht
Liegt in Betgeheul und Jammer,
Dann erbrech' ich deine Kammer:
Wie ein Leu will ich dich fassen:
Magst mich lieben oder hassen,
Lusterglühen, qualerblassen,
Eher nicht will ich dich lassen,
    Bis du mein!
    Dann brich herein,
    Ew'ge Pein!
Wirfst von deinem roten Mund
Gott mich in der Hölle Schlund: —
    Du warst doch mein!

Hatto, der Banketar.

Wehe meinen weißen Haaren!
Dafür nun seit vierzig Jahren
Raffen, rechnen, listen, sparen!
    Dafür Trank verkürzt und Speise!
    Der Vergeuder nur war weise!

---

[1] Der Glaube, daß mit der Sommersonnenwende des Jahres 1000 die Welt untergehen und das jüngste Gericht hereinbrechen werde, galt während jenes Jahres im Abendland als unfehlbare Wahrheit.

Einmal nun mit vollen Händen
— Morgen muß ja alles enden! —
Einmal will auch ich verschwenden:
   Fliegt, ihr Schillinge und Heller,
   Hoch gehäuft im sichern Keller!
Aus dem Erker auf die Gassen —
Will ich Silber regnen lassen: —
Balgen sollen sich die Massen:
   Nehmt doch, Leute! Hört ihr's klappern?
   Laßt doch das Gebete plappern!
Ha, sie ziehn vorbei mit Singen!
Keiner hascht, wie hell sie klingen,
Nach den schönen Silberlingen:
   Weh, nicht einmal zum Verschwenden
   Seid ihr nütz noch meinen Händen!

Engilbertha, genannt Schwester Seraphica.

Auf den goldnen Wolken nieder
   Schweben wird des Menschen Sohn:
     Psalmenlieder,
     Goldgefieder,
   Engelflug um seinen Thron.
Komme, Stunde, der seit Jahren
   Treu mein Herz entgegenschaut:
     Leiderfahren,
     Kranz in Haaren,
   Harr' ich, eine bange Braut.
Kranz in Haaren, froh im Zagen,
   Stand ich einst am Traualtar:
     Da erschlagen
     Heimgetragen
   Ward mein Bräut'gam Abelar.
Seither hier in Klosterhallen
   Harr' ich seiner still und mild.

Hoch vor allen
Engeln wallen
Seh' ich morgen sein Gebild.
Seine Stimme ruft, die weiche,
Mir aus all' der Sel'gen Schar:
„Komm, du Bleiche
Ruh' im Reiche
Gottes mit mir immerdar."

Markgraf Werner, genannt Kennespeer.

Man sagt, bevor's zu Ende in Schwefel geht und Dampf,
  Noch einmal gilt's gewalt'gen, gilt's ungeheuren Kampf.
Die Engel und die Teufel, sie ringen heiß und hart:
  Sie reiten noch ein Rennen, wie's nie geritten ward.
Wohlauf, mein wacker Rößlein, das reiten wir noch mit! —
  Knapp', rüste mein Gewaffen, vergiß mir keines nit.
Ich melde Sankt Georg mich und seinem lichten Bann:
  Dann ruft er: „Wohl, Herr Werner, die Stechschar führt mir an!"
Da vor der heil'gen Jungfrau, die schaut vom Himmel drein,
  Ein freudig Lanzenrennen soll noch geritten sein.
Und eh' der Spaß vorüber und lahm wird diese Faust,
  Manch' Teuflein schwanzkopfüber mir noch vom Sattel saust.

Mutter Ute.

Langsam, langsam schleicht die Zeit!
Lang bin ich dem Herrn bereit:
Will's nicht endlich morgen werden?
Niemand lebt mir auf der Erden!
Keins im Deutschen Reiche frägt
Wo und wann mein Stündlein schlägt.
Manches Jahr bin, weltvergessen,
Ich im Kirchhof hier gesessen,
Nur die frommen Schwestern haben
Mich genährt mit Klostergaben,

Ach, wie lange mag's wohl sein,
Daß sie starben mir — zu brei'n?
Zwilling' hatt' ich ihm gebracht,
Meinem Kurt, die letzte Nacht:
Thorwart war er just geworden,
Weh, da brachen Ungarnhorden
Sengend in das Kloster ein:
Ringsum Glut und roter Schein:
Nieder schlug der First in Flammen,
Traf uns alle vier zusammen.
Tot der Mann und tot die Kind':
Ich, lebendig ach! und — blind. — —
Merk's an meinem dünnen Haar, —
Sind wohl mehr als fünfzig Jahr,
Fünfzig Jahr voll dunkler Nacht!
Aber morgen hell in Pracht
Werd' ich Himmel schau'n und Erden:
Mit den Kinden Hand in Hand
Holt mich Kurt ins beff're Land: — —
Will's denn noch nicht morgen werden?

Regino, der Stiftskanzler.

Unsinn'ge Welt! Ein Narr, wer für dich schafft!
Seit Jahren nun mit voller Manneskraft
Ring' ich für dieses alte, teure Stift:
Der Grafen Trotz, der Rechtsverdreher Gift,
Der Kön'ge Wechsel und der Fürsten Schwanken, —
Sie alle hat mit siegendem Gedanken
Beharrlich Geist und Wille mir bezwungen:
Von morgen an, von morgen wär's errungen!
Von morgen an, dem Herzog nicht mehr frönig,
Reichsfrei das Stift, ein Lehn vom deutschen König:
Von morgen an der große Grenzwald gar,
Darum das Stift gestritten siebzig Jahr',

Der Grenzwald unfer, unfer Brüc' und Zoll,
Sechs Pfennig von dem Saumroß, leer und voll,
Von morgen ab: — und morgen brennt in Flammen
Ach! Brüc' und Grenzwald, Zoll und Stift zusammen!
Vorher noch aber werf' ich hier ins Feuer
Die Pergamente, mir vor allem teuer:
Den Schutzbrief erst von Kaiser Karl, den alten,
— Zum letztenmal entroll' ich seine Falten! —
Das Urteil König Ottos dann, des Hohen,
Da flammt es auf: — wie hell die Funken lohen! —
In goldner Kapfel barg ich es vergebens: — —
Sieh, da verglimmt die Arbeit deines Lebens!

Lupfo, der Klofterkellermeifter.

Ich weiß nicht recht: — ich trau' nicht ganz!
Man glaubt auch fonst viel Firlefanz,
Der nie gefchieht und nie gefchah:
Ich glaub's nicht eher, bis ich's fah.
Die Katzen merken und die Hund'
Gewitter fonst auf manche Stund':
Das Viehzeug ist ganz frisch und flott:
Ich glaub's nicht recht vom lieben Gott!
Doch wie dem fei:
Mir einerlei!
In meines Kellers tiefstem Ort
Heg' ich geheim gefparten Hort:
Um den weiß Gott und ich allein:
Ein Fäßlein edeln Chpperwein.
Jüngst forfcht der Pater Guardian:
„Was liegt in dem Verfchlag, Kumpan?"
„Die griech'fchen Rollen: — lüg' ich frei —
Man hat fie aus der Bücherei
Hierher gefegt mit Befen:
Wollt Ihr fie etwa lefen?"
„Mitnichten! 's ift ein heidnifch Wefen!

Auch thut den Augen weh die Schrift:
Laß nur vermodern hier das Gift!"
Dies Fäßlein stech', ein stiller Mann,
Ich heute Nacht mit Andacht an
Und trinke des, soviel ich kann.
Kommt's wirklich zum Posaunenblasen, —
Das weckt die Toten unterm Rasen:
Das bringt wohl auch in einen Keller
Und einen Rausch von Cypervein.
Sollt' aber all' der Schrecken sein
Nichts als ein ungeheurer Preller, —
Dann hab' ich guten Trunk voraus
Und lach', ein frommer Zecher,
Die Welt der bangen Schächer
Um ihre Todesängsten aus!

Wartold, der Gärtner.

Der Bauer die Ernte, der Hirt das Rind,
Selbst manche Mutter vergaß ihr Kind:
Ich aber, ich kann nicht lassen, zu warten
Der lieben Blumen in meinem Garten:
Ob morgen sie höllische Glut versengt, —
Heut Abend sei'n sie noch kühl besprengt.
Und sieht dann morgen der Englein Schar
Meine Rosen rot, meine Lilien klar, —
Vielleicht, daß sie sie lächelnd pflücken,
Die Stirnen der Sel'gen damit zu schmücken.

Die junge Königin.

Auf dem Throne ruht in träumendem Sinn
Die allerlieblichste Königin.
Es trägt ihr Haupt, das kronenlose,
Als einzigen Schmuck eine weiße Rose.

Und der Herzog denkt: „O wärst du mein!
  Ich wollte dich decken mit Edelstein."
Und der Pfalzgraf wünscht: „O wärst du mein!
  Ich schenkte dir sieben Schlösser am Rhein."
Und der Bischof brütet: „O wärst du mein,
  Meine Seele sollt' ewig verloren sein!"
Nur einer im Saale, — der wünschet nicht,
  Schaut selig vor sich mit verklärtem Gesicht: —
Der Sänger: — er drückt in schweigender Lust
  Die Linke fest auf die pochende Brust:
Da birgt er — und segnet seine Lose —
  Die allerlieblichste weiße Rose.

Abälard an Heloise.

Sei mir gesegnet jetzt und immerdar!
  Gesegnet für den Schmerz und für die Freude:
Der Schimmer deines Wesens wunderbar
  Versilbert mir das ganze Weltgebäude.
Ich sehe Glanz, wohin der Blick sich wendet,
  Ich sehe Glanz, schau' ich in mich hinein:
Denn überall, holdselig und vollendet,
  Erblick' ich deines Wesens Widerschein.
O nun ist alles gut! Des Klosters Zwang,
  Der Fron der Pflicht, der Staub der Pergamente:
Leicht wird das Schwerste, Denken wird Gesang:
  Ich schwebe wie im Äther-Elemente.
Die Menschen staunen ob dem neuen Schimmer,
  Der durch mein Wort und Wandeln flutet hin,
Und ich — beim Gott des Lichts! — ich weiß es nimmer,
  Ob ich auf Erden, ob im Himmel bin.
Man lehrt, wer einmal Gottes Antlitz sah,
  In Seligkeit für immer sei gebadet:

Das gleiche heil'ge Wunder mir geschah,
  Seit dich zu schau'n mein Auge ward begnadet.
Nichts heisch' ich mehr! Die Erdenwünsche schweigen:
  Wie Sphärenklang dein Name mich umschwebt:
O laß das Haupt mich, selig sinnend, neigen,
  Und nur noch denken: Heloise lebt!

Lied des gefangenen Königs.

Fesseln binden meine Hände: ringsum Wächter, Mauern, Erz:
  Sehnsucht, Sehnsucht sonder Ende trägt hinaus mein krankes Herz.
Dunkle Tannen hör' ich rauschen und den Maiwind durch die Nacht,
  Wilde Rosen unten lauschen, Sterne droben gehn in Pracht.
Werd' ich je dahin mich retten, wo da Liebe wohnt und Glück,
  Oder halten diese Ketten bis zum Tode mich zurück?
Sei's denn! bis zum Tode quäle diesen Leib der Kerker hier:
  Doch zum Himmel frei die Seele trägt ein schöner Engel mir.

Kreuzfahrt.

Im rebengrünen Neckarthal,
  Da steht mein Väterschloß,
Das jetzt zur Stund' der Abendstrahl
  Wohl goldig übergoß:
Doch ich zieh' fern im Heidenland,
  In Wüstenglut, in Sonnenbrand:
    Um Palmenwipfel schwanken
    Die sehnenden Gedanken.
Jetzt reitet wohl durch Wald und Au
  Im grünen Jagdgewand
Daheim die allerschönste Frau,
  Den Falken auf der Hand:

Doch mir winkt hehr und streng zur Pflicht
Der heil'gen Jungfrau Angesicht
　　Herab aus unsern Fahnen,
　　Zu Kampf und Tod zu mahnen.
Jetzt tönt daheim im Feierklang
Der Abendglocke Lied: —
　　Ins Dorf zurück vom Wiesenhang
　　Die Herde friedlich zieht:
Mir aber ruft aus wilder Reih'
Der Saracenen Schlachtgeschrei: —
　　Nicht länger darf ich säumen,
　　Fahr' wohl, du süßes Träumen.
Wohlan, ihr Schwaben, frank und frei,
　　Jetzt auf mit Schild und Schaft!
Der Heide spüre, was es sei
　　Um deutsche Ritterschaft!
Und fall' ich hier im Wüstensand, —
O grüßet mir mein Heimatland:
　　Sagt treu sei ihm geblieben
　　Mein Heimweh und mein Lieben.

Der Lorelei Ende.

I.

„Du Blume deutschen Rittertums,
Du Stern des Siegs, du Sohn des Ruhms,
Du, frommer als die Seraphim
Und tapfrer als die Cherubim,
Du, dessen makelloses Herz
Von Sünde scheidet dreifach Erz,
Reinhart vom Strahl, du bester Mann,
Der jemals Schild und Helm gewann,
Du, goldestreu und perlenrein,

Du sollst des Landes Retter sein! —
Verderben singt die Höllenfei
Dem ganzen Rhein, die Lorelei:
Schon tausend Männer hat und Knaben,
Die sie verlockt, der Fluß begraben,
Noch keiner konnte sich ihr nah'n:
Sie stürzen eh' von Fels und Kahn,
Berauscht vom Spiel der Töne
Und fern geschauter Schöne.
Du aber, auserkor'ner Degen,
Du sollst die Teufelin erlegen.
Du hast zuerst, gewohnt zu siegen,
Den Wall Jerusalems erstiegen,
Und keine Furcht und keine Lust
Stört je den Frieden deiner Brust.
Nimm hin dies gottgesandte Schwert:
Vom Himmel fiel es einst zur Erd',
Und Papst Gregor, der hat's geweiht
Und siebenmal gebenedeit:
Er schickt dir's aus dem heil'gen Rom: —
Auf, und befreie Land und Strom,
Zieh' hin und mit geweihtem Erz
Triff dieses Ungetüm ins Herz."
So sprach von Mainz Sankt Willibrord,
Herr Reinhart aber sprach kein Wort:
Er nahm das Schwert und neigt' sich tief,
Daß ihm die Flut der Locken lief
Bis auf des Panzers Schulterspangen,
Wie ein Gewog von braunen Schlangen.
Dann schlug er auf das Auge licht,
Voll Siegesruh' und Zuversicht,
Und schied hindan mit stummem Grüßen. — —
Doch zu des heil'gen Bischofs Füßen
Mit Wehruf laut und bitterlich
Warf jetzt Herrn Reinharts Mutter sich:

„Ist das mein Dank und das sein Lohn?
Vermessen wagst du meinen Sohn?
Du schickst der Kirche besten Degen
Unheimlicher Gefahr entgegen?
O weh uns allen, wenn er dort . . ." —
Doch sanft erhob sie Willibrord:
„Du weißt ja längst, ich bin gesinnt
Treu wie ein Vater deinem Kind:
Und nimmer hätt' ich ihn entsendet,
Wär's nicht gewiß, daß er's vollendet.
Du weißt, Gott selbst pflegt mir zuweilen
Die Nacht der Zukunft zu zerteilen:
Jüngst, als in brünstigem Gebete
Ich um des Rheins Erlösung flehte,
Hört' ich das Wort: „Das Land wird frei
Durch Reinhart nur der Lorelei."

II.

Herr Reinhart rüstet sich zur Fahrt,
Vom Haupt zum Fuß in Stahl gewahrt:
Es gürtet' ihm mit zagen Händen
Die Braut das Heilschwert um die Lenden,
Um seinen Hals vom heil'gen Grab
Ein Kreuzlein ihm die Schwester gab,
Die Mutter aber sprach zum Segen:
„Du gehst auf gottbestimmten Wegen." —
Er sprang ins Schiff und stieß vom Grund:
„Hilf, Sankt Georg!" — sprach leis sein Mund.
Er fährt dahin — er naht dem Fels —
Er landet: — „Hilf, Schwert Michaels!"
Er klimmt hinan den steilen Hang:
Doch hört er nichts von dem Gesang.
Der andre stürzet in die Tiefen.
Nur fern verlorne Klänge riefen
Von leis gerührten Harfensaiten,

Wie um ihn rechten Pfads zu leiten.
Sonst sah er nichts und hörte nichts
Als Silberduft des Mondenlichts
Und wie in stillen Geistersprachen
Am Steine sich die Wellen brachen.
Er schreitet fort und aus der Scheide
Zieht er des heil'gen Schwertes Schneide,
Er steigt empor und biegt ums Eck, —
Da zuckt ins Herz ihm heißer Schreck:
Denn vor der Feindin steht er schon,
Die langsam schwebt vom Felsenthron
Und ihm mit einer Kön'gin Schritt
Unendlich schön entgegentritt: —
Nicht werd' ich euch die Lorlei schildern —
Sie lebt in eures Herzens Bildern,
Sie thront in meiner Seele Grund,
Doch schildern wird sie nicht mein Mund. —
Herr Reinhart steht wie blitzgeschlagen —
„Hilf, heil'ge Jungfrau!" will er sagen:
Er kann es nicht: in stummem Bann
Staunt er das holde Wunder an.
Sie aber spricht mit Harfenstimmen
Und ihre sel'gen Augen schwimmen:
„Geliebter, bist du endlich kommen,
Der ewig mir das Herz genommen,
Um den ich aufgestiegen bin,
Des Rheinstroms keusche Königin,
Um mit Unzähliger Verderben
Nach deiner Liebe nur zu werben!
Nach dir allein hab' ich gesungen, —
Nach dir mit heißem Lied gerungen, —
Was tausend in den Tod getrieben, —
Mein Sehnen war's nach dir, mein Lieben! —
Ich rief nach dir: — wir sind beisammen:
Jetzt wähle: — willst du mich verdammen

Um das, was ich um dich gethan,
Weiſ't in die Hölle mich dein Wahn
Und willſt du mit den Engelslarven
In Ewigkeit im Himmel harfen, —
So thu' dein Amt und ſtoß dein Erz
In dies dir ganz ergebne Herz.
Willſt aber du" — und hier erklang
Ihr Wort wie Nachtigallenſang —
„Willſt aber du an dieſer Bruſt
Genießen nie erſchöpfte Luſt,
Willſt du für Seele dir und Sinnen
Von Menſchen nie geahntes Minnen
In meinem weißen Arm gewinnen" —
— Weit breitet ſie die Arme aus —
„So folg' mir in mein feuchtes Haus!" —
Fort flog Herrn Reinharts Waffe weit,
Die ſiebenmal gebenedeit: —
„Dein," rief er, „ewig, ſelig dein,
Du Liebesgöttin, will ich ſein."
Und er umſchlingt die ſchlanken Glieder
Und in die Tiefe gehn ſie nieder. —
    So ward's erfüllt: das Land ward frei
    Durch Reinhart nur der Lorelei.

Die Nixe.

Stieg einſt das ſchöne Nixlein, das Nixlein aus dem See:
  Sie wollte den tapfern Grafen bezaubern mit Liebesweh.
Sie ſaß am grauen Steine, wo er vorüber mußt',
  Und kreuzte die runden Arme auf ihrer weißen Bruſt:
„Hei, wann er kommt geritten, trifft ihn ein Blick voll Glut;
  Dann tauch' ich wieder mit Lachen hinunter in die Flut.
Doch er durch all' ſein Leben nach mir nur mehr begehrt,
  Bis ihm das heiße Sehnen das ſterbliche Herz verzehrt,"

Und als er kam geritten, — der Mond gab hellen Schein —
  Da blickt er siegenden Auges ihr bis ins Herz hinein.
Da that die schöne Nixe einen gellenden, gellenden Schrei:
  Da war's mit Zaubern und Lachen und Flutversinken vorbei.
Sie muß ihm wie sein Schatte nun folgen Nacht und Tag
Und muß ihn ewig lieben mit unsterblichem Herzensschlag.

Vom verschollenen Grafen.

Es ritten drei Grafen langsam durch den dunkeln Buchenwald,
  Sie zogen, das Grab des Heilands zu lösen aus Heidengewalt.
Da hörte der jüngste sich rufen beim Namen und schaute zurück:
  „Was reitest du, Harald, mein Harald, vorüber an deinem Glück?"
Und nur so kurz als ein Pulsschlag aus dem Dicht ein Ton erklang,
  Als ob alle Nachtigallen auf Erden vereint ihren Sang.
Und nur so kurz als die Wimper sich heben und senken kann
  Erschaut er die Waldsee liegen: — — er war ein verlorener Mann.
Mit Schweigen stieg er vom Pferde, auf den Sattel die Waffen
        er band,
  Einen leisen Schlag zum Abschied und das Rößlein trabte ins Land.
Graf Harald trat in das Dicht: — die Zweige über ihn her —
  Verloren, verschwunden, verschollen: — kein Auge sah ihn mehr.

Thamar.

  Es ritt ein Ritter über die Heide,
    Sein Blick war tief und ernst sein Gesicht:
  Da hört' er schrei'n wie in töblichem Leibe,
    Er jagte herzu an den Buschwald dicht.
  Dort hatten gebunden drei böse Schächer
    Ein Mädchen in buntem, fremdem Gewand:
  Hoch blitzte sein Schwert und sie floh'n vor dem Rächer
    Und er sprang vom Roß und zerschnitt ihr Band.

„O Ariël, Asraël, Bote der Sterne,
   O laß mich im Staube zu Füßen dir ruhn,
O nimm meine Seele: wie gäb' ich sie gerne!
   Gebeut und befiehl, was soll Thamar thun?"
Wie blitzet das Auge, das dunkle, so mächtig,
   Wie wallet das schwarze, das bläuliche Haar,
Wie erglühen die Pfirsichwangen so prächtig,
   Wie woget die Brust ihr so wunderbar!
Lang ließ er den Blick auf dem schönen Haupte
   Und flüchtig auch die Rechte ruhn: —
Dann wandt' er sich um, wo sein Rappe schnaubte:
   „Zieh' hin und vergiß mich: — das sollst du thun."

Des Mönches Nachtlied.

Wann alle Stimmen schweigen, die laut den Tag gemacht,
   Und still im Sternenreigen am Himmel geht die Nacht —
Dann schwebt aus duft'ger Ferne, aus dunkler Wolken Thor,
   Der lieblichste der Sterne, dein Bild schwebt mir empor:
Befreit von Erdenstaube, von Himmelshauch umweht,
   So heilig wie der Glaube, so rein wie das Gebet.
In deinen Zügen malet sich sel'ge Traurigkeit:
   Dein Auge widerstrahlet Gott und Unendlichkeit.
Da legen alle Fluten von Welt und Leben sich,
   Es löschen selbst die Gluten, die mich verzehrt um dich.
Ich falte meine Hände fromm wie ich nie geglaubt:
   O Segen sonder Ende auf dein geliebtes Haupt!

Das Märchen von Herlindis.

(Dem Gedächtnis Moritz von Schwinds zu eigen.)

I.

Es war einmal ein Königskind,
Das war sehr schön und hieß Herlind.
Ihr Vater warf in stolzem Sinn
Einst unbedacht ein Wörtlein hin,
Das ihnen schuf viel Ungewinn:
Er strich ihr Haar und lachte: „Hei,
Du bist so schön wie eine Fei!"
Nun sind die Fee'n darin genau
Wie jede andre brave Frau:
  Man darf sie wohl vergleichen:
  Doch keine will dann weichen!
Kaum war dem Fürst das Wort entflohn,
Stand eine Fee im Saale schon
Und sprach: „Dein Kind treff' ich zur Strafe
Mit tiefem, todesgleichem Schlafe:
Des macht sie nur Ein Mittel frei
Und niemals sag' ich, was das sei."
Und sie verschwand: Herlind im Nu
Die schönen Augen fielen zu
Und auf den Pfühl, darauf sie ruhte,
Gleich einer Toten sank die Gute. —
Groß war der Schreck in Stadt und Land:
Da blieb kein Mittel unverwandt:
Der König rief von nah und fern
Von Cordova und von Salern
Umsonst der Heilkunst weise Herrn:
Umsonst von allen Heervasallen
Ließ er die Schlachtdrommeten schallen:
  Ein Lärm, als sei'n die Toten
  Zum jüngsten Tag entboten: —

Umſonſt ſchrieb er in alles Land:
„Dem Auferwecker ihre Hand!"
Umſonſt, daß Tag und Nächte lang
Der Pfaff im Dom die Meſſe ſang: —
Herlindis lag und ſchlief und ſchlief
Unendlich ſüß, unendlich tief.
Nur manchmal, flog ein Vögelein,
Zu ihr durchs offne Fenſter ein
    Und ſang ihr leiſe, leiſe
    In halb verlorner Weiſe, —
Dann ſpielte wohl um Mund und Kinn
Ein wunderſelig Lächeln hin,
    Als ob um ihre Träume
    Sie gern die Welt verſäume.

II.

Der Winter ſchied, der Lenz verblühte,
Hochſommerheiß die Sonne glühte. —
Da kam ein Mittag ſchwül und ſchwer,
Als käme nie ein Abend mehr:
Die Quellen ſelbſt verdroß das Rieſeln,
Sie zogen matt auf warmen Kieſeln.
Die Luft ſtand ſtill: man ſah ſie beben
Und Glut und Hiße darin weben.
Die Zinnenfahne ſchwer und lange
Hing reglos nieder von der Stange,
Rings alles ſtill: — kein Laut, zu ſtören,
Man ſchien den Flug der Zeit zu hören.
So klang es ſilbern in den Ohren. — —
Da ſchliefen ſämtliche Doktoren
Und ſelbſt die Wächter an den Thoren:
Der König konnte ſie nicht ſtrafen,
Denn tief war ſelber er entſchlafen. — —
Da aus dem Wald mit raſchen Tritten
Ein ſchöner Knabe kam geſchritten,

Mit rotem Mund und goldnem Haar,
Den Blick ein wenig schelmisch zwar,
Doch wer ihn sah, das junge Blut,
Ward ihm zur Stund' von Herzen gut.
   Der war mit Pfeil und Bogen
   Früh in den Wald gezogen.
Er sieht das Schloß im Sonnenglast
Und denkt: „Da find' ich gute Rast."
Er geht drauf zu: — im Thore quer
Liegt da der Wächter mit dem Speer.
Der Knabe zieht die Lippen kraus
Und schlüpft behend hinein ins Haus.
Da, eingeschlafen, an den Stiegen
Sieht er zwei grimme Hunde liegen.
Er schleicht hindurch, er steigt empor: —
Die Zofe schläft im Korridor.
Im Vorsaal hört er einen Ton,
Drob wär' er fast vor Schreck entflohn:
Scheu öffnet er die Thür und sieh', —
Da schnarchen sieben Medici!
Er gleitet durch mit leisem Gang
Und hebt des Erkers Thürverhang.
Da zuckt er auf, sein Herz will stocken,
So heiß, so süß ist er erschrocken:
Er ruft: „Gott soll mir gnädig sein,
Dort liegt die schönste aller Fei'n!"
Da sieh', mit tiefem Atemzug
Das Kind empor die Wimpern schlug
Und schloß sie wieder alsogleich.
„Und treffe mich der Donnerstreich.
Und stehe Höllenstrafe drauf, —
Du schöne Schläferin, wach' auf!
Er fliegt hinzu: ihr Mund, halb offen,
So scheint es, haucht ein süßes Hoffen
Und heißen Kuß drückt er darauf:

Da schlug sie groß die Augen auf:
Mit einem Blick unendlich traut
Hat tief sie ihm ins Herz geschaut:
„Lang harrt' ich dein," sprach sie, „hab' Dank!"
Sie hob vom Pfühl die Glieder schlank
Und strich herunter ihr Gewand
Und nahm den Knaben an der Hand —
Und führte ihn — der folgte gern —
Und suchte nach des Schlosses Herrn.
Und als sie ihn nun endlich traf
Im Gartenzelt, im tiefen Schlaf,
Da sanken beide auf die Knie
Und leis ihn zupfend lachte sie:
„Ei, lieber Vater, wach doch auf
Und lege deinen Segen drauf."

König Florestan.

I.

Der junge König Florestan
War in den Wald gezogen:
Die Goldforelle wollt' er sah'n
Aus raschen Strudelwogen.
Leis schritt er durch das Buchendicht:
Es warf der Maiensonne Licht
Aufs junge Blattgegitter
Ein goldig grün Gezitter;
Das Moos war weich und leicht sein Tritt,
Das Eichhorn kaum hört seinen Schritt.
Er sucht den tiefstversteckten Ort: —
Still, märcheneinsam war es dort,
Wo, weitgekrümmt, der Waldstrom floß
Und Erlengrün ihn dicht umschloß:

In tiefem Rinnsal zog er da: —
Kein Laut von Menschen fern und nah:
  Nur aus den Wipfellauben
  Das Gurren wilder Tauben,
  Und auf der grünen Welle
  Flog schillernd die Libelle. —
Da sieh', was stockt Herr Florestan?
Was liegt so reinlich ausgethan
Hier schneeweiß auf dem Ufermoos?
Des Königs Staunen, das war groß,
Der Anblick dünkt ihm zauberfremd:
Ein schwanenweißes Flügelhemd.
Vorsichtig lauschend tritt er näher
Und mit der Hand, ein scheuer Späher,
Biegt er den Erlenbusch zurück:
Da ward ihm gutes Angelglück!
Denn, wo die tiefen Wasser rinnen,
Da schwimmt gehüllt in feines Linnen
Und badet ihren weißen Leib
Das allerwunderschönste Weib.
Ihr zarten Frau'n braucht nicht zu weichen: —
Was Wald geheim und Woge hehlen,
Das Heil'ge werd' ich nicht erzählen:
Ich sag' nur Eins: in allen Reichen
Der Erde war nicht ihresgleichen. —
Dem König schlägt das Herz so laut,
Er lauscht und schweigt und schaut und schaut: —
Säh' er durchs Himmelsthor hinein,
Nicht sel'ger könnt' sein Antlitz sein. —
Da, schämig, ganz in sich gebogen,
Taucht nun das Wunder aus den Wogen
Und streift an Florestan vorbei:
Da fährt sie auf mit lautem Schrei
Und will — der Schreck lähmt ihre Glieder —
Flugs schlüpfen in ihr Schwangefieder.

Jedoch der König hascht gewandt
Das Flügelkleid mit flinker Hand
Und auch die Krone goldenhell,
Die drunter lag, ergreift er schnell:
Sie bebt, sie glüht: er wirft ihr stumm
Den braunen Jägermantel um:
Mit langem Blick nun mißt sie ihn
Und haucht mit Flehn: „O laß mich ziehn.“
Doch fest ergreift er ihre Hand:
„Nein, wer ein solches Kleinod fand
Und dann aus Unverstand verlor,
Das wär' der Erde größter Thor!
Du gehst mit mir — dort harrt mein Roß —
Und folgst mir auf mein Königsschloß.“

II.

Im Schloßhof hält der König Rat;
  Er sitzt auf hohem Throne,
    Um ihn, die er entbat,
    Die Priester und Barone.
Es staunen die Vasallen sehr
Ob dieser wundersamen Mär'
Und ob der zaubrischen Gestalt,
Die sich ihr König fing im Wald.
Der aber weiß nicht, was er soll:
Von Sorg' und Zweifeln ist er voll:
Das Wild, das ihm ins Garn gegangen,
Es hat den Jäger selbst gefangen.
Sie hat kein Wort auf alle Fragen,
Und, mag er drohen, mag er knie'n,
Den Blick zum Himmel aufgeschlagen,
Haucht sie nur eins: „O laß mich ziehn.“
Drum will, von Zweifelsqual zerrissen,
Er seiner Mannen Urteil wissen.

Die Fremde steht vor seinem Throne,
Zu seinen Füßen ihre Krone,
Jedoch das Flügelhemde hält
Er selbst: er gäb's nicht um die Welt.
„Herr Bischof, sprecht," hebt er nun an,
„Ihr seid ein frommer, weiser Mann,
Latein und Griechisch könnt Ihr lesen:
Sagt an, was thun mit diesem Wesen?"
Der Bischof schlägt ein Kreuz und spricht:
„Ich habe keinen Zweifel nicht!
An diesem Weib ist um und um
Nicht eine Spur von Christentum.
Wohl nie noch hört' sie Kirchenglocken,
Mir graut vor diesen goldnen Locken.
Ein heidnischer Geruch umwallt
Die ganze gleißende Gestalt.
Ich rate drum, eh wir sie taufen,
Man prüft sie auf dem Scheiterhaufen.
Ist soviel Liebreiz doch geheuer, —
So hilft ihr Gott auch aus dem Feuer."
„Wer wird," fiel da der Kanzler ein,
„So unklug und ungastlich sein?
Mein Schatz ist leer und offenbar,
— Nicht erst die Krone thut das dar! —
Vor uns steht eine Königin.
Wohlan, sie zieh' in Frieden hin,
Erst aber löse sie sich dar
Und zahle stracks in runder Summe . . .' —
„O Mann der Pfennige, verstumme!"
Rief da der Feldherr: „nein, es wolle
Sich lösen diese Wundervolle
Auch durch ein Lösgeld wunderbar:
Die Kön'gin ist sie, das ist klar,
Von Avalon, dem Feeenreich:
— Dort aber hält man in Verwahr,

Dem nicht ein zweit Gewaffen gleich,
Das Siegesschwert Eskalibar.
Dies Kleinod soll zum Angedenken
Sie unserm Herrn und König schenken
Und heimziehn frei ins Feeenland."
„Mit Gunst, — zwar fehlt mir der Verstand," —
Warf da des Königs Narr dazwischen,
„Doch mein' ich, daß in aller Welt
Wer klug ist, was er fing, behält:
Das gilt von Feeen wie von Fischen:
Und unsrem Herrn zum vollen Glück
Fehlt, dünkt mir, nur ein einzig Stück:
Dem König fehlt die Königin.
Wenn ich nun gleich ein Narr nur bin,
Der Narr, beim Himmel, wär' ich nicht,
Dem dieses schöne Weib entkäme: —
Zieht sie auch erst ein schief Gesicht,
Kein Böglein lebt, das man nicht zähme."
Aufsprang vom Thron da Florestan
Und ernsten Tones hob er an:
„Dein Rat klingt gut für einen Narr'n, —
Für einen König — klingt er schlecht.
Vieledle Frau, nicht länger harr'n
Sollt Ihr auf das, was einzig recht:
Mir wies der Streit, vor mir geführt,
Was mir allein zu thun gebührt:
Und bräch' mein Herz darob entzwei: —
Hier Eure Flügel: — Ihr seid frei.
Vergebt, vergeßt den mit Gewalt
Euch auferlegten Aufenthalt:
Glaubt mir, aus Haß ist's nicht geschehn —
Lebt wohl, auf Nimmerwiedersehn!"
Er reicht das Hemd ihr abgewandt,
In feuchtem Tau sein Auge stand:
Sie aber huscht in das Gefieder

Und hebet leicht die leichten Glieder
Und schwebt an ihm vorbei so dicht, —
Es streift ihr Atem sein Gesicht.
Dem Narren war, er konnt' verstehen
Ein leis gehaucht: „auf Wiedersehen!"
Und bald verschwand die schöne Frau,
Ein ferner Stern — im Ätherblau. —
Doch seltsam: jede Schlacht fortan
Der König Florestan gewann,
Und leert den Schatz er bis zum Grund,
Er füllt von selber sich zur Stund'. —
Der junge Fürst blieb unvermählt:
Doch von den Wachen ward erzählt,
Oft hörten sie, wann nachts sie lauschten,
Ob ihren Häupten ein Getön
Gleichwie wenn Schwanenflügel rauschten
Ob seines Erkers Zinnenhöh'n.

Falkenbotschaft.

Fliege, Falke, treuer Bote,
  Fliege mit dem Morgenrote,
    Wo die Herrin träumt in Ruh':
Fliegest sonst nach Beut' und Raube:
Diesmal einer weißen Taube
    Trage stille Grüße zu.
Wo sie träumt auf keuschem Pfühle,
  Das mit heiligem Gefühle
    Oftmals hat mein Kuß geweiht,
An die Scheibe, daß sie klinge,
Poche dreimal mit der Schwinge,
    Schmieg' ihr dich ans Busenkleid.
Flüstre dann: „Ob Thal und Hügel
  Eilen rasch des Falken Flügel,

Über Kluft und Felsenjoch:
Aber treuer Lieb' Gedanken
Über alle Raumesschranken,
　　Tausendmal geschwinder noch."
Wo dich goldne Federn schmücken,
Will ich langen Kuß dir drücken
　　Auf des Köpfchens schmales Rund: —
Tummle, tummle nun die Schwingen,
Denn nicht kalt darfst du ihr bringen,
　　Was dir heiß vertraut mein Mund.

Elsas Klage.

Du, den ich nicht vermocht zu lieben, so hoch, wie all' dein Wesen war,
　　Du, den ich fort von mir getrieben durch schnöden Zweifel immerdar:
O wenn aus deines Glanzes Stätte noch manchmal fällt dein Blick
　　　　　　　　hieher
　　Auf mich und mein verwitwet Bette, — sprich, ist die Strafe nicht
　　　　　　　　zu schwer?
Du weißt es nicht, was sie entbehret, die dir am Herzen durfte ruhn:
　　Unendlich hoch war ich verkläret, unendlich elend bin ich nun.
Und war's dem Weibe nicht gegeben, zu tragen soviel Sonnenlicht: —
　　Warum aus meiner Nacht mich heben? Sprich, ist zu schwer die
　　　　　　　　Strafe nicht?
Und doch! nicht gäb' ich meine Schmerzen um andrer Frauen
　　　　　　　　Wonnen hin:
　　Einst lag ich doch an deinem Herzen, einst warst du mein doch,
　　　　　　　　Lohengrin!
Wohl konnt'st du zürnend von mir wenden dein schimmervolles
　　　　　　　　Angesicht:
　　Es mochte wohl dein Lieben enden: — doch Elsas Lieben endet
　　　　　　　　nicht!
Allmächtig fühl' ich dieses Sehnen: die Sterne könnt' es niederziehn: —
　　Und widerständest diesen Thränen du, Stern der Güte, Lohengrin?

Nein, wenn ich ausgebüßt mein Leben, dann naht zum drittenmal
der Schwan,
Entsühnt die Seele mir zu heben zu dir und zu der Sternenbahn.

Kreuzfahrerlieder.
Ein Cyklus.
(Joseph Viktor von Scheffel zugeeignet.)
Kreuzpredigt.

Auf! ruft es mit Posaunenschallen von Syria bis Thuleland,
Auf, Palästina ist gefallen, Jerusalem in Heidenhand.
Mundus audi Christi vocem! Piam pugnam indicat:
Infidelium atrocem oppressionem increpat.
Geschändet sind die heil'gen Stätten, der Roßschweif auf dem Ölberg
wallt,
Der fromme Pilger geht in Ketten, die Kirche Gottes trägt Gewalt.
Saeva turba paganorum mactat agnum iterum:
Blasfemantem ducit chorum supra Christi tumulum.
Des Saracenen trunkne Lippe entweiht den Mund der Beterin,
Zu Bethlehem aus heil'ger Krippe sein Schlachtroß füttert Saladin.
Pii pilgrimi caeduntur, plangunt templa Dei vim:
Ex praesepi nutriuntur palafredi Saladim.
Ihr Ritter, sünd'ge Schlachtenschläger um ird'schen Tand und Thoren-
streich,
Auf: hier ist Christus Bannerträger und Siegespreis das Himmel-
reich.
Sanctus ensis, sacra parma! Macte, Christi milites.
Omnes surgite ad arma, Deus vocat, equites.
Denn Papst Urban läßt euch verkünden: wer Einen Heiden wirft
zum Grund,
Dem sind vergeben alle Sünden und reicht ihr Schwall ihm bis
zum Mund.

Papae vocat vox Urbani: »Peccatorum infimi!
Salvi singuli pagani sanguine levamini.«
Und wer im heil'gen Land der Palmen den schönsten Siegestod
gewann,
Den tragen unter Siegespalmen die Engel Gottes himmelan.
Et cruciferum occisum albis alis tremuli
Sublevant in paradisum psalteriantes angeli.

———

Brunhelm von Buchenbühlen.

Im Abendland.

Ich ritt ins Land, mir selber zu entfliehen:
 Doch hinter mir im Sattel saß die Reue.
Und durch das Buchlaub hört' ich's flüsternd ziehen:
 „Der ist es, der dem Freunde brach die Treue."
Der Himmel klar, — nur mir zu Häupten g'rade
 Umwölkte sich die abendliche Bläue:
Und alle Böglein floh'n aus meinem Pfade
 Und sangen: „Flieht, der brach dem Freund die Treue."
Soll ich's noch länger tragen? Nein, ich kann nicht!
 Hier, wo mein Heißzorn schlug den Jagdgenossen, —
— Kein Auge sah's, — nur Gott sah durch das Tannicht, —
 Hier sei mein Blut zur Sühnung ihm vergossen.
Ich stieg vom Pferd: — schon blitzt mein breites Messer,
 Da rauscht das Buschwerk und im Mönchsgewande
Tritt vor ein Greis: „Mein Sohn, es stirbt sich besser,
 Willst du denn sterben, im gelobten Lande.
Nicht folgt Verzweiflung durch des Jordan Wogen,
 In diesem Zeichen wirst du neu gekräftet."
Ein rotes Kreuz hat er hervorgezogen
 Und auf die linke Schulter mir geheftet.

Und er verschwand. — Es war ein Himmelsbote! —
  Ich ritt nach Haus. Da im Vorüberschweben
Hört' ich der Lerche Lied im Abendrote:
  „Er trägt das Kreuz: — die Schuld wird ihm vergeben."

Im Morgenland.

Die Wunde brennt: — doch kühlt sie das Gewissen: —
  Ich sterbe, doch erstiegen sind die Mauern:
Ihr Freunde, die mich dem Gefecht entrissen
  Und trugt ans heil'ge Grab, laßt ab zu trauern.
Hieher kann sich der Höllenfürst nicht wagen:
  Entsühnt fühl' ich empor die Seele schweben,
Und hoch vom Himmel winkt, den ich erschlagen: —
  „Komm, Freund, es hat dir Gott, wie ich, vergeben."

Kurt von Hohentwiel.

Im Abendland.

Mich ekelt des Turnierens und der zahmen Fehden lang,
Neufremden Buhurbierens gehrt meines Herzens Drang.
Vom Roß hab' ich gestochen den Welschen und Wallon
Und manchen Speer gebrochen mit Britten und Breton;
Ich hab' Franzosenhitze versucht und Dänentroß,
Des Römers Messerspitze, des Böhmen Eichenkloß: —
Längst kenn' ich ihre Listen, mich ekelt all' der Herrn:
Horch, da tönt guten Christen ein frommer Ruf von fern:
Hei Türken und Selbschuken, wild Volk aus Mohrenland!
Ich spür' ein mächtig Jucken in meiner rechten Hand.
Jetzt heißt's ein neu Lied blasen zu einem neuen Spiel:
Freut euch, ihr krummen Nasen, auf Kurt vom Hohentwiel!
Des lüstet mich vor allen: — wer heuchelt, ist ein Schelm! —
Wie Schwabenstreiche hallen auf Saracenenhelm.

Im Morgenland.

Nun ist gestillt mein Sehnen, die Neugier ist gedämpft:
Ihr wackern Saracenen, nun weiß ich, wie ihr kämpft.
Ich weiß es jetzt ganz gründlich: — bei Accon, da ging's warm:
Es mahnt mich dessen stündlich mein abgehau'ner Arm.
Zwar traf es nur den linken, der rechte, der blieb heil,
Und hieb, ohn' Augenzwinken, den Türken in zwei Teil':
Doch satt hab' ich das Raufen aus eitel Übermut:
Ich find', ein lang Verschnaufen auch gar nicht übel thut.
Schlägt mich zum ersten einer, den schlag' ich freilich tot:
Doch sonst kömmt fortan keiner durch Kurt vom Twiel in Not.

————

Herebrant von Meißen.

Im Abendland.

Mir bringt Verdruß
Wald, Flur und Fluß,
Mir ist vergällt
Die ganze Welt,
   Darin ich groß gewachsen.
Denn, wo ich zieh',
Seh' ich nur sie: —
Ich trug ihr Bild
Durch jed' Gefild
   Von Meißenland und Sachsen.

Nicht Roß und Jagd
Mir mehr behagt:
Kampf und Turnier
Verleiden mir:
   Mich ekelt meiner Ehren:

Was Heldenschwert
Und Manneswert!
Da läuft ins Land
Ein glatter Fant,
   Dem wird sie sich gewähren.

O Fluch der Stund',
Frau Hildegund,
Und Fluch dem Ort
Und Fluch dem Wort,
   Da dein ich erst ward inne!
Wie hohl sie ist,
Zu dieser Frist
Längst weiß ich's doch —
Und immer noch
   Denk' ich der Teufelinne!

Auf, Herebrant,
Ins Morgenland!
Dich umzusehn,
Wo Palmen wehn
   In unbekannten Welten:
Dort Tag für Tag
Mit grimmem Schlag
Der Heide soll
Den Minnegroll
   Mir fürchterlich entgelten.

Und Streich für Streich,
Im Takt zugleich
Mit Helmesbruch,
Bet' ich den Spruch
   Aus frommem Pilgermunde:
„O Unvernunft
Der Weiberzunft!
Hei seid verdammt
Mir allesamt
   Zum tiefsten Höllengrunde!"

Im Morgenland.

Du schönste Tochter Ismaël, wie süß bist du zu schauen,
   Des Morgenlandes Prachtjuwel, die strahlendste der Frauen!
   Gesegnet der Araberpfeil, der mich vom Rosse fällte,
   Weil er gefangen, mir zum Heil, dir, Fatme, mich gesellte.
Dein dunkles Haar ist wie die Nacht, Granaten deine Lippen,
   O selig, ihre rote Pracht in heißem Kuß zu nippen.
   Ha, weiß ist deiner Stirne Glanz, dein Wuchs ist gleich den
                       Palmen,
   Dein Hauch ist Duft, dein Schritt ist Tanz, dein Wort Musik der
                       Psalmen.
Dein Aug' ist dunkelmeeresblau und schwarz sind deine Brauen,
   Du bist die allerschönste Frau in allen Erdengauen!
   Wie schal, wie reizlos ist das Weib daheim im Land der Franken,
   Ihr Blick ist matt und arm ihr Leib und ihre Glieder kranken.
Du süßes Saracenenkind, du Schwester der Gazelle,
   Die Ceder ist dein Hausgesind, der Sturm dein Spielgeselle:
   Laß mich in deinem weichen Arm vom Mund den Hauch dir trinken,
   Und Ritterpflicht und Pilgerharm versinken laß, versinken!
Wohl läßt sich in Jerusalem ein Himmelreich erwerben,
   Fürs Heiligtum zu Bethlehem ruft uns der Papst zu sterben, —
   Die Brüder all' mit Schwert und Spieß viel Herrliches vollbringen,
   Den Lilienkranz im Paradies sich einst ums Haupt zu schlingen: —

Du sollst ins Haar die Rosen rot mir von Damaskus flechten,
 Ich will das Leben, nicht den Tod, will küssen und nicht fechten!
 Was Bethlehem, was Golgatha, was heil'gen Grabes Streiter: —
 Wer in dein blaues Auge sah, braucht keinen Himmel weiter!

Pfalzgraf Hanns Ott.

Im Abendland.

Es stillet kein Getränke den Durst, der stets mich sticht:
 Wie viel ich ihrer denke
 Wie reichlich ich sie schenke: —
 's ist all das Rechte nicht.
Wohl sechzig Wein' und Biere hat durchversucht mein Schlund:
 Deutsch, Welsch und Malvasiere: —
 Wie oft ich's auch probiere, —
 Nichts bringt mir bis zum Grund.
Wohl schmeckt der Muskateller wie süßer Honigseim!
 Liebfrau im Klosterkeller,
 Burgunder und Chapeller,
 Und du, mein Rüdesheim! —
Ach, mir könnt ihr nicht frommen, — Gott segn' euch weiß und rot: —
 Ich hab', wie tief's geschwommen,
 Noch nie genug bekommen,
 Ich sterbe Durstestod.
Wollt' mich ein Pfäfflein schlagen in einer Stadt am Main:
 Doch ich rief in drei Tagen,
 Als leer die Leisten lagen:
 „Herr Bischof, jetzt den Stein!"
„Mein Sohn, heb' dich von hinnen, der, sich bekreuzend, sprach:
 Du hast im Schlund tief innen
 Ein Abzug-Löchlein rinnen,
 Das dir der Teufel stach."

Mir hilft vom Durst, das seh' ich, kein Naß im Abendland!
  Drum übers Weltmeer geh' ich, —
  In diesem Sinn versteh' ich
  Den Brief, vom Papst gesandt.
Er schreibt: „Du wirst genesen im heil'gen Land, Hans Ott,
  Von jenem schlimmen Wesen,
  Das stets in dir gewesen:" — —
  Er meint den Durst, bei Gott!
Zu stillen dies mein Sehnen, kennt dort er einen Trank!
  Dafür mit Freudenthränen
  Köpf' ich ihm Saracenen: —
  Das sei Hans Ottens Dank.

Im Morgenland.

    O Sonnenbrand, —
    O Wüstensand, —
    O trockne Kehl', —
    O arme Seel'! —
Ich sprach von Durst im Abendland: —
Das war ein Frevel unverzeihlich!
Nie, niemals ward mir Durst bekannt
Bis hier im Land: — sie nennen's heilig!! —
Bis hier, in diesem Höllenqualm!
    Kein Blatt, kein Halm,
    Kein Halm, kein Blatt.
Zum Schlucken wird mein Schlund zu matt.
    Ach gäb's nur Gras,
    Das jener fraß,
Nebukadnezar hieß er, glaub' ich! —
Mein Herzblut selber rinnt mir staubig.
O lieber Heiland, Schulderlasser:
Verschworen soll auf ewig sein
Das kühle Bier, der edle Wein, —
Ich weiß, ich war ein arger Prasser, —

O lieber Heiland, leidenblasser: —
Ach nur noch einen Tropfen Wasser!

————

Berthold von Jähringen.

Im Abendland.

Ja brecht nur auf mit Bußethränen,
   Ihr Schwärmer, die mein Herz verlacht.
  Wohl folg' auch ich glutheißem Sehnen
   Nach jenes Wunderlandes Pracht:
   Doch meine Sehnsucht heißt: — die Macht.
Hier hemmt von überlegnen Fürsten
   Mich rings ein neidisches Geschlecht:
  Die Seelen, die nach Kronen dürsten,
   Fängt hier in engem Netzgeflecht
   Der Stärke stärkster Feind: das Recht.
Doch drüben kann die Schwingen spannen
   Mein Herz, so weit es nur begehrt,
  Wo jedem wagenden Normannen
   So reiche Herrschaft wird beschert,
   Als seine List reicht und sein Schwert.
Hier nur ein Graf von wenig Hufen —
   Dort drüben winkt ein Diadem:
  Schon hör' ich tausend Stimmen rufen
   Laut von Byzanz bis Bethlehem:
   „Heil König von Jerusalem!

Im Morgenland.

O laß zu deines Kreuzes Füßen
   Mich Tag für Tag, du Gottessohn,
  Den Frevel meiner Seele büßen!
   Ich zog hieher, wie dir zum Hohn,
   Aus eitlem Trieb nach Macht und Thron.

Doch schon, als ich dies Land beschritten,
  Wo dir der Demut Palme ward,
 Wo du gekämpft, gesiegt, gelitten,
  Zerschmolz dies Herz, so stolz und hart,
  Vor deiner Wunder Gegenwart.
Und als ich lag im Todesschauer
  Der Pest, ein aufgegebner Mann,
 Bog sich dein Bild voll Gottestrauer
  Vom Kreuz zu mir und blies mich an:
  „Du lebst, — doch lebst du mir fortan!“
Verwandelt ist seitdem mein Wesen; —
  Von aller Erdenwünsche Pein
 Bin ich für immerdar genesen,
  Ich denke, statt an Kronenglanz,
  Nur noch an deinen Dornenkranz.
So laß an deinem Grab mich knieen
  Mit Buße, Thränen und Gebet,
 Bis unter Engelsmelodieen
  Mein Geist in deinen Frieden geht,
  Du einzig wahre Majestät.

Hezilo, der Jägerbursch.

Im Abendland.

Fahr' wohl, mein grüner Buchenhag
  Und alles Weidwerk, des ich pflag.
 O Häherruf und Falkenschrei,
  Und Hirschensprung: — 's ist all' vorbei!
Fort muß ich, fort ins Heidenland:
  Warum, das ist nur mir bekannt.
  Doch komm' ich heimgefahren,
  Dann wird sich's offenbaren.

Im Morgenland.

Mit gleichem Hufschlag unverwandt
  Schleppt sich der Zug durch Wüstenbrand,
  Rings Sand und Glut und Glut und Sand:
  Das ist ein gottverfluchtes Land!
  Manchmal ein Palmbaum und ein Quell, —
  Dann ist der Heide längst zur Stell',
    Mit Pfeilen und mit Speeren
    Den Kühltrunk uns zu wehren.

Aasgeier hanget in der Luft, —
  Sein nackter Hals nach Leichen ruft, —
  Es bläst ein giftig heißer Wind: —
  O steig' empor mir taugelind,
  O steig' empor mir schattenmild,
  Du, deutschen Buchwalds grünes Bild,
    Und laß die Seele lauschen,
    Wie deine Wipfel rauschen.

Getrost! ich trage Schlimmres noch:
  Weiß ja mein Herz weswegen doch!
  Noch fehlen zwei Pfund Silber nur:
  Dann ist erfüllet, was ich schwur.
  Dann kehr' ich heim ins Sachsenland,
  Und kaufe frei vom Mägdestand
    Mit Saracenenbeute
    Die lieblichste der Bräute.

O heil'ge Jungfrau, schick' mir du
  Bald einen reichen Emir zu,
  Mit Goldagraff' und Seidenkleid,
  Smaragden an dem Wehrgeschmeid,
  Rubinen an dem Säbelgriff, —
  Hat dann die Kling' auch schärfsten Schliff: —
    Brauchst nicht für mich zu wachen, —
    Das andre will ich machen.

Dann steigt in grünem Buschversteck,
  — Ich habe längst erkürt den Fleck, —
Dort an der Weser kühlem Braus,
Bald auf ein kleines Jägerhaus:
  Da sitzen vor der Thüre dann
Ein süßes Weib, ein froher Mann
  In sel'gem Liebestauschen: —
  Und Wald und Welle rauschen.

———

Reinmar der Alte.

Im Abendland.

Mich hätte, traun, in meinen weißen Haaren
  Kein Priesterruf mehr auf die Fahrt gebracht:
Ich kenne meinen Gott seit sechzig Jahren
  Und seiner Treue, seiner Gnade Macht. —
Und er kennt seinen Reinmar auch, den Alten, —
  Weiß, was er übel und was wohl gethan:
Im Himmel hätt' ich wohl ein Eck erhalten,
  Klopft' ich auch nicht im Pilgermantel an.
Mein Tauberthal, du Land der grünen Hage,
  Voll Lindenduft, voll Wein am Hügelrand!
Ich war gewillt, die letzten müden Tage
  Still auszuleben hier im Heimatland.
Hier wollt' ich täglich ruhn am Waldessaume,
  Der Zeiten denkend, die vergangen sind,
Bis ich entschlafen unterm Lindenbaume
  Und übers Grab mir ging' der Abendwind.
Nicht sollt' es sein! Noch einmal muß das greise,
  Das müde Schwert herunter von der Wand:
Friedrich der Rotbart thut die letzte Reise,
  Und Reinmar ritt ihm nicht zur linken Hand?

Ich zog mit ihm, seit ihm der Flaumbart sproßte,
  Manch' welschen Dolchstoß fing ihm auf mein Schild,
Sein Herz deckt' ich durch alle seine Tjoste: — —
  Soll's ungedeckt sein, da's den letzten gilt?
Schwarz ahnet mir! Welch' Schicksal auch ihm hehle
  Das ferne Land: —· dies wird sein Todesgang!
Dumpf rauscht's, wie schwarze Flut, durch meine Seele, —
  Statt Kriegstrompeten hör' ich Grabgesang.
Ich stand bei ihm in allen Erdenschmerzen:
  Nicht fehl' ich, wo er um den Himmel wirbt:
Und ruht sein sterbend Haupt auf Reinmars Herzen, —
  Ist's wie ein Stück von Deutschland, drauf er stirbt.

Im Morgenland.

Wie ich's geahnt, hat sich's vollendet:
  Tot aus des Seleph tiefen Wogen
  Hab' ich den teuern Herrn gezogen!
O Friedrich, Sonne meiner Jugend,
  Mit dir starb Deutschlands Rittertugend!
Kreuzzug, fahr' wohl! Mein Pfad, der wendet.
  Ein Amt nur hab' ich noch auf Erden
  Und das soll treu vollführet werden:
Den edeln Leib bring' ich nach Haus
  Und berg' ihn in der Kaisergruft,
  Und dann, in deutscher Heimatluft,
  Die müde Seele hauch' ich aus.

Aus dem Sängerkrieg auf der Wartburg.

1. Heinrich von Ofterdingen, der Tannhäuser.

I.

Und ob ihr all' einmüt'gen Klangs
  Mir flucht, ihr frommen Seelen:
  Ich kann's euch nicht verhehlen: —
  Mich jammert eures Singesangs!
  Wie? Lieben reimt ihr und Entsagen?
  Beim Strahl, Kapuzen sollt ihr tragen!
Ja, fahrt nur auf mit Wort und Schwert!
  Trotz, Trotz dem ganzen Trosse!
  Nur du warst mein Genosse,
  O Wolfram, und des Wettkampfs wert:
  Sprich, konnte denn der Pfaffenwahn
  Auch dir das große Herz umfahn?
Was Abendstern und Mondenschein,
  Was Thränen, Harren, Bangen!
  Nein, siegendes Verlangen,
  Soll sie und ich verloren sein,
  Glut, Glut durch Seel' und Sinne, —
  Das ist die rechte Minne!
Nur das ist Lieb', wann Brust an Brust
  In heil'gem Rieseln schauert,
  Wann Sehnsucht überdauert
  Die bis zum Grund erschöpfte Lust
  Und ganz aus zwei Accorden
  Ein einz'ger Ton geworden.
Doch was wißt ihr, was weißt auch du,
  Freund Wolfram, zu erzählen
  Vom Wonnerausch der Seelen:
  Euch wies die Not Entsagung zu:
  Doch was die Liebe heischt und giebt.
  Ich weiß es, denn ich bin geliebt.

II.

Wie tauber Mann vom Ton der Flöte,
Wie Blinder von der Morgenröte,
So sprecht ihr Armen von der Minne!
Und fragt noch, wie ich stets gewinne,
Wann Wettkampf sich des Sangs entspinne?
Man schildert nur, wes man ward inne!
Das höchste Lied giebt höchste Minne!
So singt ihr denn, so gut ihr könnt,
Was euch ein karges Glück vergönnt.
Ich aber fühle heiß verschwiegen
An diese Brust in sel'gem Wiegen
Das schönste Weib der Welt sich schmiegen: —
Und ich, ich sollt' euch nicht besiegen?

III.

Die Eiche rief zum Wolkensitz:
„Ich trotze dir, du starker Blitz."
Der aber sprach: „Du ziehst mich an!
Sieh', ob dein Trotz dir helfen kann,
Ich bin ein rascher Freiermann": —
Und Schlag und Glut und Wetterschein —
In Flammen ward die Eiche sein.
Die Uferrose sprach zum Fluß:
„Du flehst umsonst um meinen Kuß";
Der aber sprach: „Hilft denn kein Flehn,
Sollst du ein andres Werben sehn,
Jetzt, Rose, ist's um dich geschehn."
Er stieg empor in stolzer Lust
Und riß sie fort an seine Brust.
Das ist der Liebe Prob' und Macht,
Wenn sie in echtem Mann erwacht,
Daß sie das gottbestimmte Herz,

Und hüllte sich's in dreifach Erz,
Doch mit sich fortreißt sternenwärts
Und zur Geliebten siegbewußt
Und triumphierend spricht: du mußt.

IV.

Wie ich dich liebe? Ha, du wagst zu fragen?
Erzittre, Kind, ich will dir's sagen!
Ich liebe dich gleichwie der Blitz den Turm,
Ich liebe dich gleichwie das Schiff der Sturm,
Ich liebe dich gleichwie der Zecher
Den süßen Wein in seinem Becher,
Ich liebe dich gleichwie sein Ziel der Pfeil,
Ich liebe dich gleichwie den Helm das Beil,
Ich liebe dich wie Sonnenglut den Tau,
Gleichwie die Brandung liebt den Uferbau,
Gleichwie der Heidebrand die trocknen Moose,
Ich liebe dich wie Wetterwind die Rose,
Gleichwie den Falter liebt die Kerzenhelle
Und wie der Löwe liebet die Gazelle.
Ich schwanke sonder Unterlaß
Von Haß zu Lieb', von Lieb' zu Haß,
Mein sollst du sein und mir gehören:
Ich will dich fassen und zerstören,
Bis daß dein tiefstes Sein in mir zerstiebe: — —
Sprich, weißt du nun, wie ich dich liebe?

V.

Sie drängen grimmig auf mich ein —
Wohl sind sie dreißig, — ich allein —
Und stark und hoch wie nie zuvor
Schwingt Wolframs Seele sich empor: —
Beim Strahl, schwer ist's ihn überragen:
Doch nun und nie will ich verzagen:

Denn in mir loht die höchste Kraft:
Die sieggekrönte Leidenschaft!
Zum letzten Kampf denn aufgerafft:
Jetzt, Wolfram, sei auf deiner Hut:
Laß sehn, was stärk're Wunder thut,
Ob Sternenglanz, ob Lavaglut!

VI.

Mein war der Tag, verstummen mußten alle, —
Nur Wolfram hielt noch, schwer ankämpfend, aus,
Zum Schlusse floß mein Lied mit stolzem Schalle:
Nur noch den Ausklang hatt' ich zu vollenden,
Schon trat, den Siegeskranz in weißen Händen,
Elisabeth reizstrahlend in die Halle,
Um mich zu krönen: — — da war alles aus! —
Der Atem stockte mir, das Herz wollt' springen:
Nichts sah ich mehr als ihres Leibes Pracht,
Nichts dacht' ich mehr als glühendes Umschlingen,
Nacht ward's im Auge, Purpur im Gehirne
Und auf den Estrich schlug ich mit der Stirne, — —
Das war das Ende von Tannhäusers Singen:
Ihn schlug allein der eignen Liebe Macht.

2. Wolfram von Eschenbach.

I.

Der Saal ist leer, der letzte Ton verklungen,
Der lange, heiße Kampf ist aus:
Die Übermacht, sie hat ihn hingerungen,
Bis Herz und Harfe ihm entzwei gesprungen
Und in Verzweiflung floh er aus!

Jetzt jubeln sie und lästern und verdammen: —
  Ha, matter Seelen feige Lust!
Was wissen sie von jenen wilden Flammen,
  Wann Höll' und Himmel schlagen heiß zusammen
    In echten Sängers tiefer Brust?
Denn keiner konnt' an seine Lieder reichen
  An stolzer Glut und stolzer Kraft:
Und mußt' er endlich meiner Harfe weichen,
  War's, weil ich selbst, in Qualen sondergleichen,
    Erkannt, wie er, — die Leidenschaft! —
Elisabeth! nach dir trug er Begehren: —
  Zähl' ich ihm das zum Frevel an,
Dem Knaben, daß er ließ den Wunsch gewähren,
  Den ich, der Mann, an Geist und Willen ehern,
    Mit schwerstem Kampf nicht zwingen kann?
Sie feiern meinen Sieg mit Jubelpsalmen:
  O wär' ich dieses Ruhmes wert! —
Er floh verfemt in wilde Steiteralmen,
  Ich hab' des Sieges und der Reine Palmen: —
    Doch er dein Herz, Elisabeth!

II.

Da geht sie hin von mir, um ihn in Thränen!
  Ich sprach ihr Trost, nicht zuckt' mein Mund:
Mir, mir vertraut sie ihrer Liebe Sehnen!
  O läg' ich im Gefild der Saracenen,
    Zum Tode wund!
Still, Wolfram, still! Dort, in des Himmels Hallen,
  Schweigt sonst der Schmerz:
Und doch wird, wann der Sel'gen Chöre schallen,
  Dir eine Thräne dieses Weibes fallen, —
    Kennt sie dein Herz.

III.

O dunkle Nacht, wie lang und bang!
O waches, qualenwundes Herz!
O höllenstarker, heißer Drang,
Es zieht hinab, wie stark ich rang.
Hilf sternenwärts.
Mein Gott, zum Siege: — —
Denn ich erliege.

IV.

O nur einmal möcht' ich schauen
Liebesglanz im Aug' ihr tauen,
    Aber das wird nie geschehn!
O nur einmal möcht' ich dürfen
Heißen Kuß vom Mund ihr schlürfen,
    Aber nie wird das geschehn.
Dolch, was klirrst du in der Scheide?
Ist das Wahnsinn, was ich leide?
    Oder was wird mir geschehn?

V.

Auf, auf, mein Geist, wo ist die alte Stärke,
    Die sturmerprobte, tiefverhaltne Kraft?
Du weißt: Gott kor dich aus zu heil'gem Werke,
    Zu Harfenkunst und höchster Ritterschaft.
An deinem Wort und Sang und deinem Leben,
    An deinem Bild pflag wie an Speeresschaft
Sich Deutschlands ganze Seele stolz zu heben: —
    Und du vergehst in Leidenschaft?
Nicht also, helf' mir Gott und seine Sterne!
    Noch bin ich Wolfram, Wolfram stark und rein.
Und fließt mein Herzblut nach aus tiefstem Kerne: —
    Der süße Pfeil muß ausgerissen sein!

Fahr' wohl, fahr' wohl, du meiner Seele Blume!
Doch ew'ger Dank und ew'ger Glanz sei dein:
Du sollst mit mir, mit meines Namens Ruhme,
Sollst durch mein Lied unsterblich sein.

Der Falkonier.

Hallo, seht ihr am Hute hier
Der weißen Reiherfeder Zier?
Ich bin Astolf, der Falkonier!
Ich trag' auf meiner linken Hand,
Den Wanderfalk von Norwegs Strand,
Ich bin des edelbesten Herrn,
Ich dien' ihm gut, ich dien' ihm gern,
Dem großen Kaiser Friederich: —
Und keinem andern diente ich.
Wann ihn des Reiches Sorgen drücken,
Der Fürsten Troß, der Pfaffen Tücken,
Wann finster zu sich selbst er spricht, —
Dann wagt sich Graf und Kanzler nicht
Vor sein gewaltig Angesicht:
Ich aber trete hin verwogen
Und zupf' ihn an dem Ellenbogen:
„Herr Kaiser, leg' die Briefe fort!
Ich künde dir ein besser Wort:
Im Erlengrund, am Weiherstrand
Da hat ein Silberreiher Stand:
Ich sah' ihn gestern ziehn zu Horst: —
Mein Falk schreit lang nach Flug und Forst": —
Da streicht er wohl den roten Bart:
„Mein Sohn, du bist von kluger Art,
Mir wäre längst das Reich zu viel,
Wärst du nicht und dein Federspiel."

Und Reich und Groll vergißt er bald
Mit mir im freien, grünen Wald: —
   Hallo, seht ihr am Hute hier
   Der weißen Reiherfeder Zier?
   Ich bin des Kaisers Falkonier!

Kein Reiher fliegt im dunkeln Holz
So weiß, so scheu, so schön, so stolz,
So vornehm trägt den Schwanenhals
Kein Fräulein in dem Kaiserpals,
Keins hat der Glut so viel entbrannt,
Wie du, Edith von Engelland! —
Ein Wink von deiner schmalen Hand,
Ein Strahl aus deinen Wimpern lang,
Gilt für des Glückes Überschwang:
Du aber, weiße Traumgestalt,
Läßt marmorstumm und marmorkalt
Des ganzen Reiches größte Fürsten
Nach deinem kleinsten Lächeln dürsten.
Jedoch der Wald birgt süße Dinge: —
In deines Jagdhuts goldnem Ringe
Trägst du des weißen Reihers Schwinge,
Den in des Tannichts tiefster Nacht
Mein Sperber dir herabgebracht: —
Die Jagd war fern: — der Hag war dicht: —
Rings goldig grünes Dämmerlicht: — —
Mit keinem König tausch' ich nicht:
   Denn seht ihr nicht am Hute hier
   Der weißen Reiherfeder Zier?
   Ich bin der junge Falkonier!

Der Pfalzgraf bei Rhein.

Grau ragt das Kloster „Herzeleid" zu Rübesheim am Rhein:
Da klagt die allerschönste Maid im goldnen Abendschein.
In enger Zelle knieet sie, vor ihr das Kreuz des Herrn:
Doch ihre Seele weilt nicht hie, sie schweifet in die Fern',
Sie fliegt ins Land Italia, wo Kaiser Friedrichs Heer
Seit Monden Alessandria bestürmt mit Schild und Speer:
Dort sucht sie bang ein blau Panier, ob's wohl im Wind noch schwingt,
Indes in dumpfem Ton zu ihr der Chor der Nonnen bringt:

»Christe domine salvator,

Sponsus purus animae,

Tibi, cordis perscrutator,

Profunduntur lacrymae!«

„Mein trauter Mann, mein Rüdiger, wo weilst du diese Stund'?
Du heißgeliebte Herzbegehr, du süßer roter Mund!"

»Maledictus amor sexus,

Maledicta oscula.

Maledicti sint amplexus,

Inferi ligamina.«

„Hier haben sie dein treues Lieb versteckt im finstern Dom,
Weil dir dein Kaiser teurer blieb, als Kirche, Papst und Rom.

»Fac ut obliviscar mundi

Spernam ut laetitias

Pro honore dividundi

Coeli tecum glorias.«

„Mein Vormund steht zu Innocenz, ich aber steh' zu dir,
Du meiner Seele Lieb' und Lenz, mein Himmel ist in dir!"

»Saeculo renunciatura

Crucem mortis eligo

Christo nupta mox futura

In coelesti thalamo.«

„O hilf du selbst mir, heil'ger Christ, auf den mein Herz vertraut,
Der du ein Gott der Liebe bist, — du willst nicht fremde Braut."

Da thut sich auf der Zelle Thor, es naht der Priester Schar,
Es naht der Nonnen schwarzer Chor, ihr Lied tönt schaurig gar:

>Vanos crines flavos illos
Tolle sacra forcipe:
Offer Christo jam capillos,
Velum mortis accipe.<

„Nun, Mündel, kam die Stunde nah, die du so fern geglaubt.
Du heißt nun „Schwester Castula": — die Locken nun vom Haupt!"
„Herr Vormund-Bischof zungenleck, sagt, sprecht Ihr mit dem Wind?
Ich heiße Hildetraut von Teck, ein reichsfrei Edelkind:
Ihr wißt, ich bin des besten Manns: sein bin ich ganz und gar,
Sein auch — oft pries er ihren Glanz! — sein ist dies Lockenhaar."
„Hei, adeliger Mädchentrotz, wie bald mach' ich dich kirr!
Ergreift sie: — — — beim Zorn Zebaoths, was soll das Schwert-
 gekllirr?"

„Herr Bischof, flieht! Zu spät! Gewalt!" Da, Waffen überall!
Und leuchtend eine Stahlgestalt bringt durch die Klosterhall':
Er trägt entrollt ein blau Panier: — er ist's —: o süßer Schreck!
„An meine Seite tretet Ihr, Reichsfreifräulein von Teck!
Herr Bischof, Eure Felonie muß nun zu Ende sein:
Für Kaiser Friedrich steh' ich hie, sein Pfalzgraf an dem Rhein.
Besiegt ist Rom! Ich bin gesandt zu halten Reichsgericht,
Wo Fürst und Pfaff im deutschen Land dem Kaiser brach die Pflicht.
Hoch hing er seinen Heerschild auf ob deutsch und welscher Erb':
Rebellischer Vasallenhauf! Hie Barbarossas Schwert!
Der Nonnen Chor, der plötzlich schwieg, zeig', daß er Beß'res kann:
Stimmt für des deutschen Kaisers Sieg mir ein Tedeum an!"

>Macte senex Imperator,
Barbarossa, triumphator,
Flos et splendor equitum!
Magnum culmen Stauficum!
Germanorum propugnator,
Oppressorum liberator,
Decus atque gaudium!<

Kaiſer Heinrich VI.
(Theodor Töche zu eigen.)

Mein großer, tapfrer Vater, zu ehrlich war dein Sinn:
   Wer Treue hält den Füchſen hat des viel Ungewinn.

Wenn der Papſt der Lüge Vater und der Fürſt ihr Liebſter iſt: —
   Hei, Falſcheid wider Meineid und Argliſt gegen Liſt!

Ich hör' euch unterhöhlen den Thron mir Nacht und Tag: —
   Laß ſehn, wer leiſer graben, wer tiefer wühlen mag.

Laß ſehn, wer ſüßer lächeln und bittrer haſſen kann
   Und ſicherer im Anſprung erdrücken ſeinen Mann.

Vor meinen Kaiſerwagen hab' ich zwei Löwen geſpannt:
   Die heißen Herzog Heinrich und Richard Engelland.

Unflügg' haſt, alter Welfe, du des Adlers Neſtling gedacht? — —
   Ein Schlag von ſeinen Fängen hat die Geier zu Fall gebracht.

Mir lächeln, gefeierter Richard, nicht die Frau'n und die Minſtrels
                   zu: — —
   Ich aber bin dein Kaiſer und ein irrender Ritter biſt du.

Ja, knirſcht nur in die Zügel, ihr Löwen, und ſchüttelt das Joch:
   Des Staufers Siegeswagen, er rollt zum Ziele doch.

Erzittre, falſches Frankreich, erjauchze, Jeruſalem,
   Und du, Byzanz, bereite dein Doppel-Diadem!

Konradin.

Was ſteigt herab der Alpen Hang,
Im Waffenglanz, mit Harfenklang,
Das jugendſchöne Haupt umrollt
Von ſonnenheller Locken Gold?
Wer iſt der Jüngling ohne Fehl?
Iſt's Sankt Georg, iſt's Gabriel?
Iſt's hoch vom Gral Herr Lohengrin?
Wo ſind die Schwäne, die ihn ziehn?
Nein, nein, das iſt jung Konradin!

Italia, setz' den Brautkranz auf:
Dein Bräut'gam naht, der Hohenstauf'!
Kein Schloß so fest, kein Herz so kalt, —
Aufschließt sich's dieser Lichtgestalt!
Er braucht kein Schwert, er zieht durchs Land
Mit einer Rose in der Hand
Und alle jubeln, die ihn schau'n,
Die Männer und die schönen Frau'n:
„Bekränzt das Thor, bestreut den Pfad,
Der deutsche Sonnenjüngling naht!"

Lied Walthers von der Vogelweide.

„Herr Walther von der Vogelweide,
swer des vergäße, thät' mir leide."
Hugo von Trimberg

Herr Herzog, nein! nie werd' ich eigen!
  Was Herrendienst und Hofesruhm!
Frei muß ich singen oder schweigen;
  Dich soll ich loben und die Ahnen?
Nein, nimm zurück die Lehenfahnen:
  Das Lied kennt nicht Vasallentum!
In meinem Herzen mahnt ein Klingen:
  Auf, Walther, bleib' dir selber gleich, —
  Laß andre Preis den Fürsten singen: —
  Du sing' den Kaiser und das Reich. —
Herr Bischof, spar' die fromme Rede!
  Die Treu' ist mir die frömmste Pflicht,
  Des Staufers Fehd' ist meine Fehde: —
  Mag ihn der Papst zur Hölle bannen,
  Es trennt den Herrn und seine Mannen
Kein Papst und keine Hölle nicht.
  Wer zagt, daß er des Himmels fehle,
  Der beuge sich des Bannes Streich: —

Mir ist nicht bang für meine Seele,
  Steh' ich zum Kaiser und zum Reich.
Habt Dank, ihr grünen Rebgelände,
  Dank, Wirziburg, am gelben Main
Für gute Rast: — sie ist zu Ende! —
  Zu euren Hulden, reine Frauen,
  Empfehl' ich, die sonst mir vertrauen,
Im Winter die Waldvögelein: —
  In Schleswig hallt's von grimmen Schlägen,
Hei, Schildeskrach und Schwertesstreich! —
  Nun mag ein andrer Sanges pflegen:
Mich ruft der Kaiser und das Reich.

Parcival.

Der Erde bin ich nun enthoben
  Auf immerdar und ihrer Qual,
Zu Gottes Himmelreich nach oben
  Trug mich der reinsten Jungfrau Wahl,
Die mir den Siegeskranz gewoben
  Aus Sternenglanz und Mondenstrahl:
So laß mit ew'gem Lob dich loben,
  Du weiße Königin vom Gral!
Was ich gesehnt, gekämpft, gelitten,
  Nun ist's vergolten wunderbar:
Den höchsten Preis hab' ich erstritten,
  Der Manneswert beschieden war:
„Weil ich der reinsten Rittersitten
  Auf Erden ward an dir gewahr,
So herrsche denn in unsrer Mitten,
  Geliebter, sprach sie, immerdar."
Und sieh, mit wonnigen Gebärden
  Schloß mich die Himmlische ans Herz.
O Seligkeit, mich kann gefährden
  Fortan nicht Menschen-Lust noch Schmerz.

Rings fühlt' ich heil'ge Stille werden
Und leis nur klang's wie Gold und Erz:
„Auf, Parcival, vergiß der Erden,
Gralkönig, schwebe sternenwärts."

Die Schlacht von Sempach.

Sie zogen aus, ein stolzes Heer, die Bauern zu zertreten:
  Ein Schallen ging vor ihnen her mit Hörnern und Trompeten:
  Wohl hundertsiebzig Fehdebrief' sind auf uns eingeflossen:
  Ein Schrecken durch die Lande lief: „Weh euch, ihr Eidgenossen."
Die Ritterschaft von Österreich, Friaul, Tirol und Schwaben,
  Viel mächt'ge Grafen, stolz und reich, viel übermüt'ge Knaben, —
  Sie rühmten sich, ihr Banner hie auf jeden Berg zu pflanzen:
  Ein Meer von Helmen brachten sie und einen Wald von Lanzen.
Uns bot nur Einer Hilfe dar, als alle Freund' uns irrten
  Der Gott, der David gnädig war, der alte Gott der Hirten:
  Der blies mit seinem Hauch uns an, der hat's uns eingegeben:
  „Viel lieber fallen Mann für Mann, als in der Knechtschaft leben."
Bei Sempach in dem Seegefild stand hell im Strahl der Sonne
  Mit Pfauenhelm und Adlerschild der Ritter Stolz und Wonne:
  Das war von Östreich Leopold: — der Haß selbst muß ihn preisen: —
  Sein Helm, sein Herz, sein Harnisch Gold, sein Langschwert
                                      kärntisch Eisen.
Er warf empor sein breit Panier und stolz rief er vor allen:
  „Mit dieser Fahne will ich hier heut' siegen oder fallen."
  Der Ritter Horn ruft laut vor Lust, wie sich die Lanzen färben:
  Und jeder Stoß in Bauernbrust und jeder Stoß zum Sterben.
Wir wichen nicht, doch Leib an Leib sank wie geschnittne Garben:
  Sie dachten noch an Kind und Weib und seufzten, wie sie starben.
  Da war's Herr Arnold Winkelried: — Gott lohnt ihm jetzt im
                                     Himmel: —
Der sterbend auseinanderschied der Speere dicht Gewimmel.

Und in die Lücke, wo er fiel, sprang kühn vorauf uns allen
    Herr Ammann Sigetrost von Biel, — den preist das Land mit
        Schallen:
    Der schlug mit seinem Zimmerbeil den Truchseß Waldburg nieder
    Und hinter ihm drang unser Keil zermalmend in die Glieder.
Jetzt half kein Harnisch mehr den Herrn, kein Helm blieb unge-
        brochen,
    Schwer schlug die Axt, der Morgenstern durch Eisen und durch
        Knochen,
    Dem flinksten Ritter frommt da nicht sein Fechten und Turnieren:
    Das war ein Mordkampf eng und dicht, kein lustig Buhurdieren.
Bis er sein langes Schwert gezückt, stak ihm im Leib das Messer,
    Nah war ihm unser Haß gerückt: — je näher, desto besser.
Und mancher sank, noch unverletzt, konnt' nimmer sich erraffen,
    Bis elend ihn erstickt zuletzt der Stolz der eignen Waffen.
Da Markgraf rechts! Da Wildgraf links! Da Rauhgraf in der
        Mitten!
    So mordend immer weiter ging's: — wir hatten Bauernsitten.
Jetzt freut euch, Mädchen von Luzern, von Schwyz und Unter-
        walden:
    Da liegen schmucke reiche Herrn tot auf den blut'gen Halden.
Heut' hat der Tod hier ausgestellt die hellste Augenweide:
    Gelb Gold und Seide deckt das Feld der armen Schweizerheide:
    Wir bringens euch in Händen nicht, nein, scheffelvoll nach Hause:
    Hei Helmbusch bunt, hei Spange licht, hei Kette, Kron' und
        Krause!
Und mancher floh, vor Schrecken bleich, der lustig zog zur Fehde:
    Doch Leopold von Österreich stand treu zu seiner Rede:
    „Mit meinem Banner fall' ich hier!" so rief er unerschrocken:
    Aus offnem Helm floß ihm die Zier der langen Fürstenlocken.
Es fällt sein Roß, sein Goldschild bricht, die Panzerringe klaffen,
    Er aber läßt vom Stolze nicht und nicht von seinen Waffen:
    Sein Schwert traf tödlich Zug um Zug, sein Trotz war nicht zu
        bannen,
    Bis krachend er zusammenschlug gleich einer Edeltannen.

Und über ihn fiel sein Panier: — da war der Tag zu Ende
Und Gott im Himmel dankten wir und hoben fromm die Hände:
Denn er nur bot uns Hilfe dar, als alle Freund' uns irrten,
Der Gott, der David gnädig war, der alte Gott der Hirten!

Geißlerlied.

Die Sünde der Welt ward allzustark,
Gott will sie nun treffen in Nieren und Mark:
  Der Engel der Pest hält schreckliche Runde:
  Achthundert fielen in Einer Stunde,
  Die Häuser voll Jammer, die Straßen voll Leichen,
  Am Himmel lobern flammende Zeichen,
  Der pfundschwere Hagel die Saaten zerdrosch,
  Es bebte die Erde, die Sonne verlosch: —
  Thut Buße und geißelt das sündige Blut: —
  Nur Blut allein macht den Herrgott gut.
Wir haben vergessen Herrn Christi Tod,
Die Dornen, die Nägel, die Wunden rot,
  Wir haben gezecht und geküßt und geschlafen,
  Des sollen nun ewige Flammen uns strafen;
  Auf siebenmal lachen kam einmal beten,
  Drum soll'n in den Abgrund die Teufel uns treten:
  Schon strömen herab unerschöpflichen Borns
  Die schrecklichen Schalen des göttlichen Zorns:
  So büßet und opfert in Strömen von Blut:
  Nur Blut macht den grollenden Herrgott gut.
Auf, hurtig am Markte die Scheiter entfacht
Und brecht in die Häuser der Reichen mit Macht,
  Schleppt Sammet und Seiden und Zobel zusammen
  Und Schmuck und Geschmeide, hei, werft's in die Flammen,
  Und zerrt an den Glocken, daß heulend sie tosen,
  Zerstampfet die Reben, zertretet die Rosen,

Wir künden ein neues, ein Bußtestament:
„Wer lächelt, der hänget, wer singet, der brennt!"
Ein Tropfe macht sieben Jahr Hölle gut:
Doch die Hölle ist ewig und wenig das Blut.

―――――

Die letzten Ritter von Marienburg.

Sie sahen sie waren verloren, verlassen in Jammer und Not:
Da brachen sie aus den Thoren und suchten freudigen Tod.
Ein Greis, ein Mann und ein Knabe, das waren die letzten drei:
Viel Heiden sanken zu Grabe mit gellendem Todesschrei.
„Hie Christus!" in blonden Locken mit dem Banner der Knabe rief,
Bis er spürte den Herzschlag stocken — der Litauerpfeil traf tief.
„Hie Deutschland!" rief der Alte mit dem wallenden Silberhaar,
Bis ihm mit blut'ger Spalte der Helm zerschroten war.
Doch stumm, mit schrecklichem Schweigen, der dritte schreitet durchs
                                                                    Feld:
Das war ein grimmer Reigen: wen er erreicht, der fällt.
Es splittern Pfeil' und Speere an seiner schwarzen Brust:
Er trägt nicht Wappenehre, er zeigt nicht Farbenlust:
Ein schwarzes Schwert er wieget, ihn deckt nicht Helm, nicht Schild,
Um bleiche Wangen flieget sein schwarz Gelock so wild,
Sein dunkles Auge leuchtet, sein Mund bleibt schrecklich stumm,
Die schwarze Brünne feuchtet von Blute sich ringsum. —
Ein Heer hat er erschlagen, das schwarze Schwert ward rot,
Die Heiden fliehen und jagen und kreischen: „Das ist der Tod."
Und als er geblieben alleine, aufseufzt' er tief und laut:
Dann glitt er am moosigen Steine ins duftende Heidekraut,
Und als verschollen die Hufen, da hat er in Todespein
Noch einen Namen gerufen: — den hörte nur Gott allein.

―――――

Maria von Burgund.
Volksliederweise.

Es ritten drei Reiter hinein ins Burgund,
    Zerschlissen die Mäntel, die Rößlein wund.

Das einzige Gold, das sie führten, war
    Unterm Hute des Jüngsten das lockige Haar.

Sie hielten vor Gent auf grünem Plan
    Und der Jüngste rief zu den Zinnen hinan:

„Gott grüß' Euch, Herr Herzog, wir bitten um Gab',
    Wir kommen von ferne: vom heiligen Grab.

Seht: — Muscheln am Hut und den Stab in der Hand,
    Ich suche ein gütiges Herz hier im Land."

Da brummte der Burgherr: „Sucht anderes Fach!
    Und kommt ihr je wieder, — die Rüden sind wach."

Da schmollte die Burgfrau: „Fort! Dies mein Empfang!
    Eure Beutel zu kurz, eure Finger zu lang."

Da höhnte der Junker: „Vom heiligen Grab?
    Vom heiligen Galgen wohl stiegt ihr herab!"

Doch Maria, das Fräulein, ward bleich und ward rot,
    Und dem Jüngsten ein silbernes Ringlein sie bot.

„O bleibet! Euch trau' ich, wie dürftig Ihr seid,
    Manch' goldenes Herz deckt zerschlissenes Kleid.

Nicht glaub' ich dem Kleid, noch dem Muschelhut: —
    Ich glaube dem Auge, — das blickt so gut."

Da — fort warf der Jüngste sein Bettelgewand
    Und schimmernd in Scharlach und Seiden er stand:

„Gott segne, Maria, dein Wort und dein Herz:
    Der Ernst ist ein König, der Bettler war Scherz.

Denn ich bin Maximilian, König von Rom,
    Schon harrt mit den Ringen der Bischof im Dom."

————

Lied der Geusen.

Gleichwie die Möwe ruhlos hastet
   Von Land zu Meer, von Meer zu Land
Und kaum im Flug die Schwinge rastet
   Auf Wellenschaum, auf Dünensand: —
So wogen wir auf irren Bahnen
   Von Deich zu Flut, von Flut zu Deich,
Zerschliff'ne Segel unsre Fahnen,
   Ein morsches Schifflein unser Reich.
Oft nur den letzten Schuß im Laufe, —
   Vom Sturm gepeitscht, vom Feind gehetzt, —
Ein adeliger Bettlerhaufe, —
   Den Hut zerhau'n, das Wams zersetzt: — —
Und doch erbebt das stolze Spanien,
   In dessen Reich der Tag nicht sinkt,
Wenn unser Racheruf: „Oranien!"
   Sich über Albas Heere schwingt.
Ihr bebt mit Recht! Von Sklavenschande
   Bei Gott, wird dieser Boden rein,
Und müßten alle Niederlande
   Von Meeresflut verschlungen sein!
Durchstecht den Deich, reißt auf die Schleusen!
   Ersäuft die fremde Tyrannei!
Es naht die See, es nah'n die Geusen:
   Das Land wird Meer, doch wird es frei!

Fausts Erlösung.

Ein Dialog.

(A. von Doß zu eigen.)

Faust. Mephisto. Ein Optiker. Scene: Gewölbe des Optikers in einer
Vorstadt von Amsterdam.

Faust (alt, sterbend, wankt herein); der Optiker an seiner Arbeit.

Hier findet er mich nicht so leicht!
Je mehr heran mein Ende schleicht,
Je minder trag' ich seine Nähe. —
Und soll ich wirklich, wehe, wehe,
An diesen Lügengeist so klein
In Ewigkeit gebunden sein?
Ich hab's erkannt in dieser Zeit:
's ist mit dem Teufel auch nicht weit!
Klein ist er, boshaft, falsch und feig,
Aus Furcht und Spott ein ekler Teig,
Und ich, der sich so hoch erschwang,
Ich soll nun Ewigkeiten lang
Dem Scheusal mit den Affenmienen,
Dem inhaltlosen Lügner dienen.
Weh' mir!
    Optiker. Wer ruft in meiner Nähe,
Wer ruft an dieser Stätte Wehe?
    Faust. Ach Herr, ein vielgequälter Mann,
Der einem Gläub'ger kaum entrann.
    Optiker. Ertrag' es oder zahl' ihn aus.
Nimm, was ich hab' an Geld im Haus.
    Faust. Das thut Ihr für mich fremden Mann?
    Optiker. Ich seh' Euch als so fremd nicht an:
Wir sind zwei Funken Eines Lichts.
    Faust. Dank! Eure Güte fruchtet nichts.
Die Schuld, die ich bezahlen muß . . . —
Doch weh, er kömmt!

Mephisto (zum Schlot herunterfahrend). Beim Tartarus!
He, Fauste, also hältst du Wort?
Läßt dich von mir auf Kreditieren
Ein zwanzig Jährlein amüsieren
Und läufst dann ohne Zahlung fort?

Faust. Ach Herr, braucht Euer Hausrecht, weis't
Die Thüre diesem argen Geist.

Optiker. Was schuldet Euch der arme Mann?

Mephisto. Herr Optikus, 'ne Kleinigkeit:
Nur seiner Seelen Seligkeit.

Optiker. Kann mir nicht denken, wer Ihr seid.

Mephisto. Seid eben nicht sehr witzig dann:
Ich bin der Teufel, lieber Mann.

Optiker. Der Teufel? pah, den giebt es nicht.

Mephisto. Nicht übel — mir ins Angesicht!

Optiker. Du willst ein Geist sein wider Gott?
Thor, treibst du mit dir selber Spott?
Kann auch im Meer ein Tropfe klein
Sagen: ich will für mich selber sein?
Kann auch am Himmel ein Sternenball
Sprechen: ich löse mich ab vom All?
Tröste dich, Schuldner, aus Gottes Schos
Reißt kein Pakt eine Seele los.

Mephisto (für sich). Verflucht, muß dieser Winkelhof
Just von Freund Faust gefunden werden!
Das Unverschämteste auf Erden
Ist doch ein deutscher Philosoph.
Das Wetter schlag' in diese Bude!
(Laut.) Mein Freund, Ihr sprecht wie ein Poet,
Der von Verträgen nichts versteht.
Wie heißt Ihr denn? Ihr scheint ein Jude: —
Die sprechen sonst im Handel Prosa.

Optiker. Ich heiße Benedict Spinoza.

Mephisto (freudig erstaunt, reißt die Kappe ab).
Ei, das ist mir sehr angenehm!

Ihr seid's, auf den ihr Anathem
Die Juden schleuderten und Christen: —
Die Perle aller Atheisten!
Der den Scholastikern und Pfaffen
Zerbrochen hat die morschen Waffen,
Der Christus und dem heil'gen Geist
Und Herrn Jehovah allermeist
Hat so gewaltig zugesetzt
Und ihre Mäntlein so zerfetzt,
Daß nun durch alle Lande weit
Geht betteln die Dreieinigkeit.
O Herr Professor, Euer Ruhm
Wird noch mein Evangelium.
Laßt mich ihn küssen, Euren Kopf.

   Optiker. Heb' dich hinweg, du schaler Tropf!
Wohl mögen deinesgleichen Wesen
Aus mir die Gottesleugnung lesen.
Du aber mit den Duldermienen,
Du scheinst mir Tröstung zu verdienen.
So wisse denn: dich quält ein Wahn,
Du bist von Gott nicht losgethan!
Du kannst nicht fallen aus dem Ring,
Der dich umschließt wie jedes Ding.
Gott ist die Nacht und ist das Licht,
Die Welt ist seine Schranke nicht,
Gott ist der Geist, der Stoff zugleich,
Ist das Gesetz und ist das Reich.
Und wär' ein Ding wie dies Phantom, —
Gott lebte drin gleich wie im Dom.
Nun aber ist der kecke Geist,
Der deine Seele sich verheißt,
Nichts als dein eignes krankes Denken!
Ich will ihn augenblicks versenken.

(Wendet sich großartig mit erhobenen Armen gegen Mephisto, der während seiner
Rede immer kleiner geworden.)

Nichts ist als Gott, nichts außer ihm,
Vom Wurm bis zu den Cherubim.

                      (Mephisto verschwindet in Rauch.)

Du siehst, wir sind ihn los, den Bösen,
   Faust. Nur du, Herr, konntest mich erlösen!
O sei für alle Ewigkeit
Den Menschen hoch gebenedeit!
Ich fühle sich in deinen Lehren
Versöhnt der Erde Schmerz verklären.
In deiner Weisheit ist beschieden
Dem müden Faust der ew'ge Frieden.   (Stirbt.)

Heidelberg.

Wann silbern Mondlicht flutet durchs Schloß zu Heidelberg,
   Aufleben seine Geister, Fee, Kobold, Gnom und Zwerg.
In all den toten Räumen wird wimmelnd Leben wach;
   Es schwebt durch jed' Gewölbe, es webt durch jed' Gemach.
Vom hohen Rundturm flattert der Burgfee Schleier weiß,
   Im tiefen Keller hämmert der Wichtelmännchen Fleiß.
Selbst durch das Faß, das alte, das Blut der Jugend rollt:
   Hell funkelnd strömt's vom Spund ihm, das Rüdesheimer Gold.
Doch im verwachs'nen Garten, am murmelnden Brünnelein,
   Da führen, hold vor allen, die Elfen ihren Reih'n.
Und huschen durch den Epheu, und sprengen die Veilchen mit Tau,
   Und haschen die Mondenstrahlen: 's ist eine selige Schau.
Und ewig mahnt das Mondlicht wer dieser Schau genoß,
   Wie er sah die Elfen tanzen im Heidelberger Schloß.

Elfenabschied.

Lebet wohl, ihr lichten Heiden, brauner Acker, grüner Rain,
   Lebet wohl, wir müssen scheiden, Mondenglanz und Sternenschein.

In den Schoß der Erde steigen, in die Tiefe tauchen wir:
  Nimmer führen wir den Reigen auf dem duft'gen Waldrevier.
Rings von allen Türmen läutet der verhaßten Glocken Braus
  Und ein jeder Schlag bedeutet: „Geister, euer Reich ist aus!"
Sang und Sitte sind geschwunden und vergessen Zucht und Recht;
  Glaub' und Treu wird nicht gefunden, spottend lebt ein frech Geschlecht.
Nicht mehr lassen fromme Hände uns die letzten Ähren stehn,
  Selbst die Kinder ohne Spende unserm Herd vorübergehn.
Wohl, es sei! — Ihr sollt nun schaffen selbst, allein, in Ernt' und
                                               Saat:
  Steht, den Nutzen zu erraffen, einsam auf der eignen That.
Nimmer treibt am Rad den Faden frommer Magd die Geisterhand,
  Nimmer hilft sie Garben laden, wann dem Knecht die Stärke schwand.
Lebe wohl, du Wiesenquelle, Bühl und Halde, Trift und Saat,
  Lebe wohl, du heil'ge Schwelle, der wir schützend oft genaht.
Lebe Tenne wohl und Speicher, wo uns oft der Tanz geletzt:
  Ach, an Körnern wirst du reicher, und an Segen ärmer jetzt.
Bald ruft ihr uns an, zu helfen, wann ihr schwer im Frone keucht, —
  Aber nimmer schaut die Elfen, wer sie einmal hat verscheucht.

––––––––

Das Heidekind.
(Westfälische Sage.)

Weit über die Heide bläst der Wind
  Und es nicken die Halme, so viel ihrer sind,
  Und die grauen Wolken jagen geschwind: —
  Da kommt es gewandert, das Heidekind.
Ihr rotes Gelock um den Nacken ihr fliegt,
  Ein elfisch Feuer im Aug' ihr liegt,
  Die Arme sind über die Brust geschmiegt.
So wandert und irrt und läuft sie fort,
  Sie weint keine Thräne, sie spricht kein Wort,
  Doch sie sucht bald hier, sie späht bald dort.

Und manchmal stockt sie im wirren Lauf
 Und schaut ringsum: zum Himmel drauf
 Die goldenen Augen schlägt sie auf.
O wie edel das bleiche, das schöne Gesicht!
 Flieh, Wanderer, flieh: — anrufe sie nicht! —
 Eh' die Seele dir Elfenlieb' umflicht
 Und unsägliches Sehnen das Herz dir bricht.

Heidekinds Erlösung.

Still liegt die Heide: — Nachtluft umfließet
 Wacholderstrauch und duftend Kraut,
 Und drüber gespenstisch Licht ergießet
 Der Mond, der fahl vom Himmel schaut.
 Hier ruft wohl ein Vogel, ein Käfer schießet
 Dort schwirrend auf: — sonst Stille weit —:
 Tief-süße Nacht zur Sonnwendzeit.
Nun knistert's im Moos und Nebel wallen:
 Das Heidekind kommt mit dem bleichen Gesicht,
 Sonnfarben ihr Blick, rot die Locken ihr fallen: —
 So wandert sie irr im Mondenlicht.
 Und seitwärts fernher formen und ballen
 Die Nebel sich an in wirrem Gemaß
 Und über die Heide ziehn sie fürbaß.
Da hört sie Tritte, da rauscht die Weide:
 Sie wendet den Blick: — ha! der Heidemann!
 Da kommt er geschritten im Nebelkleide,
 Das die dunkle Gestalt kaum bergen kann;
 Sein Mantel schwarz fliegt über die Heide,
 Durch wallenden Dunst, durch Nebeldick
 Funkelt und sprüht sein Feuerblick.
Und rascher sie schreitet und rascher daneben
 Folget der Mann ihrer wirren Hast;
 Bald vorwärts läßt sie die Blicke schweben,

Bald rückwärts hält sie der Zauber gefaßt:
 Die Feueraugen sprühen und weben
Und nahe, ganz dicht ist der mächtige Mann,
Nun fühlt sie ihn atmen, nun faßt er sie an.
O! wie sich's ihr fest um die Schultern schmieget,
 Es weht um die Wangen sein Hauch ihr heiß: —
 Und als er das Köpfchen ihr aufwärts bieget, —
 Da muß sie ihn schauen — und beben leis: —
Auf dunklem Gelock der Nebelhut wieget,
 Sie schaut, — bis die Augen sie schließen muß:
 Da brennt auf dem Mund ihr berauschender Kuß. — —
Weit liegt die Heide, der Mond strahlt nieder,
 Sie wandern dicht aneinander geschmiegt;
 Sein Mantel verhüllt ihre zarten Glieder,
 Sein langer Bart im Nachtwind fliegt,
Die Dünste weben hin und wieder: —
 Und fern, wo Ginster und Distel steht,
 Verrinnen die Zwei wie Zauber zergeht. —
Und über die Heide feiernd spinnet
 Einsamkeit, still, süß und tief,
 Der Nebel wogt, der Nebel rinnet:
 In Nacht und Schweigen das Land entschlief.
Nun hat der Geist die Elfe geminnet:
 Das Heidekind mit dem bleichen Gesicht
 Wallt nicht mehr einsam im Mondenlicht.

(Therese Dahn.)

Der deutsche Flüchtling.

Ich haus' allein im wilden Wald,
 Im fernen, fernen Westen;
 Den Wolf, den Graubär ungestalt
 Hab' einzig ich zu Gästen:

Es nahet mir kein Menschenfuß,
Es grüßet mich kein Freundesgruß: —
Der Sturm pfeift in den Ästen.
Mit Gram seh' ich der Wolken Heer,
Die frei nach Osten streifen:
Die Schwalben, die beneid' ich schwer,
Die heim nach Deutschland schweifen: —
Ich denk', wie, wo der Neckar geht,
Ein Hüttlein dicht in Reben steht,
Dran jetzt die Trauben reifen.
Ich denk', wie nun das Dorf entlang
Sich Kerz' entfacht an Kerzen,
Wie vor der Thür am Wiesenhang
Die blonden Buben scherzen!
Ich denk', wie dort zu dieser Zeit
Die Abendglocke hallet weit: —
Und weh wird mir im Herzen!
Mein einsam Feuer zünd' ich an,
Schau' in die nächt'ge Ferne: —
Hier bleib' ich stets ein fremder Mann,
Fremd sind mir selbst die Sterne:
O säh' ich nur ein einzigmal
Mein Vaterhaus im Abendstrahl, —
Ich stürbe — ach wie gerne!

———————

Reiter-Lied.

Glitzernder Sonnenstrahl
Spielt auf des Helmes Stahl —
Tau auf den Wegen:
Renne, mein Roß, geschwind!
Auf und dem Morgenwind
Lustig entgegen!

Schimmernder Nebel hält
  Vor uns die weite Welt
  Duftig umflossen:
  Sprenget drauf an und ein!
  Alles muß unser sein
  Was sie umschlossen.
Ob mich mein Liebchen rot,
  Ob mich der bleiche Tod
  Heut' noch erwarte:
  Reite nur: — frage nicht! —
  Lustig im Morgenlicht
  Fliegt die Standarte!

———————

Lied des Heimgekehrten.
1871.

Durch Donner des Todes, durch Schläge der Schlacht
  Hast du mich geleitet mit schirmender Macht.
Wie von Schwingen der Schwäne deckte Rauschen mich zu
  Dein waren die Flügel, Walküre, du.
Rings sanken die Kämpfer ins blut'ge Gefild:
  Mir hieltest du, Holde, zu Häupten den Schild:
„Du schwirrende Kugel, such anderen Pfad,
  Fort, Fieber und Seuche, — mein Liebling naht.
Schlang einst um die Schläfe ihm Rosen der Ruh': ---
  Heut' leg' ich den Lorbeer der Schlachten dazu.“

———————

Die Witwe von Sedan.

Wer ist, gehüllt in schwarzes Kleid
  Und tiefer noch gehüllt in Leid,
  Die fremde Witwe oder Maid?

Man weiß es nicht, woher sie kam;
   Ihr Wesen, vornehm, wundersam,
   Ist ew'ger Schmerz und heil'ger Gram.
Der Schleier birgt, wie dicht gerollt,
   Doch nicht die Lockenfülle hold: —
   Sonst trägt sie keinen Schmuck von Gold.
Sie lächelt nie, sie redet kaum, —
   Sie ist so weiß wie Wogenschaum, —
   Sie lebt und wandelt wie im Traum.
Doch, ob sie redet, ob sie schweigt, —
   Ob sie das Haupt zum Busen neigt, —
   Ob sie die sanften Augen zeigt: —
Ob ohne Laut sie sinkt ins Knie: —
   Ein leiser Glanz umflutet sie
   Von Liebreiz, Schmerz und Poesie.
Und jeder Arme, der sie bat,
   Das Kind, das in den Weg ihr trat,
   Denkt, Gottes schönster Engel naht. —
Wie rauscht der Abend jetzt so kühl,
   Wo einst gebrannt der Kampf so schwül,
   Bei Sedan dort am Tannenbühl.
Die Fremde weilt dort wie es tagt,
   Bis durch den Wald der Nachtwind klagt,
   Wo hoch ein Hügel einsam ragt.
Heil ihm, der dort den Tod gewann!
   Seit Lieb' und Liebesschmerz begann,
   Ward nicht gleich ihm geliebt ein Mann.

Aus der Jugendzeit.

Aus der Jugendzeit, aus der Jugendzeit
Klingt ein Lied mir immerdar.

Rückert.

Frühling, Traum und Ahnung.

Frühlingslieder.

1.

Noch liegt der Schnee im Walde, liegt Eis in Thales Schos:
Doch schon auf sonniger Halde wird hell das dunkle Moos.
Zwar Weißdorn, Erlen, Flieder ruhn noch in toter Nacht: —
Doch die mutigen Frühlingslieder sind schon im Herzen erwacht.

2.

Ich bin ins Feld gegangen. —
Der Winter hält gefangen
   In engem, eis'gem Band
   Mein Herz und alles Land.

Doch sah ich an den Bäumen
Schon manches Knospenträumen
   So manchen süßen Trieb,
   Der kaum gefesselt blieb.

Geduld, ihr Knospentriebe,
Geduld, du heiße Liebe:
   Geduld: bald kömmt der Mai,
   Dann werdet ihr alle frei.

3.

Ich habe die wilden Nächte so gern
　Im stürmischen frühen Märzen: —
　Hie und da im Gewölk ein einzler Stern,
　Wie ein Hoffen in dunklem Herzen.
Ein Wallen und Wehen in Flur und Wald, —
　Die braunen Zweige beben
　In freudiger Ahnung, daß sie bald
　Sich mit sprossendem Grün beleben.
Ein zitterndes Licht auf den Wassern schwebt, —
　In der Luft ein geschäftiges Rauschen,
　Als sei sie von tausend Geistern belebt: —
　Dann wieder ein harrendes Lauschen.
Das sind die Nächte, da ferne her
　Die Grüße des Frühlings wogen:
　„Geduld! ich säume nicht lange mehr,
　Dann komm' ich ins Land gezogen.“

Frühlingslied im alten Stil.

Der Frühling kommt, der Frühling kommt!
　Hört ihr ihn brausend nah'n?
　Herr Winter ist zerronnen,
　Herr Lenz, der hat's gewonnen:
　Laßt froh ihn uns empfahn.
Herr Winter hat uns schwer geplagt
　Mit Frost und Eis und Schnee:
　Er hielt in Haft die Quellen,
　Die Bronnen und die Wellen,
　That allen Blümlein weh.
Da kam der König Lenz ins Land,
　Der starke Siegesheld:
　Der riß entzwei die Ketten,

Thät alle Blümlein retten,
  Steht sieghaft frei im Feld.
Heimflog mit ihm der Vöglein Hauf,
  Der lang verbannet was:
  Es singen allenthalben
  Die Lerchen und die Schwalben:
  Sein' Feldmusik ist das.

Frühlingsabend.

Der Frühling kam: die Lüfte gehn so milde,
Der Sämann schreitet singend durchs Gefilde,
  Um ferne Höh'n ein ahnend Leuchten zieht:
Und, wann sich weichern Dufts die Wolken röten,
Schwebt hoch vom Ulmbaum ein elegisch Flöten: —
  Das ist der Amsel tiefes Abendlied.

Frühlingsnacht.

O laß mich, ahnende Frühlingsnacht,
  Den flüsternden Stimmen lauschen:
Die Nachtigall schlägt mit Macht, mit Macht
  Und die Wipfel der Buchen rauschen,
Um das Fliedergebüsch die Phaläne schwirrt,
Die Cikade singt und der Glühwurm irrt,
  Ein belebtes, beflügeltes Sternlein!

Warm flutet dahin leis wonniges Wehn
  Voll schnender, sprossender Keimnis:
Nicht kann die blühende Flur verstehn
  Ihr eignes, süßes Geheimnis:

Doch mein Herz erjauchzt in wogender Lust,
Daß in ihm sich das Frühlingswunder bewußt
  Und im Liede laut ist geworden:

Was sprechen möchte die Nachtigall,
  Was da rauscht in den blühenden Bäumen,
Was da leuchten die Sterne, die schweigenden, all,
  Was die Blumen duften und träumen,
Was die Wellen suchen fort und fort,
Ich juble's hinaus in dem seligen Wort:
  Ich liebe! Ich liebe! Ich liebe!

Im Wandern.

Wohl ladet zu bleiben manch traulicher Herd,
Doch spür' ich ein Treiben, das weiter begehrt:
Mich drängt es, durch Felder und Fluren zu gehn,
Durch rauschende Wälder, längs wallenden See'n,
Mit hurtigen Füßen, den Stab in der Hand,
Im Fluge zu grüßen das wechselnde Land.
Bald grüß' ich den Jäger auf schwindelndem Steil,
Bald grüß' ich den Schläger mit schallendem Beil,
Den einsamen Sennen, vom Nebel umdampft,
Im Dorfe die Tennen, im Takte gestampft,
Auf sonnigen Gründen des Hirten Schalmei,
Ob felsigen Schlünden den kreischenden Weih,
In brütender Schwüle das goldene Korn,
Die lauschige Mühle am kühligen Born. —
Wohl hör' ich die Stimmen, die laden zur Rast,
Wann die Lichter erglimmen in traulichem Glast: --
Stillfreuden des Lebens im heimlichen Haus, —
Mich ruft ihr vergebens, mich zieht es hinaus,
Euch hege ein andrer, dem Muße gefällt,
Doch ich bin ein Wandrer, mein Haus ist die Welt.

Sternen-Liebe.

O glaubt nicht an die kalten Lehren,
Es sei'n die holden Sterne tot:
Es waltet auch in jenen Sphären
Der Lieb' und Sehnsucht Machtgebot.
Sie suchen durch die ew'gen Räume
Den Stern verwandter Harmonie,
Und jeder webet goldne Träume
Und strahlt von Lieb' und Poesie.

Die Nacht.

Es naht die Nacht: — nicht als das Schreckgebilde,
Wie düster sie das Schuldgewissen malt:
Sie kömmt, die Göttin, schön und voller Milde,
Vom Sternendiadem das Haupt umstrahlt.
Die Straßen werden still: — es flimmern Lichter,
Den Wandrer laden sie zur Heimat traut: —
Die Sterne laden heller noch und dichter
Den, der im Traume sich die Heimat baut.
Nun ist die Zeit des Ahnens und des Bangens,
Nun ist die Zeit der Lieb' und Poesie, —
Die stumme Stunde sehnenden Verlangens,
Das ewig hofft und sich erfüllet nie.
Jetzt steigen holde Jugendideale
Aus ihrer frühen Gruft verklärt empor
Und, schwebend in dem bleichen Mondenstrahle,
Still grüßen sie, ein traurig schöner Chor.
Rings heil'ger Friede: gute Geister schauen
Allwaltend hoch herab vom Sternenzelt,
Und seinen Mantel schlägt, den dunkelblauen,
Gott um sein schlummernd Kind, die müde Welt

Das stille Lied.

In meines Herzens Tiefen ist mir ein Lied gelegt: —
  Ich werd' es niemals singen, weil mich die Erde trägt.
Es klinget leise, leise durch all' mein Leben fort:
  Nur manchmal sein vernehm' ich ein halb verloren Wort.
Stark flutet's auf und stärker, wann aus des Lebens Drang
  Verwandter Ton wie suchend mir an die Seele klang.
Der Hauch der Frühlingswinde, der Abendsonne Glanz,
  Das Flüsterwort der Liebe, der Ruhm des Vaterlands, —
Mit Geisterhänden rühren sie leise mir ans Herz:
  Dann tönt es drinnen wieder wie lauter Gold und Erz.
Nie hab' ich's ganz vernommen, das wundersame Lied:
  Ich weiß nur, daß sein Rhythmus durch Erd' und Himmel zieht:
Ich weiß nur, daß mein Leben im Takt des Liedes geht,
  Und daß ich sterben werde, wann einst es stille steht.

————

Junge Liebe.

„Naht ihr euch wieder, schwankende Gestalten?"
Goethe.

Dein Auge.

Seit ganz mein Aug' ich durft' in deines tauchen,
  Auf ewig schlöß' ich's gern: — ich sah genug:
Kein Erdenschatte sollte mehr behauchen
  Den Spiegel, der das Bild des Himmels trug.

————

Der erste Kuß.

Ich bin getränkt von einem heil'gen Quelle:
  Es ist mein Mund von deinem Kuß geweiht
Und kühlend wird mich laben diese Welle

In aller Schwüle dieser schwülen Zeit,

    Bis einst ein zweiter Kuß, so süß wie keiner,

Des Todes Friedenskuß, mich ganz befreit.

Fürs Leben aber heilige mich deiner:

    Von dir berühret seien meine Lippen

Denn aller andern Menschen Lippen reiner.

Am höchsten Born der Schöne durst' ich nippen,

    So sei der Schöne nur mein Mund zu eigen:

Ihr will ich unauflöslich mich versippen.

Die Wahrheit will ich reden oder schweigen:

    Die Lüge bleibe fern von meinen Worten,

Gleichwie die Dirne von der Jungfrau'n Reigen.

Und ausgeschlossen, wie aus Tempelpforten,

    Aus meinem Mund sei Spott und giftig Scherzen,

Dem jetzt gekrönet wird an allen Orten:

Dein heil'ger Kuß drang mir vom Mund zum Herzen!

Windesgruß in der Fremde.

Der du mir mit reinen Schwingen, heil'ger Wind, das Haupt um-
                        wehst, —

    Sprich, von welchen holden Dingen du im Botenamte gehst?

Sprich, wo hast du aufgelesen oder wer es dir beschied,

    Dieses wonnesame Wesen, das erquickend mit dir zieht?

Kömmst du her aus meinem Walde, drinnen lauscht das schlanke
                        Reh?

Kömmst du von der Uferhalde dort an meinem blauen See?

Kömmst von meiner Berge Füßen, wo der freie Wildbach tost?

    Freudig du gleich Freundesgrüßen, mild und stark wie Freundes-
                        trost!

Kömmst du gar auf weiten Wegen aus der Herzgeliebten Thal, —

    Dann sei erst mit Dank und Segen hochwillkommen tausendmal!

Liebesstimmung.

Es sind doch selig alle, die der rechten Minne pflegen:
In stillen Träumen wandeln sie auf grünen Waldeswegen, —
Zu ihren Füßen heimlich schön viel Wunderblumen sprießen, —
Leis rauscht es in den Wipfelhöh'n und ferne Bronnen gießen.
Weit ab die Welt mit ihrem Schall: — Baumblüten schweben nieder
Und eine Frühlingsnachtigall singt ihre ew'gen Lieder.

———

Morgengang.

Das war ein Morgen wunderschön:
  Ich weiß es noch wie heute!
Der Bergrauch stieg von allen Höh'n,
  Im Thal scholl Frühgeläute:
Da schritten wir den Wald entlang
Und lauschten still dem holden Drang,
  Den bang das Herz noch scheute.
Wir waren rein, wir waren jung:
  Ich liebte, doch ich zagte:
Kaum daß ich, stützt' ich dich im Sprung,
  Nach deiner Hand mich wagte:
Und, wenn ich dir ein Röslein bot,
Wie lieblich das ein brennend Rot
  Auf deine Wange jagte!
Es weht mich an wie Morgenluft,
  Wann ich der Tage denke:
Mir ist, als ob der Jugend Duft
  Sich nochmal auf mich senke:
O daß ich, eh' mein Ende schlug,
Nur einen, einen Atemzug
  Aus jener Zeit noch tränke.

Als Knospe schon starb diese Lieb',
Zur Blüte nie erbrochen:
Das Schicksalswort gefangen blieb
Im Herzen, ungesprochen:
Dort wird es ruhlos alle Zeit,
Ein tiefes, bittres, süßes Leid,
Mit leisem Schlage pochen!

―――――

Stille Treue.

Mich fasset große, stumme Wehmut, du süßes Kind, gedenk' ich dein
Wie du in stiller Treu' und Demut dahinlebst und geharrest mein;
O glaube nur, mir ist verborgen dein Sehnen und dein Dulden
nicht,
Wie du mit mir erwachst am Morgen, mit mir entschläfst beim
Sternenlicht.
Wie, was der bunte Tag dir bringe, spurlos vorüberbraust an dir,
Wie du befragest alle Dinge nach einem stummen Gruß von mir,
Wie du vieltraurig Sonn' und Sterne am Himmel schweigend
wandeln schaust
Und seufzest, wie der Tag so ferne, auf den du all' dein Leben
baust.
Ich weiß das alles! Wann das Rauschen der Flut um mich zu-
weilen schweigt,
Mahnt mich das Schweigen, aufzulauschen, ob sich von dir kein
Bote zeigt:
Dann stets auf meiner Seele Ranken legt sich's wie Maitau lind
und sacht:
Das sind die treuen Liebgedanken, darin du Reine mein gedacht.

―――――

Maienregen.

Daß du von meinetwegen auch Leiden mußtest tragen,
Das soll dir bringen Segen in allen künft'gen Tagen.
Die Liebe gleich dem Maien thät' in das Herz dir bringen:
Der Mai muß zum Gedeihen vor allem Sonne bringen:
Doch mußt du meinetwegen nun auch der Thränen pflegen,
So denk': auch das ist Segen: — es war ein Maienregen.

In deinen Schmerzen.

Wohl magst in Glück und Lust du mein entbehren:
Leicht findest du, wer deine Freude teilt: —
Doch wenn im Schmerz kein Tröster bei dir weilt,
Dann fühl' ich ein unsägliches Begehren,
Zu dir zu bringen wie der Mondenschein,
Wie er, mild zu verklären alle Pein!

In der Ferne.

Zu dieser Stund' auf stillem Pfade
    Hielt oft vor Liebchens Haus ich Wacht:
Dann grüßte freundlich durch die Lade
    Ihr Licht hinaus in meine Nacht.
Doch schmerzte mich in kaltem Dunkel
    Das Wehgefühl der Einsamkeit:
Ich schalt das glückliche Gefunkel
    Und trug ihm Groll und trug ihm Neid.
Oft hätt' ich gern in meinem Schmerze
    Gelöscht, der um dich war, den Schein: —
Und jetzt — o säh' ich nur die Kerze,
    Wie selig dankbar wollt' ich sein!

Schlichte Weise.

Am Abend spät bei kühlem Wein
  Saß ich in meinem Kämmerlein.
Und dachte lang vergangner Zeit
  Und wie ihr Glück so himmelweit.
Und dachte, wie zu dieser Stund',
  Wann ging der Mond am Himmelsrund,
Wie ich so oft mit meinem Schatz
  Gewandert über diesen Platz.
Und wie so lange, lange das
  Und ob sie mein wohl ganz vergaß? —
Und wie ich träumte, wie ich sann,
  Da hub das Lied des Türmers an:
Das Lied des Türmers, mild und weich,
  Als käm' es hoch vom Himmelreich,
Bei dem von Rührung oft besiegt
  Das Köpfchen sie an mich geschmiegt: —
Und wie ich's hörte, wie ich sann,
  In meinen Wein die Thräne rann.

Einer Entschwundenen.

Oft, blicken wir in Sternennächten
  Zur reichen goldnen Saat empor, —
Taucht aus dem Kranze, den sie flechten,
  Ein niegeschauter hell hervor.
Und unser Auge sinnend weilet
  Und hochbeglückt auf seinem Glanz,
Bis er versinkend uns enteilet
  Im ew'gen Sternen-Reigentanz.

Schaut er auch nimmer auf uns nieder, —
   Doch lebt die Sehnsucht nach ihm fort
In unsrer Brust und immer wieder
   Sucht unser Auge — seinen Ort.
So, Holde, lebt in meiner Seele
   Der Nachklang deines Wesens fort:
Ob auch der Stern am Himmel fehle, — —
   Geweiht, geheiligt ist sein Ort.

Leichtsinn.

Komm, liebes Herz, und sei vergnügt! Vergiß die alte Klage,
   Der ist ein Narr, der sich betrügt um seine jungen Tage.
Ein böser Mietsmann war der Schmerz, that dir viel Ungebüre:
   Zeig', daß du Herr im Hause, Herz, — flugs wirf ihn vor die
                                          Thüre.
Zieh', holder Leichtsinn, du herein: du bist ein feiner Knabe,
   Und richte dich vergnüglich ein mit deiner bunten Habe.

Zweifel.

Du bist ein recht holdselig Kind
   Und scheinst mir auch recht hold gesinnt:
   Hätt' ich ein Herz noch zu verleihn,
   Es sollte gern dein eigen sein.
Doch ach, es ist schon lange her,
   Daß nicht mein Herz mein eigen mehr:
   Im Häuschen fern am Rauschefluß
   Da liegt es fest in Pfandverschluß.
Versuch's, klopf' an das Fenster still
   Und frag,' ob man dir's geben will: --
   Ich müßt' mich täuschen bitterschwer,
   Gäb man dir's jemals willig her.

Was man stehlen darf und was nicht.

Gold und Silber und Juwelen, magst sie noch so heiß verlangen,
Freund, die darfst du niemals stehlen: sonsten, wenn du wirst
gefangen,
  Hängt man dich am Galgen auf!
Aber Rosen oder Flieder, wenn sie von der Mauer nicken,
Wenn sie schwankend auf und nieder leisen Duftes Grüße schicken:
  Stiehl sie, Freund, und säume nicht!
Siehst du gar auf Mädchenlippen rot und reif den Kuß sich wiegen
Und versäumst du, ihn zu nippen: — — auf der Seele wird dir's
liegen,
  Schwer dich reuen Tag und Nacht.

Brigitte.

I.

Im alten, braunen Giebelhaus,
  Da sind viel stille Gänge,
Da weicht man schwer einander aus,
  Denn sie sind allzu enge:
An einen Gang, den Speichergang,
Gedenk' ich all mein Leben lang.
Da riecht es süß von Obst und fein,
  's ist ein verschwiegen Plätzlein:
Am Simse liegt im Sonnenschein
  Und schnurrt das weiße Kätzlein,
Und an der Wand ist, blank und braun,
Viel Holzgetäfelwerk zu schau'n.
Ich kam hinauf von ungefähr:
  Da hört' ich leichte Tritte,
Vom Speicher kommt es klirrend her:
  „Seid Ihr's, Jungfrau Brigitte?

Wie tragt Ihr schwer in jeder Hand!
Dazu solch großes Schlüsselband!"
„Ei, laßt mich nur geschwind vorbei,
Der Vater hat's befohlen:
Obst soll ich aus der Kämmerei
Und Wein vom Keller holen.
Ein Herr vom Rat hält unten Rast,
Und der ist unser Vespergast."
„Ach, viel zu voll ist Euer Krug,
Laßt trinken mich ein Schlücklein:
Des Obstes habt Ihr schwer genug,
O schenkt mir auch ein Stücklein,
Und bis das nicht nach Wunsch geschehn,
Laß ich Euch nicht vorübergehn."
Da hielt die kleine Blonde still
Und seufzte loser Weise:
„So nehm' Er sich denn, was Er will,
Doch nehm' Er's rasch und leise! —
Das hat der Maurer schlecht bedacht,
Der diesen Gang so eng gemacht."
Der Vater rief: — bie Kleine lief,
Die blonden Zöpfe wehen,
Das weiße Kätzlein aber schlief
Und hatte nichts gesehen.
Ich ging auf meine Kammer sacht,
Und habe dieses Lied gemacht.

———

II.

Moral der Fabel.

Noch ging nicht alle Lust der Welt zu Grunde,
Ein holder Zufall noch treibt froh sein Spiel:
Vertraue freudig dich dem Strom der Stunde: —
Oft trägt er rasch dich an der Wünsche Ziel.

Im Flug das Glück hält manchmal wartend inne,
Es sehnet sich nach einem mut'gen Herrn:
Noch gilt das Recht der Jugend und der Minne
Und dem Poeten lacht ein guter Stern!

Trotz.

Und ob dein Herz von Eisen wär', — gebrochen müßt' es sein:
Ich trage diesen Trotz nicht mehr und diesen kalten Schein.
Und ist dein Sinn von Stahl und Erz, — von Feuer ist mein Blut:
Hab' acht, hab' acht, du stolzes Herz: — das Eisen schmilzt in
Glut.

Ich will es ja niemand erzählen.

Ich will es ja niemand erzählen, will ganz verschwiegen sein: —
Doch du kannst es länger nicht hehlen: — du liebst mich: gesteh's
nur ein!
Dein Auge, das hell sich belebet an dem meinigen, leuchtet mir's zu:
Die weiße Hand, die da bebet in der meinen, ist wahrer als du.
O höre dein Herz doch schlagen und rufen in pochender Hast:
„Kann länger allein nicht tragen der Liebe selige Last."
O eile, dies Sehnen zu stillen, das wie Blumen zu Lichte dringt:
O sprich: — nicht um meinetwillen: — sprich, weil dein Herz
sonst springt!

Goldköpflein und der Jäger.

Was spähst so scharf du, Goldköpflein, zum Wald vom Fenster aus?
„Zum Wald die liebste Taube mein flog just vom Taubenhaus."

Zum Wald die Taube flog doch nit, sie flog ja links ins Feld!
  „Ei nun, ich sah, ob denn zum Schnitt das Korn nicht bald bestellt."
Goldköpflein, lang schon liegt das Korn gehäuft in eurer Scheun'.
  „Ei nun, ich hört' aufs Jägerhorn, der Schall thut stets mich freu'n."
Mein Jägerhorn, das schweigt schon lang! Kind, lüge nicht! Mach' auf!
  „Nicht lüg' ich mehr! dein harr' ich bang! O komm! Die Thür
                          ist auf."

Ritornelle.

Ist endlich dieser herbe Trotz gezähmet?
    Hat endlich, süßen Zwang zu dulden, sich
    Dein Herz bequemet?
Es litt nicht mehr die große Göttin Liebe,
    Daß ihr das schönste Heiligtum: dein Herz,
    Verschlossen bliebe.
Sie sprach zu mir: „Zeuch aus! du sollst gewinnen
    Zum rechten Glauben mir die lieblichste
    Der Ketzerinnen."
Und aus zog ich gleichwie zu heil'gem Kriege
    Und lächelnd flog die Göttin mir voraus
    Und half zum Siege.
Die Strafe nimm, zu der sie dich verdammte:
    Du mußt nun willig dulden Kuß auf Kuß:
    Ich küss' im Amte.

O wend' es ab, dein dunkles Auge!

O wend' es ab, dein dunkles Auge! Es ist, wann heiß es auf
                          mir ruht,
Als ob an meinem Herzen sauge der ganzen Hölle Feuerglut.

All' meiner dunklen Geister Scharen, mit Müh' in leisen Schlaf gebannt,
Entfesselt auf vom Schlummer fahren bei des verwandten Blickes
Brand:
Und schmerzlich zittert, zu vergehen, versengt ein ander Augenpaar,
Das milde, wie zwei blaue Seen, in meiner Brust gebettet war.

Mahnung.

Erkenne deine Schuld im stillen, gestehe nur dir selbst sie ein:
Es ist ja nicht um meinetwillen, es ist um unsre Lieb' allein!
Nicht mich sollst bittend du versöhnen, denn nicht an mir hast du
gefehlt:
Du hast gefehlt dem ewig-schönen Gefühl, das unsre Brust beseelt.
Es kam ein Gott mit lichter Helle, nahm unsre Herzen völlig ein:
Da wolltest neidisch eine Stelle bewahren du für dich allein:
O fühle, daß du dich vergangen, beut' ihm den letzten Schlüssel dar:
Willst du den Gott in dir empfangen, sei ihm ein Tempel ganz
und gar.

Abschied.

Und willst du's so und ist es wahr und muß es sein geschieden,
So leb' denn wohl auf immerdar und mit dir all' mein Frieden!
Ja, du warst meiner Hoffnung Kranz, der dunkeln Brust Karfunkel:
Mit dir flieht Jugend, Glück und Glanz und öde wird's und
dunkel.
Du warst der Seele Rast und Ruh', die Ros' auf dürrem Pfade,
Des Herzens Sonntag warest du voll Frieden und voll Gnade.
Nun blieb mir nur der Staub und Schweiß, der Schimmer floh des
Lebens,
Verloren ist des Kampfes Preis und sieg' ich, — ist's vergebens.

Verrat.

O Gott, du kannst mich kränken wollen! O Schmach, wie du so
herzlos bist:
Mehr Totenscheu du solltest zollen der Liebe, die gestorben ist.
Willst du mich treffen nun ins Leben, ich zweifle nicht, daß du es
kannst:
Du zielst dem Herzen nicht daneben, des tiefste Falten du gewannst:
Gewiß der Ort wird gut geküret, wohin du wirfst den Brand, mein
Kind: —
Hab' ich doch selbst dich hingeführet, wo meine Heiligtümer sind.

Anklage.

Ja, du hast klug gespielt und hast gewonnen,
   Dein ist das Lächeln und die Thräne mein:
  Doch daß dabei dein schönes Bild zerronnen, —
   Ach, das ist meine größte Pein!
Wie hatte dich erhöht mein frommer Glaube!
   Den schönsten Sternen hatt' ich dich gesellt —
Und nur du selber konntest ziehn zum Staube,
   Was mir entrissen keine Welt.
War's wohlgethan, den hoch emporzuheben,
   Dem insgeheim man tiefen Fall verspricht?
Es wird auf Erden alle Schuld vergeben,
   Jedoch des Herzens Lüge nicht!

Liebes-Erinnerung.

Es ist der Liebe Glück das höchste Gut:
  Doch als das Zweite dicht daneben ruht:
  Sich in verlorner Liebe Rückgedenken
  Mit treuem Schmerz versenken.

Die sehr Verständige.

Du hast zum Gott dir den Verstand erkoren.
  Den kalten Götzen, der des Lebens bar:
  Damit gewannst du Kleinigkeiten zwar,
Doch hast du drum das Köstlichste verloren.
Mag deine Klugheit herrschen über Thoren,
  Magst du entgehn manch schmerzlicher Gefahr:
  Verwirkt hast du damit auf immerdar
Den holden Reiz, der mit dem Weib geboren.
Du hast verwirkt den Frühlingshauch, den süßen,
  Der sanft vor Frauen unsre Seelen beuget
  Gleichwie der Abendwind ein Ährenfeld.
Es floh'n die Grazien aus deiner Welt:
  Dir fehlt, wirft alle Lust sich dir zu Füßen,
  Der heil'ge Schmerz, der höchste Wonne zeuget.

―――――

Klage.

Sie sagen, ich solle mit Rosen mich kränzen,
  Sie rühmen: die Sterne begünstigen mich:
Nicht sehe die Sterne, die Rosen ich glänzen,
  Denn ach, meine Seele verzaget um dich!
Es rufen zum Siege mich wallende Fahnen,
  Es rauschet ein Lorbeer von ferne mir zu: —
Vergebens das Rufen und Rauschen und Mahnen:
  Mein Glück und mein Ehrgeiz, mein Hoffen bist du!
Du aber — du tanzest und lächelst durchs Leben,
  Du nimmst meine Liebe mit spielender Hand:
Ach Gott, ich hatte dir Perlen gegeben, —
  Du legst sie zum andern vergessenen Tand!

―――――

Warnung.

Sieh, ohne Vorwurf, ohne Grollen
   dir, falsches Weib, mein Herz vergiebt:
Doch mußt du jetzt nicht heucheln wollen,
   Du habest niemals mich geliebt!
Als feuriger dein Auge glänzte,
   Wann meines drein gespiegelt war, —
Als sich mit Blumen nur bekränzte,
   Die ich gepflückt, dein dunkles Haar, —
Als meine Farben du getragen
   Am Maienfest im Buchenhag
Und heiß dein Herz im Tanz geschlagen· —
   Sag' an, wem galt da jeder Schlag?
O leugne nicht dem Angedenken
   Gestorbner Lieb' ins Angesicht:
Was lebt, das magst du tödlich kränken,
   Die Toten aber lästre nicht!

Die gebrochene Blume.

O heiße, heiße Sonne, wie saugest du mein Blut,
   Am grünen Strauch im Walde, da war es kühl und gut!
O Hand viel ungetreue, die mich gepflückt vom Strauch,
   Wer da will Rosen pflücken, sollt' ihrer pflegen auch!
Nimm, heil'ge Mutter Erde, mich auf in deinem Schos: —
   Gebrochen und vergessen — das ist ein Blumenlos!

Das weinende Mädchen.

Ich war ein thöricht junges Kind, nie hatt' ich der Liebe genossen, —
   Da klagt' ich sehnend in Nacht und Wind und meine Thränen
                flossen. —

Und ich fand ihn, den ich finden gemußt, sein Arm hielt mich um-
schloffen:
    Da ward mir zu Schmerz die felige Luft und meine Thränen
floffen.
Und wieder wach' ich, da niemand wacht: — in der Ferne die Waffer
gießen: —
    Ich bin allein mit der Mitternacht: — und meine Thränen fließen!

Die Kranke.

Im Wald will ich begraben sein wohl unterm Buchenbaum,
    Nicht unter kaltem, schwerem Stein in engem Sargesraum:
    O gönnt dem Herzen seinen Traum: — im Walde grabt mich ein,
    Denn damals, — unterm Buchenbaum — da war sein Herz
noch mein!
Im Abendgolde glomm der Hag, weich schwoll das junge Moos.
    Zu meinen Füßen fromm er lag, das Haupt in meinem Schoß.
    Die Amsel sang im Buchenast, die Mühle ging im Thal
    Und meine Hand hielt er gefaßt und küßte sie tausendmal.
O du glückfel'ge Ruhestatt dort auf den grünen Höh'n!
    Da schlug mein Herz noch nicht so matt, da war ich jung und schön:
    Ob er mich ganz vergeffen hat: — da war er sicher mein
    Und dort soll meine Ruhestatt, dort bei der Buche sein.

Der Wildbach an die Blume.

Sinkende Blume, was willst du von mir?
    Ruhe und Treu', — nie verhieß ich sie dir,
        Konnte sie nimmer verheißen!
    Ich bin ein flüchtiger, flüffiger Pfeil,
      Sturm ist mein Leben und Braus ist mein Teil,
        Und mein Kuß ein verderblich Zerreißen!

Was haft du so nickend vom Ufer geschaut?
  Was haft du der werbenden Woge vertraut?
    Sie redete nicht von Frieden!
  Ob nun vor dem schäumenden Freier dir graut, —
  Nun bist du des Stromes erkorene Braut,
    Mir bist du verwirkt und beschieden!
Was klagst du mich an, was verlangst du zurück?
  Nur sprudelndes Vorwärts ist Leben und Glück,
    Ich kenne kein sanftes Verweilen.
  Kann nicht lauschen auf dich und dein flüsterndes Weh, —
  Hörst du die ferne, die brandende See?
    Sie ruft mich, zu ihr muß ich eilen!
Doch klage nicht! Achte dein Los für Gewinn:
  Und zieht's dich verschlingend zur Tiefe dahin,
    Und wirst du nimmer genesen: —
  Du gehörtest dem Starken in schäumender Lust
  Und sinkst du mir tot von der brausenden Brust, —
    Eine Königin bist du gewesen!

Warnung.
(An H. L.)

Wirst du niemals Friede finden, o du unstet wildes Herz?
  Treibst dahin vor Wetterwinden und dein einzig Ziel: — der
                                                    Schmerz!
Schmerz für dich! Denn stets zu wandern jagt dich Sehnsucht
                                                    immer neu:
  Ach und Schmerzen für die andern, die du grüßest ungetreu.
Ahnt mir doch, einst hart am Hafen, angesichts von Heil und Huld,
  Wird dich streng das Schicksal strafen, strafen alt verschollne Schuld.
Langsam über deinem Haupte ballt sich die Vergangenheit:
  Jede längst gesühnt geglaubte Thräne heischt Gerechtigkeit.
Aus der dunkeln Wolke brechend zuckt Vergeltung blitzesrot
  Und in ew'ge Tiefen rächend stürzt sie dein bekränztes Boot.

Drei Sonette.

I.

Ich hatte, stolzer Weisheit hingegeben,
  Vertieft in des Gedankens Einsamkeit,
  Entsagt dem Wechselspiel von Lust und Leid:
Nicht Glück, nicht Freude sucht' ich mehr im Leben.
Da zogst du mich — es half kein Widerstreben —
  Zurück zum Wunsch nach so viel Lieblichkeit,
  Zurück ins Reich der leicht beschwingten Zeit: —
In Furcht und Hoffnung muß ich wieder beben.
Ich lebte stolz, mein eigen und geborgen: —
  Und ach: nun fühl' ich meine Seele sorgen,
  Daß nicht ein Haar vom schönen Haupt dir fällt.
Und doch dank' ich dem Himmel jeden Morgen:
  Die Hoffnung schon, die jetzt die Brust mir schwellt,
  Auch unerfüllt, wiegt auf die ganze Welt.

II

Du hast mein Herz mit süßem Gift vergiftet,
  Das so gesund und fröhlich einst gedichtet,
  Hast Freiheit mir und Friede ganz vernichtet: —
O welches Unheil hast du angestiftet!
Auf schwanker Sturmflut des Verlangens triftet
  Der irre Geist, sonst fest aufs Ziel gerichtet; —
  Ihr Hoffnungen, wie seid ihr sturm=gelichtet,
Die ihr dereinst so reichen Zuges schifftet! —
Ich brüte vor mich hin in tiefem Denken:
  Doch nicht das Große sinn' ich und das Wahre,
  Ich suche nicht mehr, was ich sonst ergründet: —
Die Augen schließend, mich in dich zu senken,
  Sinn' ich nur nach, wie glänzend deine Haare,
  Und wie vollendet sich dein Nacken rundet!

III.

O sage nur, wie hast du's angegangen,
    Daß du so ganz mich hast an dich gebunden?
    Das andre Leben ist mir all' entschwunden,
An dir allein muß meine Seele hangen.
Zu denken an den Schimmer deiner Wangen
    Und wie sich reizend deine Formen runden
    Ist nun der Inhalt aller meiner Stunden,
Und all mein Denken ist nur — dich verlangen!
Jedoch vergeblich klag' ich meine Klagen!
    Du glaubst, daß die erfüllte Lieb' ersticke,
    Und kennst die Kunst, durch Stolz die Glut zu steigern.
Dein Zauber ist beständiges Versagen:
    Du nährst den Brand durch deine kalten Blicke,
    Und fesselst durch ein ewiges — Verweigern!

———

Werbung.

Liebst du, im grünen Wald zu gehen,
    Geführt von sel'gem Liebgeleit,
    Wann lau die Abendlüfte wehen
    In ahnungsfroher Maienzeit, —
Dich an ein pochend Herz zu neigen
    Auf moos'gem Fels am Wasserfall,
    Wann in des Weißdorns duft'gen Zweigen
    Lockt und frohlockt die Nachtigall, —
Und Kuß und Traum dein Zeitvertreib, —
    So komm' mit mir und sei mein Weib!
Liebst du, wann dicht die Flocken fliegen
    Ums Haus in Wintersturmes Wut,
    Dich eng an warme Brust zu schmiegen
    An trauten Herdes roter Glut, —
Liebst du, von festem Arm gehalten,

Wann unterm Tritt das Schneefeld kracht,
Zu schau'n der Sterne schweigend Walten
Im Schimmer der Dezembernacht —
Und Kuß und Traum dein Zeitvertreib, —
So komm' mit mir und sei mein Weib!
Sprich, sollen meines Liebes Blüten
Durch deine Locken ranken dicht,
Soll ich dich pflegen und behüten
Getreuer als mein Augenlicht,
Soll Friede dich in Schlummer singen,
Dein Morgengruß die Freude sein
Und Liebe dich auf Adlerschwingen
Durchs Leben tragen hoch und rein,
Und Kuß und Traum dein Zeitvertreib: —
So komm' mit mir und sei mein Weib!

———————

Sie sprach: „des Träumens hab' ich mich entwöhnt".

Du sagst, du willst nicht länger träumen: — o weh' dir, wenn dir
das gelingt!
Kein schöner Glück ist zu versäumen im Leben als dein Traum
dir bringt.
Willst du der Sehnsucht dich entwöhnen, der heil'gen, die dich auf-
wärts trug
Und in das stille Reich des Schönen die leicht gewölbte Brücke
schlug?
Willst nicht mehr schauen in die Sterne, nicht mit den Blumen
flüstern mehr,
Nicht ahnen mehr in duft'ger Ferne gestillt ein schweigendes Begehr?
Willst nüchtern gleich den andern werden, die sehnsuchtslos durchs
Leben gehn,
Und, dumpf gesenkt den Blick zur Erden, kein holdes Wunder
walten sehn?

Willst du die Schwingen ruhen heißen, die deine Seele kühn gespannt?
  Du kannst es nicht! — Kannst nicht zerreißen all' deinen Schmuck
                    mit eigner Hand!
Das war's ja, was uns fest verbunden, was dich vor allen mir
                    verklärt:
  Die Perle hätt' ich nie gefunden, verriet ihr Glanz nicht ihren
                    Wert!
Den Traum und Glanz verliere nimmer, der all' dein tiefstes Leben ist:
  Bewahren mußt du deinen Schimmer, so wahr du meine Perle bist!

Herzens-Frühling.

Thu' dich auf in deinen Tiefen, Herz, mach' deine Thore weit!
  Hörst du nicht, wie laut dich riefen Schönheit, Liebe, Seligkeit?
  Hast du noch nicht ganz vernommen, welche Gnade du gewannst?
  Herz, dein Frühling ist gekommen! Blühe denn, so reich du kannst!
Endlich sank die dunkle Hülle, die dir Luft und Licht geraubt,
  Liebeslust und Lebensfülle fluten auf dein selig Haupt;
  Sieh, die Nebel sind entschwommen und die Zweifel, die du spannst:
  Herz, dein Frühling ist gekommen, blühe nun, so reich du kannst!

Zwiespalt und Versöhnung.

In meiner Seele wohnen zwei Gewalten,
  Die stehn von Anbeginn in schwerer Fehde;
Nicht kann ich selbst dabei als Richter schalten,
  Denn ach! gleich sehr ich selber dünkt mir jede,
Und will ich diese, will ich jene richten: —
  Stets schein' ich mir, mich selber zu vernichten.
Die eine, tief aus dunklem Grund entstammet,
  Die zack'ge Feuerkron' in dunkeln Haaren,
Von düstern Gluten ruhelos durchflammet,

Will immer nur sich selber offenbaren:
Sie treibt der Stolz, sich selbst nur zu gehören
Und alles sonst verschlingend zu zerstören.
Kühn folgt sie mit des Zweifels schneid'ger Schärfe
   Dem fliehnden Gott bis nach des Himmels Thronen:
Sie trachtet, wie die Welt sie unterwerfe,
   Will nichts, was zart und heilig ist, verschonen,
Und drückt auf alles, was sie mag erreichen,
Des Eigenwillens stolzes Herrscherzeichen.
Die andre trägt, von Sternen hell gewoben,
   Den Friedenskranz in ihren lichten Locken:
Sie lauscht, den Blick in Andacht sanft gehoben,
   Der ew'gen Gnade leisen Silberglocken:
Sie hat sich demutvoll dem Gott ergeben,
Des heil'gen Atem sie fühlt um sich schweben.
Sie wollte, jeden Hader zu versöhnen,
   Ihr warmes Herzblut an die Welt verschwenden,
Sie beugt in Ehrfurcht sich dem Geist des Schönen,
   Sie möchte Liebe sonder Schranke spenden
Und möchte sterbend ganz in Gott zerrinnen,
In ihm ein ewig Leben zu gewinnen. —
In diesen Zwiespalt bist nun du getreten,
   Du helles Bild voll Lieblichkeit und Süße:
Du bist das Pfand, um das ich oft gebeten,
   Die Friedenshoffnung, die beglückt ich grüße:
Du wurdest mein, du fröhlich Lichtgebilde, —
Gewiß, nun siegt in mir der Geist der Milde.
Entwaffnet senkt die trotzige Verneinung
   Die Flammenfackel sanft in deine Hand:
Du lege sie — das ist des Zeichens Meinung —
   Auf unsres Hauses Herd als Opferbrand,
Und wisse, dazu wardst du mir gegeben,
Daß du der Friede seist in meinem Leben.

Besitz und Begnügung.

Ich weiß dein Herz so ganz mein eigen, es folgt mir nach, wohin
ich geh': —
Und doch will nie das Sehnen schweigen, bis ich dein Antlitz
wieder seh'.
Das ist der Liebe höchster Segen, das schönste Wunder, das sie hegt:
Sie sucht das noch auf allen Wegen, was sie doch ewig in sich trägt.
Der hat das höchste Ziel getroffen, dem ward das reichste Gut geschenkt,
Dem sein Besitzen und sein Hoffen dasselbe schöne Haupt umfängt.

Vertrauen.

In deine Treue still ergeben, die ich so rein und fest erfand,
Leg' ich fortan mein Glück, mein Leben getrost in deine liebe Hand.
So sicher ist's dort aufgehoben und steht in solcher Hut und Acht,
Als läg's zu Gottes Füßen oben und tausend Engel hielten Wacht!

Bitte.

Die Welt erfüllet das Gemeine,
Das mir den zarten Sinn empört: —
Nimm du mich auf in deine Reine,
Da ewig mich kein Makel stört.
Die schwanke Welt sucht stets das Neue,
Mein Herz begehrt nach sichrer Rast: —
Nimm du mich auf in deine Treue,
Die ewig hält, was sie umfaßt.
Es dient die Welt der Selbstsucht Triebe,
Die, mehr zu fordern nur, gewährt: —
Nimm du mich auf in deine Liebe,
Die alles giebt und nichts begehrt.

Dein Bild.

Wenn ich mein Herz erfreuen will, brauch' ich nur dein zu denken,
Und mit geschloss'nen Augen still mich in dein Bild zu senken;
Dann seh' ich deine Lippen rot und deine reinen Züge: —
Vergessen ist des Lebens Not, die Welt und ihre Lüge,
Mich überkömmt der sanfte Geist der Schönheit und der Treue,
Und lerchengleich die Seele kreist in reiner Himmelsbläue.

Abend=Heimkehr.

Wie oft bin ich zu dieser Stunde, wie jetzt, bei Abendglockenklang,
    Gewandelt hier im Wiesengrunde, die Seele trüb und sehnsuchtbang.
Es wandte sich in Höh'n und Tiefen rings alles einer Heimat zu:
    Im Nest die kleinen Vögel schliefen und selbst die Sonne ging
                                               zu Ruh'.
Und jeder wußte wohl die Stätte, wohin er aus des Tages Hast
    Die müdgewordne Seele rette zu einer stillen Abendrast.
Doch keine heimatliche Schwelle stand meiner Sehnsucht hold bereit:
    Der stille Gram war mir Geselle und Hausfrau mir die Ein-
                                             samkeit. —
Nun aber ohne Neid und Sorgen seh' ich der Abendheimkehr zu:
    Ich weiß, bei dir bin ich geborgen, du meiner Seele Heimat, du.
Wann nun zum Pfühl die Sonne gleitet, das sie aus Gold gerüstet hat,
    Ist mir an deiner Brust bereitet vieltausend schöner Ruhestatt.

Aus Leben und Streben.

Non sine Dis.
Horatius.

Gegen den Wind.

Gerne schreit' ich gegen den Wind, daß mir die Locken fliegen:
  Denn so ist meine Seele gesinnt: sie liebt es, streitend zu siegen.
Blase! Brause! Du schreckst mich nicht: laß uns im Wettkampf streben,
  Und der Sieger schelte Wicht den, der sich ergeben.
Solch Geschick mein Leben lang spinne mir die Norne:
  Klares Ziel, sichrer Gang und ein Feind — von vorne!

Rückblick.

Zurück seh' ich und sehe wenig Frieden!
  Nur kurze Kindheit war dem Kind beschieden:
    In grüner Stille, fast wie Mädchen zart,
  Erwuchs der Knab' im Schutz der alten Bäume
  Und wob bei Amselsang viel goldne Träume
    Und häufte Schätze, die der Mann noch wahrt.
Früh kam der Kampf — und blieb. Im Elterngarten
  Bald flogen wild im Schlachtruf die Standarten
    Und Hohenstaufenkampf war all mein Spiel!
  Das Spiel ward Ernst — wie früh! Seither: — welch Streben, —
  Hast ohne Rast, Triumph und Fall und Heben, —
    Ersehnt, erreicht, verachtet Ziel um Ziel.

Das Forschen lockt und quält: — es bricht die Schranke: —
  Kühn, immer kühner hebt sich der Gedanke: —
    Die Götter fallen und ihr Wolkenthron.
  Der Ehrgeiz brennt. Der Wille lernt sich fassen.
  Früh lieben lernt das Herz und bald auch hassen
    Und neuer Kampf wird jedes Sieges Lohn.
Mann gegen Mann! Du fällst, auf daß ich stehe!
  Ich kann nicht achten auf dein grollend „Wehe!" — —
    Doch, warum Friede nie des Sieges Preis?
  Warum verbrennt das Herz an eignen Flammen?
  Lorbeer und Rose heischt es, ach, zusammen,
    Die es auf ewig doch geschieden weiß.

Thränen.

Fließet, heiße Thränen, fließet, schmerzenvolle, sanfte Lust:
Lang verschüttet, neu ergießet sich ein Quell aus meiner Brust.
Fühl' ich's doch, daß ihr noch Grüße von der schönen Jugend seid: —
Daher eure stille Süße, daher eure Seligkeit.
Fließet, fließet, heiße Thränen, Dank für euren feuchten Schmerz:
Ach ich wagte nicht zu wähnen, daß so weich noch dieses Herz!

Ein Kanon.

Kehr' in dich selbst zurück,
Nur in der Still' ist Glück,
  Suchendes Herz:
Was dir die Welt verspricht,
Hält dir die Falsche nicht,
Und, wenn die Schale bricht, —
  Ihr Kern ist Schmerz.

Liebe hat keine Treu',
Kurzes Glück — lange Reu', —
  So treibt sie's just:
Niemand versenket sich,
So wie du's hoffst, in dich, —
Ach! und wie bitterlich
  Schmerzt der Verlust!

Nur wann dein Kämmerlein
Freundlicher Lampenschein
   Traulich erhellt,
Wann von des Tages Schall
Ausgetönt jeder Hall
Und dich allüberall
   Friede befällt, —

Weil vor dem innern Blick
Menschen- und Weltgeschick
   Vorüberzieht: —

Dann tönt's wie Friedenssang
Und der Geschicke Gang
Singt deinem Schmerzensdrang
   Ein Schlummerlied.

In diesem ew'gen Fluß
Schweigend versinken muß
   Flüchtiger Schmerz:
Dein Weh und Ach vertönt,
Wo diese Orgel dröhnt
Und mit der Welt versöhnt
   Ruhet dein Herz!

Erhebe dich vom Grunde!

Erhebe dich vom Grunde, erhebe dich mein Herz!
Dir heilet jede Wunde, und dich erdrückt kein Schmerz.
Nie konntest du erdulden, was du erduldet hast,
Trug nicht in großen Hulden ein Gott mit dir die Last.
Du stehest hoch in Gnaden, du gehst mit gutem Stern:
Noch nie war deinen Pfaden ein lichter Engel fern.
Drum still, Herz, laß uns lauschen: — auch jetzt hör' ich den Ton
Von leisem Flügelrauschen: — der Engel nahet schon!

Zuversicht.

Ja, das ist dein heller Schimmer, den mein trübes Auge spürt,
Du mein Stern, der mich noch immer wunderbar ans Ziel geführt.
Über Höhen, über Tiefen leuchtend, segnend ziehst du mit:
Und, ob meine Augen schliefen, blindlings führst du meinen Schritt.
Wuchernd über meine Pfade ranken Irrtum, Schuld und Wahn,
Stünd' ich nicht in höh'rer Gnade, längst verlor ich meine Bahn.

Manches Werk hab' in Verblendung ich der Kühnheit angerührt,
Nimmer hätt' es zur Vollendung diese schwache Hand geführt:
Aber, schien die Not am größten, horch, da klang's ob meinem Haupt,
Leise Geisterhände lösten, was unlösbar ich geglaubt;
Gute Feeen, lichte Elfen sind noch immer mir genaht,
Lächelnd mir zum Sieg zu helfen, einem zweiten Fortunat:
Nichts soll diesen Wahn mir rauben, 's ist mein bestes Waffenstück:
Mutig an sein Glück zu glauben, ist des Mannes höchstes Glück!

An die Phantasie.

Oft sah ich wechseln Gunst und Lieben,
    Doch deine Huld verließ mich nie:
Du bist mir rührend treu geblieben,
    Goldlock'ge Göttin, Phantasie.
Du standest an des Kindes Wiege
    Und zeigtest ihm den ersten Stern,
Daß einst sein Geist nach allem fliege,
    Was schön und schimmernd, hoch und fern.
Du hast gelenkt auf grünen Pfaden
    Des Knaben träumerischen Gang,
Erschlossest ihm des Waldes Gnaden,
    Des Frühlings Wonnen=Überschwang.
Du lehrtest ihn der Amsel lauschen,
    Des scheuen Hähers Flug erspäh'n
Und in der Buchen Wipfelrauschen
    Ein leises Götterwort verstehn.
Und als die lastenden Gedanken
    Des Jünglings bleiche Stirn gedrückt,
Hast du mit duft'gen Blütenranken
    Des Kämpfers harten Helm geschmückt.
Du stilltest aller Wunden Qualen
    Mit lichter Hände Heilgewalt,

Du boteſt die bekränzten Schalen,
So oft es Sieg und Freude galt.
Und ob des Lebens Streit, der ſcharfe,
Mich ſchrill umtoſet allerwärts: —
Leis tönt aus deiner goldnen Harfe
Ein ſelig Klingen durch mein Herz.
Und ſucht dereinſt, gelöſt vom Staube,
Mein Geiſt zur Heimat ſeine Bahn,
Dann fliegſt du, eine weiße Taube,
Ihm in dein ewig Reich voran.

Getroſt.

Getroſt, getroſt! Und mag ſich's einſam auf deinen ſteilen Pfaden
gehn
Die Fahrt iſt wenigen gemeinſam, wo ſcharf und rein die Lüſte
wehn.
Laß andre nur in bunten Fluren genießen, was da ſüß und ſchön,
Und folge du den ſtolzen Spuren, die führen nach des Lebens
Höh'n.
Du biſt nicht einſam! — Dich geleitet der Gott, der dir im Herzen
wohnt,
Und jeden Schritt, der aufwärts ſchreitet, mit immer freierm
Blicke lohnt:
Wie näher ſtets auf hoher Leiter du bringſt ans ew'ge Sternenzelt,
Stets klarer, herrlicher und weiter erdehnen dir ſich Zeit und Welt.
Für jede Roſe, raſch vergänglich, die hier du gönnteſt anderm Herrn,
Geht dir an Schönheit überſchwänglich dort oben auf ein ew'ger
Stern;
Und mag ihn nie dein Fuß erreichen: — es lohnt ſich doch der
Pilgerſchaft:
Du lernest deinem Ziele gleichen, wirſt klar und rein und ſternen-
haft!

Versöhnung.

Und wird mich bald der rasche Tod umarmen,
   Ich klage nicht, ich segne mein Geschick:
Die Welt erschuf unendliches Erbarmen: —
   Drum preise Gott, wer da gedurft erwarmen
   An dieses schönen Daseins Sonnenblick.
Denn keinen Anspruch hat der Mensch, zu leben!
   Und wenn es einem güt'gen Gott gefällt,
Dich aus dem Nichts in holdes Licht zu heben
Und dir des Atmens süße Lust zu geben, —
   So schenkt er frei dir eine ganze Welt.
Der Tod bezahlt das Leben nicht zu teuer!
   Wer einmal nur die Heckenrose dicht
Sich ranken sah um sonniges Gemäuer,
Wer einmal trank der heil'gen Rebe Feuer, —
   Den reuet sicherlich des Lebens nicht!
Ich aber ward vor Tausenden gesegnet:
   Im Takt des Liedes ging mein Herzensschlag,
Mir ist der Liebe Lichtgestalt begegnet,
Und Rosen hat es auf mein Haupt geregnet,
   Und all mein Leben war ein Frühlingstag!
Drum, kömmt der ernste Genius einst gefahren,
   Der schweigend seine dunkeln Rosse lenkt,
Dann nehm' ich still den Kranz aus meinen Haaren
Und alle Blüten, die mir teuer waren,
   Als Dankesopfer sei'n der Welt geschenkt!

Fliege!

Hinter allen dunkeln Wolken
   Blaut ein Himmel ewig klar:
Fliege, fliege, meine Seele,
   Dringe durch, ein mut'ger Aar.

Trage deine Schmerzgeschicke
Mit der Ehrfurcht des Gebets: —
Bald voll Gnade, bald voll Strenge,
Aber göttlich sind sie stets.
Jene Macht, die holde Sterne
Freundlich in die Nacht gestreut,
Ist kein Dämon, der der Qual sich
Dunkler Menschenstunden freut.
Hinter allen dunkeln Wolken
Blaut ein Himmel ewig klar:
Fliege, fliege, meine Seele,
Dringe durch, ein mut'ger Aar.

Beruhigung.

Vertraue still der reichen Gnade, die in den schönen Sternen wohnt
Und segnet alle lichten Pfade und jedes treue Ringen lohnt.
Der Geist, der Tag und Nacht geschieden, der alles ordnet, hält und
schützt,
Der seines Himmels blauen Frieden auf unsichtbare Säulen stützt,
Der allem Leben zugemessen mit milder Hand gerechtes Los:
Der hat auch deiner nicht vergessen, — du ruhest auch in seinem
Schos.
Wie er von seinen Weltenkreisen die dräuende Zerstörung wehrt,
Und sicher sie in goldnen Gleisen zu ew'gen Zielen wandeln lehrt: —
So waltet er auch deines Lebens in schirmender Gerechtigkeit:
Ist's Licht, so leuchtet's nicht vergebens und lischt nicht aus in
Dunkelheit.

An die Sterne.

Seid mir gegrüßt, ihr Sterne,
  Ach, ihr beherrscht mich ganz:
In meines Wesens Kerne
  Ruht euch verwandter Glanz:
  Und wann ihr nun mit Schweigen
  Den schimmervollen Reigen
  Ob meinem Haupte schlingt,
  Wird mir die Kraft lebendig,
  Die aus der Brust beständig
  Nach euren Höhen ringt.
Dann schweiget ihr das Lärmen
  Der weihelosen Welt:
  Des Lebens Lust und Härmen,
  Ein dumpfer Nebel, fällt:
  In meiner Brust sich dehnen
  Fühl' ich ein heilig Sehnen,
  Empor trägt mich's, empor:
  Und leise Harfentöne
  Von längst geahnter Schöne
  Vernimmt mein selig Ohr.
Nichts soll von euch mich trennen
  Und jenem Harfenton:
  Mein Geist soll sich bekennen
  Auf ewig euren Sohn:
  Ihr sollt mein Los gestalten,
  Ihr heiligen Gewalten: —
  Nicht Rosen, die verwehn,
  Es soll mit ew'gem Scheine
  Ein stiller Stern alleine
  In meinem Wappen stehn.

Die Abendstunde.

Haltet heilig die Abendstunde!
  Sie ist der Sabbat an Wochentagen.
  Wann die Kirchenglocken rings in der Runde
  Eine die andere rufen zu schlagen,
  Bis sie endlich alle mit Einem Munde
  Anheben zu singen und tönend zu sagen:
    „Nun lobet den Herrn!“
Und wie unten die Glocken einander ermahnen
  So reihn sich allmählich die Sterne droben
  Am blauen Gewölbe auf ewigen Bahnen,
  Zum goldenen Feierzuge gewoben,
  Durch die fernsten Himmel, welche sie ahnen,
  Zu wandeln und leuchtend mit Schweigen zu loben,
    Zu loben den Herrn.
O Mensch, mit Sternen und Glocken versöhne
  Alsdann dein Herz in frommem Vereine:
  Dann durchleuchtet Begeist'rung in milder Schöne
  Dein ahnend Gemüt wie mit Sternenscheine
  Und es klingen der Seele melodische Töne
  Wie Glockengeläut mit silberner Reine
    Und loben den Herren!

Abendlied.

Sei mir gegrüßt, du holde Stunde,
  Sei mir gesegnet, Dämmerzeit:
  Und führt der Morgen Gold im Munde, —
  Die Poesie ist dein Geleit.
Du hüllst in deinen milden Schleier
  was schroff gezeigt der helle Tag,
  Und eine seelenvolle Feier
  Verbreitest du durch Feld und Hag.

Und wie die Sterne du allmählich
   Versammelst an dem Himmelsgrund,
So führst du holde Bilder selig
   Empor aus tiefstem Seelengrund.
Du weckest alle süßen Töne:
   Die Sehnsucht und den sanften Schmerz;
Mit der Erinnerung ganzer Schöne
   Beschleichst du das bewegte Herz.
Du lösest alles Widerstreben
   In der Versöhnung Überschwang
Und es erklingt das ganze Leben
   Rein, wie der Abendglocke Klang.

Selbstbetrachtung.

(1860.)

Lange dahin sind die brausenden Tage,
   Da ich in irrer, suchender Sehnsucht
   Streifte mit Hast durch die wechselnde Welt!

Ähnlich der Möwe, der Freundin des Sturmes,
   Flog mir die Seele auf wogenden Wassern
   Und haschte nach Perlen im glitzernden Schaum:

Bald sich erschwingend zum leuchtenden Äther,
   Tauchend dann wieder in grünlichen Abgrund,
   Wo das Entsetzliche weilt und der Tod.

Selten nur rastend die silberne Schwinge
   Auf des wandernden Meerschiffs obersten Masten,
   Bei geselligen Menschen ein flüchtiger Gast.

Freilich die silberne Schwinge zu Zeiten
   Wiegt sie gemach in den sonnigen Lüften,
   Träumend des Friedens versagten Genuß.

Aber am meisten liebt sie doch immer,
   Kühn mit dem Sturm in die Wette zu fliegen,
   Ziellosen Mutes stolz sich bewußt. —

Sei mir gesegnet, Göttin des Maßes,
   Die, mich berührend zu sel'ger Verwandlung,
   Leis auf das Haupt mir die Hände gelegt.

Sieh, es zerrinnen die dämmernden Nebel,
   Welche mir lieblich, doch täuschend und eitel,
   Lange die sehnenden Augen beirrt.

Und es versinket die Fata Morgana:
   Himmlische Farben weiß sie zu spiegeln,
   Doch vertraut ihr der Schiffer, — er scheitert am Fels.

Still auf den steileren Pfaden nun wandl' ich
   Vor mir im klaren Lichte des Mittags
   Winken mir Göttergestalten zum Ziel.

Freudig bestell' ich bescheidene Saaten
   Im Schimmer der Sonne: die singende Lerche
   Kündet den Segen des Himmels dabei.

Nimmer bewegt mich die eitle Begierde,
   Hoch in des Nachruhms schimmerndem Tempel
   Prangen zu sehn das eigene Bild.

Nein, nur ein Priester an deinem Altare
   Laß mich, o Menschheit, warten des Dienstes
   Im Feiergewand, anbetenden Sinns.

Laß mich dir dienen mit Opfern und Liedern,
   Bis mir dereinst am geschmückten Altare
   Die Seele zugleich mit dem Feuer erlischt.

Aber nicht wunschlos: — die seligen Götter
   Sind es allein: — wir Sterbliche brauchen
   Einen sehnenden Wunsch in der Brust.

Und aus dem wechselnden Trachten der Jugend
   Ist mir geblieben ein ewig Verlangen,
   Ein einziger heiliger Schmerzensaccord:

Die Liebe zu dir, zum Lande der Größe,
    Zum Lande der Trauer, zu dir, o mein Deutschland,
    Kronenentkleidete Witwe des Ruhms! —

Alle die Inbrunst, die in Gebeten
    Einstens die Seele des Kindes entströmte,
    Hat sich erneut in diesem Gefühl.

Und durch mein Leben wird mich begleiten
    Leise die bebende Klage der Sehnsucht,
    Leise dies deutsche heilige Weh.

Glück und Verdienst.

Wohl jedem, dem der Götter Gunst, die blinde,
    Das Glück zum steten Weggenoß gegeben:
    Bekränzt und lächelnd schreitet er durchs Leben,
    Sieg ohne Kampf sein holdes Angebinde.
Doch mir behagt, wer fährt mit jedem Winde:
    Wer, mögen Flut und Sterne widerstreben,
    Die Kraft weiß mit der Not so hoch zu heben,
    Daß er den Haß der Götter überwinde.
Heil! wen ein Gott mit Zauberwaffen ehrte,
    Vor denen muß der beste Feind erliegen: —
    Doch neid' ich nicht, wer solchen Lorbeer fand.
Mein sei der Ruhm, mit ungefeitem Schwerte
    Zu kämpfen und, ist also nicht zu siegen,
    Zu fallen mutig, wo ich mutig stand.

Götterzucht und Götterhuld.

Dem Pflüger gleich' ich, dem der Arbeit heiße,
 Gehäufte Fülle ward zu schwerem Teil.
 Doch seine Mühe wird ihm auch zum Heil: —
Der Kraft vertraut er und dem treuen Fleiße
Und seine Freuden blühn aus seinem Schweiße.
Und so viel Muße läßt ihm doch sein Mühen,
 Daß er vom Pfluge manchmal himmelan
 Aufschaun und auch die Blumen pflücken kann,
Die freundlich zwischen seinen Garben glühen,
Auf daß ihm aus der Arbeit Kränze blühen.
Ich dank' euch, Götter, für so manche Blüte:
 Nicht minder für der Mühsal volles Maß:
 Wahrt mir die Zucht, die nicht der Huld vergaß,
Und euren Ernst laßt mich wie eure Güte
Ertragen fest mit männlichem Gemüte.

Das selige Geheimnis.

O selig wer in treuem Sinne ein süß Geheimnis schweigend trägt:
 So wird er all des Reichtums inne, den tief die Menschenseele hegt.
Sein Blick wird hell, sein Herz wird milder, ihn trübt die Welt
            nicht und ihr Lauf,
 Und unablässig schweben Bilder holdsel'gen Friedens in ihm auf.
Es schafft in ihm die urgeheime Gewalt, die allem Leben leiht,
 Und in ihm sprießen froh die Keime befreiter, schöner Menschlichkeit.

Sänger-Beruf.

Die lieben alten Lieder erwachen wunderbar: —
Ein Sänger bin ich wieder, der lang ein Fröner war.

Manchorts mag sich gewöhnen mein Herz als Wandergast,
Doch nur im Reich des Schönen genießt es Heimatrast.
Will ich dem Winde lauschen, er ruft mir: „sing' mein Lied!"
Im Strome hör' ich's rauschen: „sing' was mir Gott beschied."
Des Freundes goldne Güte, mir wird sie zum Gesang,
Der Frauen stumme Blüte, mir wird sie Wort und Klang.

———

Asyl.

Wähnt ihr, euch gehör' ich allein?
  Wähnt ihr, euch entreiße mich nichts,
    Harte Mächte staubiger Mühsal,
  Deren Opferkränze Fesseln,
  Deren weihelosen Altar
    Decken geknickte Seelenflügel?
Zwar hat manchem Ärger und Gram
  Und des Tages nüchterner Druck
    Ausgelöscht den himmlischen Funken,
  Ihn gesellt dem dumpfen Trosse,
  Der der Prosa Siegeswagen
    Seufzend dahinschleppt durch das Leben.
Doch an mir, an meinem Gemüt
  Soll mitnichten haften der Druck
    Eurer Ketten: sehet, sie fallen:
  Auf und hebe deine Schwingen,
  Seele: nicht gebrochen sind sie
    Und zu den Sternen rausch' ich aufwärts.
Alten Gastrechts rühme ich mich,
  Sichrer Zuflucht, heiliger, dort,
    Seit den Knaben schon aus der Tiefe
  Früher Schmerzen hob die Muse
  Und auf sternenhellen Pfaden
    Trug in den Frieden ew'ger Schönheit.

———

Die Erinnerung.

Heil, wer vor allen Göttinnen
Sich die Göttin Erinnerung
Unverletzt und geneigt erhielt!
    Fluch und Segen verteilt sie.
Weh wem, zählt er in öder Nacht,
Schlaflos, schleichender Stunden Gang,
Dicht am Bette die Schatten stehn
    Hingemordeter Freuden!
Weh wen, geht er auf dunklem Pfad
Herbstlich rauschender Büsche hin,
Tief aufseufzend im Flüsterwort
    Geisterstimmen verklagen!
Schuldlos bleibet der Reinste nicht:
Manchmal aber erläßt ein Gott
Dir verschuldeter Thorheit Fluch
    Um aufrichtige Thränen.
Wie der Gott dann verzeiht der Freund,
Den du, irrend im Zorn, verkannt,
Dann verzeihet das Weib dir, dem
    Leid du brachtest für Liebe.
Wenn dann in der Erinnerung
Herzbeschleichender Lieblingszeit,
Wann am dämmernden Himmelsrund
    Tag sich grüßen und Abend,
Fromm du schaust zu den Wolken auf,
Siehst verklärt du Gestalten ziehn: — —
Mit Beschämung erkennst du sie
    Und mit seliger Wehmut!

Die Phantasie.

Welche geneigte
Freundliche Gottheit
Hat sich erbarmend
Mir wieder genaht?
Tief in die Schluchten
Hilfloser Schmerzen
War ich gestürzt;
Über dem Haupte
Wölbten sich Felsen
Schwarz mir zusammen:
Nicht mehr entdeckte
Mein ängstliches Auge
Das himmlische Blau.

Menschliche Führung
Frommte da nicht, denn
Es fehlte des Pfads:
Und in dumpfer Betäubung
Hatt' ich dem Schimmer
Des Lebens entsagt. —

Siehe, da hob mich's
Wie tragende Wolken,
Siehe, da trug mich's
Wie hebende Wogen
Und aus den dunkeln
Tiefen des Jammers
Schwang sich mein Herz
Mit geflügeltem Schlag.

Welche geheime
Freundliche Gottheit
War's, die erbarmend
Mir sich genaht?

Denn zu den Sternen
Hebet sich keiner,
Dem nicht von oben
Die Hand ward gereicht.

Nimmer du warst es,
Zaghafte Göttin,
Lächelnde Hoffnung:
Im Sturme der Schmerzen
Zeigst du dich nicht:
Erst wann die Wolken
Sich wieder gelichtet,
Spannst du den sieben-
Farbigen Bogen
Ermutigend aus.

Aber du warst es,
O ich erkenne dich,
Schöne Vertraute
Aus hellerer Zeit:
Purpurbeflügelte,
Perlenbegürtete,
Helfende Zauberin,
    Phantasie!

Ja, denn du scheust nicht
Die Schläge des Donners;
Du nahst deinen Lieblingen
Trotz Schrecken und Nacht:
Du haschest die Blitze
Mit spielender Hand,
Sie zu Fackeln versammelnd
Auf stürmischem Pfad.

Du sahest mich liegen
In ödem Geklüfte,
Und hoch aus den Wolken,
Wo er mit feurigen
Rossen dahinjagt,
Kometengeschwinde,
Schoß zu mir nieder
Dein funkelnder Wagen
Und trug mich empor.

Nun atm' ich sie wieder,
Die seligen Lüfte,
Nun schau' ich ihn wieder,
Den leuchtenden Raum.
Und neben mir leitet
Die herrliche Göttin
Das rasche Gespann.
Und hoch ob den Häupten
Mühseliger Menschen
Erheb' ich des Dankes
Entzückten Gesang.

Dank an die Sterne.

Siehst du die Sterne
Leuchten da droben? —
Ringende Seelen
Ziehn sie nach oben!
Oft ging ich einsam
In stürmischen Nächten,
Im Busen bewegt von
Streitenden Mächten,
  Von Wolken umkreist
  Den verzagenden Geist.
Schwer in die Tiefe
Dunkler Umnachtung
Zog mich des innern
Zwistes Betrachtung:
Und zu den hellen,
Glücklichen Seelen
Hätt' ich mich nimmer
Vermessen zu zählen,
  Denen gewährt,
  Des sie begehrt!

Nein, zu den armen,
Kämpfend=Gesunknen,
In schlingenden Wogen
Sieglos Ertrunknen. —
Oft schon verzagend
Wollt' ich es lassen,
Das Schwert, aus der Rechten:
Doch es stärker zu fassen
  Mahnte der Glanz
  Aus dem himmlischen Kranz!
Und siehe, nun hat mich
Die Welle verschonet!
Ein mutiges Trachten
Hat reich sich gelohnet.
Horch, Harfen des Friedens
Nach den Hörnern des Krieges!
Hoch trag' ich, umrauscht von
Den Flügeln des Sieges
  Und von Kränzen umlaubt,
  Mein freudiges Haupt!

Und jedem, der klimmt noch
Auf ängstlichen Stufen,
Dem möchte die Worte
Ermunternd ich rufen:
Siehst du die Sterne

Leuchten da droben?
Ringende Seelen
Ziehn sie nach oben!
Ich hab' es erprobt:
Sie seien gelobt!

Hymnus an Zeus Kronion.

Früher auch andern Göttern vertraut' ich:
Sei es dem goldnen Jüngling Apollon
Oder der strengen Pallas Athene
    Kränzt' ich gerne den Opferaltar.
Doch seit an Brust ich, Stirn und Gedanken
Breiter gedieh in männlicher Reife,
Völlig erfaß' und einzig verehr' ich
    Zeus Kronion, Gewaltiger, dich.
Groß und gewaltig: — alles beherrschend,
Sei's, daß du sinnend hoch am Olympos
Göttern und Menschen wägest die Lose
    Oder donnernd Giganten erschlägst.
Groß und gewaltig: — alles bezwingend,
Sei's, daß du schweigend hadernder Götter
Wechselbeschuld'gung lächelnd mit anhörst,
    Neigend leicht das ambrosische Haupt.
Groß und gewaltig: — alles besiegend,
Sei's, daß du steigst zu Töchtern der Menschen
Nieder, ein goldner Danae-Regen
    Oder ein flügelwölbender Schwan.
Hoher, gewalt'ger, ewig-gefaßter,
Siegend in überlegner Ruhe,
Laß mich an deinem Bild mich erheben,
    Aller männlichen Größe Symbol.

Beschauliches.

———

Was ist Wahrheit!
Pontius Pilatus.

Die Betrachtung.

Stille Betrachtung, liebliche Göttin,
  Du, mit der langen, schattenden Wimper
  Reizend bedeckt die sinnigen Augen
  Und auf die Linke stützend das Kinn und
  Die schimmernde Wange: — nimm meinen Dank!

Du hast mir oft schon brennender Wunden
  Qualen gestillt mit leiser Berührung
  Deines behutsam heilenden Fingers,
  Oft mit der weichen Hand mir die Furchen
  Nagenden Grolls von der Stirne gewischt.

Hast mir erschlossen schweigende Freuden,
  Wann in das stille Weben der Dinge
  Und in der Seele Lebensgeheimnis,
  Wie es erbebt in zitternder Schwingung,
  Du mir vergönnt andächtigen Blick.

Stille Betrachtung, friedliche Jungfrau,
  Die du am Himmelsbogen heraufziehst,
  Wann sich die grelle Sonne gesenkt hat,
  Die du als Haarschmuck trägst auf dem Scheitel
  Des träumenden Abends lieblichen Stern. —

Du, der Entsagung adelt das Antlitz,
— Aber mit Milde, nimmer mit Herbe —
Schwebe mir nieder fürder auch manchmal,
Leg' auf die Stirn mir, schöne Vertraute,
Deinen verschwiegnen, weihenden Kuß.

Das Große im Kleinen.

Ich weiß nicht, wie die meisten freuen mag,
  Im großen nach dem Kleinlichen zu späh'n:
Geartet ist mein Herz nach anderm Schlag:
  Will stets im kleinsten auch das Größte sehn.

Arbeit.
(M. Lexer zu eigen.)

Dich preis' ich hoch vor allen Göttinnen,
Dich, heil'ge Arbeit, Spenderin des Friedens!
Die ernste Stirn bekränzet mit Cyanen,
Die Linke stützend auf die volle Garbe,
Senkst du die Sichel in der rechten Hand,
Indes die jüngre Schwester, die Erholung,
Dir lächelnd über deine Schulter schaut. —
Nicht lange trägt der Mensch der Götter Nähe:
Sein blödes Auge blendet bald ihr Glanz,
Sein irdisch Herz verzehrt die Glut des Himmels:
Die Liebe tötet, es berauscht die Freude,
Und die Begeisterung zersprengt die Brust,
Die sie zu voll erfüllen: wie ein Festtag,
Nur selten, dürfen flüchtig sie uns grüßen.
Du aber wardst uns treue Hausgenossin,
Hast abgelegt den Schimmer des Olympos

Und deine Glieder, die ambrosischen,
Hast du gehüllt in braune Werktagskleider:
Du trittst in unsre Thür gleich einer Magd:
Erst wann du scheidest, spürt der Mensch am Segen,
Den sie gebracht, daß eine Göttin nah war. —
Drei Lose sind verteilt an drei Geschlechter:
Den Göttern Seligkeit, den Toten Ruhe,
Den Menschen Arbeit. —
Du schenkest einen Trunk aus goldner Schale,
Unendlich segensreicher noch als Lethe:
Dein Trank macht nur das Schmerzliche vergessen,
Was freundlich ist, erhält er in Erinn'rung
Und würzt es mit dem köstlichsten Arom:
Mit dem Bewußtsein treu erfüllter Pflicht. —
In deinen Tempel will ich all' mein Leben,
Ein Weihgeschenk des frommen Dankes, hängen
Und will vor allen Himmlischen lobpreisen
Dich, heil'ge Arbeit, Spenderin des Friedens.

Das Eitle und das Notwendige.

Eh' du ein neues Werk beginnest
   Geziemt sich, daß du stehest an
 Und dich vor Gott und dir besinnest,
   Aus welcher Kraft du gehst daran.
Treibt dich der Stolz mit wildem Werben,
   Des eitlen Ruhmes leerer Wahn, —
 O denk', wie bald die Menschen sterben
   Und laß es lieber ungethan.
Dann trennt das Große von dem Kleinen
   Ein anders denkendes Geschlecht:
 „Er strebte," ruft's, „nach dem Gemeinen
   Und er verging — ihm ward sein Recht."

Doch bricht ein Werk aus deinem Herzen,
    Stark wie der Strom aus Felsen bricht,
Und ringt es sich mit tausend Schmerzen,
    Ringt, weil es muß, hervor ans Licht:
Dann sei getrost: — dann kann's bestehen
    Und sicher bist du dir bewußt,
Wird Werk und Namen einst vergehen,
    Da hast gethan, was du gemußt.

———

Der erste Schnee.

I.

Es sind viel tausend Flocken gefallen über Nacht —
Der Winter ist gekommen, ach, ehe wir's gedacht.
Leis gehen alle Räder, schwer rinnt des Flusses Lauf,
Und jeder Pfahl im Feld hat ein weißes Käpplein auf. —
Ich weiß nicht, was mir ahnet: mein Herz ist trüb und weh:
Ach über Nacht kömmt Unglück oft wie der erste Schnee.

II.

Der erste Schnee! Er fällt in dünnen Flocken,
    Und deckt allmählich doch die Erde zu:
Das sind des Jahres leise Sterbeglocken,
    Es einzuläuten in die Totenruh';
Er gleicht dem weißen Haar, das in die Locken
    Des reifen Mannes unbemerkt sich stiehlt,
Und ihm, gleichwie der Landschaft diese Flocken,
    Des Schweigens und Entsagens Ernst befiehlt.
Es gleicht dies still unmerkliche Bekleiden
    Den Worten, die da fallen frostig, kühl,
Eh' sich zwei Herzen von einander scheiden:
    Allmählich, still — und doch stirbt das Gefühl.

III.

Du reicher, schöner, friedereicher Schnee!
In sanfter Stille gleitest du vom Himmel,
Lautlos, wie gute That von edler Seele,
Und deckest mild und unterscheidungslos
Der Erdendinge ungleich scharfe Formen
Mit allausgleichender Befriedung zu:
Was trüb, was rein, was niedrig, was erhaben, —
Du hüllst es in ein friedevoll Gewand: — —
Du weißes Vorbild von dem dunkeln Tode.

Liebe und Freundschaft.

Die Lieb' ist gleich der wunderschönen Rose:
   Wo sie erblüht, ist sie die zweite nimmer,
   Den Blick besticht die Form, der Farbe Schimmer,
   Das Herz berauscht des süßen Dufts Narkose.
Die Freundschaft gleicht dem Stern, die wechsellose:
   Zwar kälter, ärmer ist ihr keuscher Flimmer,
   Doch schaut sie keinen Herbst: — sie blühet immer
Und ihren Reiz zerstört kein Sturmgetose.
Wer in des Sommers sonnenhellen Tagen
   Durch blüh'nde Rosenhaine fröhlich schreitet,
   Mag wenig nach den sanften Sternen fragen.
Doch in der Winternacht wer einsam reitet,
   Weiß nimmer Dank genug dem Licht zu sagen,
   Das ihn so treu und segenvoll geleitet.

Unverhoffter Sieg.

Das ist ein Tag voll Nacht und Not, ein finstrer Tag gewesen,
Und doch zum schönsten Abendrot ist noch sein Schluß genesen

Durchleuchtet ist die Dunkelheit, durchwärmet ist die Kälte,
In friedliche Vollendetheit der düstre Kampf sich hellte.
Der Feind, der ihr getrotzt zuvor, muß selbst sie nun verschönen:
Die Sonne muß ein goldner Flor von Abendwolken krönen.
In deinen Kämpfen denke dran: zum Sieg kann rasch sich's wenden:
Was trüb und wolkenschwer begann, mag glorreich sich vollenden.

Blumen-Worte.

„Such' ein Weilchen!"   „Niemals weiche!"
Scherzt das Veilchen.   Mahnt die Eiche.

„Trink und lebe!"   „Komm' und hilf!"
Winkt die Rebe.   Klagt das Schilf.

„Komm' und kose!"   „Auf, zum Lichte!"
Haucht die Rose.   Rauscht die Fichte,

„Nie vergesse!"
Die Cypresse.

Der Wunderquell.

Im Herzen wurde mir ein Wunderquell beschieden,
Der unerschöpflich reich von Liebe strömt und Frieden:
Trutz biet' ich drum der Welt und ihren gift'gen Pfeilen:
So lang der Quell mir fließt, wird jede Wunde heilen.

Angeboren.

Sein Bestes muß der Mann erstreben
In Müh'n und Kämpfen unverzagt:
Sein Bestes wird dem Weib gegeben: —
Wo nicht, bleibt's ewig ihm versagt.

Das Flüchtige.

O klage mir nicht, daß so eilend entschwunden
Unsrer Begegnung beflügelte Stunden.
Längst hat mich das Leben mit Schmerzen gelehrt:
Am schnellsten verblüht, was von köstlichstem Wert.
O gedenke, wie flüchtig der Harfe Getön ist
Und der Lenz und die Lieb' und ach alles, was schön ist!

Heimat.

Den Raum, wo du gewachsen bist, den halte hoch und wert:
   Dein Glück und dein Gedeihen ist nur an der Heimat Herd.
O Heil dem Mann, der wohnen kann, wo seine Wiege stand:
   Da sieht ihn alles freundlich an, was ihn als Kind gekannt.
Das Brünnlein und der Gartenzaun, der Nußbaum auf dem Plan
   Mit treuen Augen auf ihn schau'n als alten Spielkumpan.
Hausgeister hüpfen rings um ihn, sein Schutzgeleit zu sein,
   Und jede Straße grüßet ihn, ihm redet jeder Stein.
Und wem die Welt ins Herz gezielt, — Heil wer nach Haus entrann:
   Die Scholle, drauf das Kind gespielt, sie heilt den wunden Mann.

Laß dein Herz gewähren.

Ich preis' ein Wörtlein kurz und schlicht vor allen weisen Lehren:
   Was in dir blüht ersticke nicht und laß dein Herz gewähren.
Will dich zu ihrer Klugheit hin die falsche Welt bekehren,
   So wahre deinen treuen Sinn und laß dein Herz gewähren.
Und drücket dich ein schweres Leid, nicht schäme dich der Zähren, —
   Ergieb dich süßer Traurigkeit und laß dein Herz gewähren.
Und hast du eine Seele lieb und will die Welt dir's wehren,
   O folge deinem heil'gen Trieb und laß dein Herz gewähren.

Verschlossenheit und Offenheit.

Freund, deine besten, innersten Gedanken
　　Sollst du behutsam vor der Welt verschließen:
Denn, giebst du sie, — sie wird dir's niemals danken,
　　Und schwer wird ihre Kälte dich verdrießen. —
Doch wollte Gott dir soviel Gnade schenken,
　　Das eine Seele ganz ward dir zu eigen, —
Der sollst du all' dein Dichten und dein Denken,
　　Sollst freudig ihr dein tiefstes Leben zeigen.
Dann wird sich erst der Glanz von deinen Schätzen
　　Im Licht der Liebe leuchtend offenbaren:
Noch mehr als du wird sie die Liebe schätzen
　　Und wird sie treuer als du selbst bewahren.

Gedanke und Gemüt.

Verschließe deine Seele nicht dem Sonnenstrahl der Güte,
　　Des Denkens kaltes Sternenlicht allein reift keine Blüte.
Wohl giebt der Geist Zufriedenheit, den Epheu, schlicht von Blüte, —
　　Die Rosen der Glückseligkeit entsprießen dem Gemüte.

Genuß der Gegenwart.

I.

O gebt mir meine goldnen Tage,
　　Gebt meine Jugend mir zurück,
Jetzt wüßt' ich erst, um das ich klage,
　　Zu nützen, das verscherzte Glück! —
Nun reut mich all' der tausend Stunden,
　　Da hell die Sonne schien zu Thal
Und ich das Haupt wie florumwunden
　　Vergrub im dumpfen Büchersaal.

Was frommt mir all' der weise Plunder?
   Kein Buch hat Zauberspruchs Gewalt!
Der Himmel nur birgt goldne Wunder
   Und grüne Wunder birgt der Wald.
O Falterflug in Blütenhainen,
   O Amselruf im Abendglühn!
Um jede Rose möcht' ich weinen,
   Die ich ließ ungesehn verblühn.
Nur Eins ist Weisheit: durch die Auen
   Bekränzten Haupts im Lenze ziehn,
Im Glanz sich sonnen schöner Frauen
   Und singen holde Melodien.

II.

Sieh die kleine Mücke fliegen hochbeglückt im Sonnenschein:
Heute früh ans Licht entstiegen, wird sie abends nicht mehr sein.
Sieh, wie ihre Flügel glänzen, wie sie froh im Äther schwebt:
Sie vergißt in ihren Tänzen, daß sie stirbt und daß sie lebt.
Mensch, mit allem stolzen Streben höh'res Glück erstrebst du nicht:
So vergiß den Tod, das Leben, und genieß' das Sonnenlicht!

III.

Die Tage sind gar flüchtige Gestalten:
   Sie bringen dir das Glück in schwanker Schale:
Nicht zwingen kannst du sie, dir still zu halten: —
   Trink', Freund, so viel du kannst, mit einem Male.
Trink' zu! Und laß dich nichts im Schlürfen stören.
   Und ob die Nüchternen die Welt gewinnen, —
Die Trunknen nur sind selig: denn sie hören
   Den leisen Tropfenfall der Zeit nicht rinnen.

Enttäuschung.

So vielem, das ich heiß ersehnte, benahm die Nähe Glanz und Pracht
Und was ich sternenewig wähnte, verlosch, ein Irrlicht, über Nacht.
Wo ich nun helle Strahlen sehe, in duft'ger Ferne bleib' ich gern,
Daß nicht die mitleidlose Nähe entheil'ge mir auch diesen Stern.
Und seh' ich andre sich versenken in ihres Traumes Süßigkeit, —
Wehmütig lächelnd muß ich denken: „Wann ist für Euch Er-
wachenszeit?"

Seufzer.

Ihr reichen, vollen Stunden süßfreud'ger Seligkeit,
   Wie seid ihr doch geschwunden — wie weit — wie weit — wie
weit! —
Mein Herz, einst bis zum Grunde der Freude voll und schwer,
   Wie ist's zu dieser Stunde so leer — so leer — so leer! —
Hoch hat mein Herz gebrandet, wie eine stolze See:
   Und nun — versiegt, versandet: — wie weh — wie weh — wie
weh!

Das Wasser und die Seele.

Selbst wenn im freundlichen Strahle der Sonnen
   Spiegelnd sich ebnet die rinnende Flut:
Ruhe wird nimmer im wechselnden Bronnen: —
   Unten, da rauscht es, ob droben es ruht.
Seele, wann kömmt, du lebendige Quelle,
   Endlich dein Sehnen und Bangen zu Ruh'?
Fänden den Frieden auch Wasser und Welle,
   Sehnende Seele, nie findest ihn du!

Die Knabenzeit.

I.

Wie flossen einst dem Knaben leicht und schnelle
　Vom offnen Mund die unbedachten Lieder!
　Ein rasches Echo gab die Seele wieder
　Dem leisen Anschlag jeder Lebenswelle.
Ein Mädchenblick, — ein Strahl der Frühlingstage, —
　Und flugs im Lied erklang das Herz, das volle,
　Wie in der Thräne jedem Schmerz und Grolle
　Ein leichter Balsam floß und leichte Klage.
Jetzt aber, soll die Seele wiedertönen,
　Muß sie ein ganzer Sturmwind erst durchbrausen
　Und furchtbar ernste Priesterinnen hausen,
　Wo ich soll opfern am Altar des Schönen.
Die Lieder flossen leicht in jeder Stunde
　Und leicht die Thränen, gleich dem Tau auf Halme:
　Jetzt schmerzlich schwer, wie aus der kranken Palme
　Träuft edles Harz aus tiefster Lebenswunde.

II.

Wohl ist das Auge nun erweitert, dem hellen Blick gehört die Welt:
　Doch jede holde Hoffnung scheitert und jede süße Täuschung fällt.
Wie gern legt' ich die Bürde nieder unseliger Erfahrenheit,
　Schlüg' mir ein einz'ger Herzschlag wieder aus meiner frohen
　　　　　　　　　　　　　　Knabenzeit!

―――――――

Frühlings=Andacht.

Der milde Lenz ist segnend eingezogen, —
　Der holdeste von Gottes Huldgedanken:
　Er wölbt den Dom der Gnaden sonder Schranken,
　Unendlich weit, am blauen Himmelsbogen.

Nun geht mein Herz in hohen Liebeswogen,
　Es drängt mich opfernd einem Gott zu danken,
　Und frommer als je Priesterkniee sanken,
　Hat Andacht heut dies stolze Haupt gebogen.
Verströmen wollt' ich meines Lebens Fluten,
　Könnt' einen ew'gen Frühling ich hienieden
　Erkaufen und den Menschen — ew'gen Frieden.
Doch ach! nur Einem war das Los beschieden,
　Aus Liebe für die Welt am Kreuz zu bluten,
　Zum Lohn, daß er der Beste war der Guten.

————————

Glaube und Forschung.

Das Glück des Herzens mußt als Saat du wagen,
　Willst du die Ernte der Erkenntnis schau'n:
　Mußt Gott und Welt vorher in Stücke schlagen,
　Willst du sie geistig dir zurecht erbau'n.
Gefährlich ist's, wenn du die holde Traumwelt
　Des Glaubens abschwörst mit vorreifem Mut,
　Den Hafen fliehst, der dich in sicherm Raum hält,
　Und steuerlos treibst auf empörter Flut.
Nicht jeder landet heil im Port der Wahrheit,
　Der früh des Denkens schwankem Boot vertraut:
　Rasch ist zerstört, was oft erst späte Klarheit
　Aus Trümmern der Verzweiflung schöner baut.

————————

Verteidigung der Philosophie.

„So lang ihr an Systemen schafft, —
　Ihr habt noch keines ausgebaut:
　Sowie man scharf nach oben schaut,
　Im Dachgewölb die Lücke klafft."

Ganz recht, Hochwürden! Auszulernen
Ward uns versagt und zu vollenden:
Drum durch die Lücke soll sich wenden
Der Blick stets wieder zu den Sternen.

Brief auf der Alpenreise.

Und frägst du, was im Schau'n und Wandern
Durch diese wunderbare Welt
Mir Geist und Phantasie vor andern
Mit Stolz zugleich und Demut schwellt?
Das ist der große Gottgedanke,
Der mich mit ew'gem Licht erhellt:
Das All ist eins, und nicht die Schranke,
Das Leben Gottes ist die Welt.
Siehst du in Lüften ziehn den Geier?
Hörst du, wie er vor Wonne kreischt? —
Das ist dieselbe Kraft, die freier
In Menschenbrust nach Leben heischt.
Siehst du den Glanz der Gletscherfirne,
Dies Weiß, das sich in Blau verliert?
Der gleiche Glanz ist's, der die Stirne,
Die weiße dir, Geliebte, ziert.
Und siehst du dort sich wie lebendig
Den Gießbach stürzen niederwärts?
Mit gleicher Kraft reißt gottnotwendig
Mit sich die Leidenschaft das Herz.
Und siehst du auch in sel'ger Ferne
Die goldnen Lichter wandeln dort?
Getrost: so sicher wie dem Sterne
Wird dir dein gottbestimmter Ort.

Beethoven-Stimmung.

Mächtige Schmerzen hatt' ich getragen,
  Bittere Leiden seufzend gelitten,
  Weil in das Los der sterblichen Menschen
  Liebend die Seele tief ich versenkt.
Sie verlangen des Lichtes, ersehnen die Sonne
  Mit dem Drange des Adlers: aber ihr Auge
  Blendet der Lichtstrahl, des sie begehren,
  Und über die Wolken dringen sie nie.
Ach, die Erhebung darbt des Genusses
  Und der Genuß entbehrt der Erhebung!
  Ewiges Ringen: — nimmer Erreichung,
  Ewiges Fragen: — nimmer Bescheid.
Selber des Todes Engel, der schöne,
  Bringet die Fackel, nicht, sie zu zeigen,
  Nur, sie zu löschen: er nahet im Fluge, —
  Und mit blitzendem Schwert ist das Leben durchhau'n. —
Solches erwägend, wollte das junge
  Herz mir verzagen und auf die Erde
  Warf ich mein Antlitz, — dachte die hellen
  Sterne des Himmels nimmer zu schau'n.
Und durch die Seele gingen mir dunkel
  Wogende Fluten, klagend und rauschend. —
  Da drängte durch all' das Klagegewoge,
  Leis und melodisch, anderer Laut.
Das klang so vernehmlich, so fest und geruhig
  Wie eherne Schritte und ich hörte das Schicksal,
  Das ewige, wandeln, ich hörte mit Ehrfurcht
  Aus heiliger Ferne den schreitenden Gott.
Und sieh, mit Frohlocken erkannt' ich den Rhythmus
  Als lange gewohnten: denn es ging in der Stille,
  Mit begrüßendem Takte, in gleicher Bewegung
  Mit dem ewigen Schicksal mein eigenes Herz.

Aufsprang ich mit Jauchzen und blickte nach oben:
  Noch streifte mein Auge der heilige Schimmer:
  Der Gott war geschritten in die Pforte der Himmel,
  Doch ich sah noch des Mantels goldenen Saum.
Ich sah noch die Straße, die er gewandelt:
  Denn es sind seine stillen Spuren die Sterne: —
  Ich hörte ein Klingen von silbernen Harfen
  Und es ging durch die Lüfte wie Sphärengesang:
„Auf Glück ist und Unglück die Welt nicht gerichtet,
  Das haben die thörichten Menschen erdacht:
  Es will sich ein ewiger Wille vollenden,
  Ihm dient der Gehorsam, ihm dient auch der Troß.
Begehrst du nach Glück, — o so liebe die Menschen,
  Denn nur die begeisterte Liebe beglückt:
  Du selbst wirst vergehen, doch nie deine Liebe,
  Sie bleibet und wehet im Atem der Welt:
So liebe den Gott, des Tempel das Weltall,
  Der rings dich mit schweigenden Wundern umgiebt:
  Im Schönen ist Freude, im Guten ist Freiheit,
  Im Wahren ist Frieden, in allem ist Gott.“

Gebet.

Die Götter fleh’ ich an allein um diese Gabe:
Ein frisches Lorbeerblatt auf einem frühen Grabe.

Vermischte Gedichte.

Inter folia fructus.

Litteratur und Kunst.

Wahre Schönheit ist schöne Wahrheit.

An unsere Sprache.

Wohl schmückt dich, Mutter reich an Schöne, so manchen Liebes
Ehrenreis
Und deine sangeskund'gen Söhne wetteifern dir zu Lob und Preis:
Drum nicht um deinen Ruhm zu mehren, nur zu willfahren eignem
Drang
Erheb' auch ich zu deinen Ehren den dankerfüllten Lobgesang. —
O ihr voll Kraft und voller Milde, die ihr die Seele hebt und beugt,
Ihr edeln deutschen Klanggebilde, aus Schönheit und aus Ernst
gezeugt:
Gleichwie der Strom aus Felsenschranken brecht ihr aus tiefer Brust
hervor,
Und tragt im Schwunge den Gedanken gleich einem Flügelroß
empor. —
Ihr tönet fort seit grauen Zeiten, und wo ein groß Verhängnis
naht,
Wo sich in der Geschichte Schreiten vollendet eine Riesenthat,
Da, ob sie klage, ob frohlocke, schlägt sie, die beides herrlich kann,
Da schlägt wie eine Schicksalsglocke die deutsche Sprache mächtig
an. —

Der Römer hörte scheu ihr Brausen, da sich sein Stern geneigt zu Fall:

Er hat mit todesbangem Grausen ein Sturmgeheul genannt den Schall. —

Und als der Hunne ward bezwungen und als die Gottesgeißel brach,

Da klang das Lied der Nibelungen wie Schwerterschlag auf Schilden nach.

Und es verkehrte sich in Jammer der Saracenen Stolz und Spott,

Als auf ihr „Allah" Karl der Hammer entgegenrief: „Und mit uns Gott!" —

Und da vollendet bis zur Zinnen des Mittelalters stolzer Dom,

Als seine Orgel rauschte drinnen des deutschen Sanges voller Strom:

Da hör' ich eure Harfen beide und hundert andre ruft ihr wach,

Herr Walther von der Vogelweide, Herr Wolfram du von Eschenbach. —

Bald war der reiche Bau zerbrochen, dem Moder schien die Welt geweiht:

Da ward in deutschem Laut gesprochen der Zauberspruch der neuen Zeit.

Tief griffest du, o große Mutter, in deines Reichtums Königshort

Und reichtest dem gewalt'gen Luther das Schwert des Siegs: das deutsche Wort!

Lebendig rauschten nun die Psalmen, so herrlich wie sie David sang,

Ein Hauch vom Jordan und den Palmen flog alles deutsche Land entlang,

Und Worten, aller Wunden Labe, die fern des Heilands Lippe sprach,

Sann jetzt der blonde deutsche Knabe im Schoße seiner Mutter nach. —

Und als aufs neu, nach dumpfen Zeiten, scholl ungestüm der Freiheit Ruf,

Seh' ich ein Paar gewaltig schreiten, das im Gesang die Freiheit schuf.

Nachdem schon mancher schlichter, stiller das tote Wort zu wecken rang,

Kam jener königliche Schiller mit edelstolzem Heldengang:

Wie einen Kaisermantel prächtig wirft er die Sprache um sich her,
Bei jedem Schritte rauscht sie mächtig von Wohllaut und von Fülle
schwer.
Und mit der Zauberkraft des Schönen, die alle Herzen bannt und
zwingt,
Läßt Goethe goldne Weisen tönen, daß Erd' und Himmel wiederklingt:
Er zürnt: — die Elemente brausen, — er lacht: — es klingt wie
Glockenerz,
Er träumt: — und ahnungsvolles Grausen beschleicht das hinge-
gebne Herz. —
O tönet fort, ihr heil'gen Zungen, darin mein Volk frohlockt und klagt,
Du Saitenspiel, nie ausgeklungen, du Rätsel, niemals ausgesagt.
Und wo die Ruhestatt sich wähle in fernem Land ein deutscher
Schritt, —
Er trage treu wie seine Seele der Heimat edle Sprache mit:
Sie geht mit uns im Zug der Heere, sie geht mit uns im Wanderzelt,
Und bauet jenseit blauer Meere uns eine neue deutsche Welt.

Mit einem Lorbeerkranz auf Schillers Grab gelegt.
(Schillerfeier von 1859.)

Dein Leben war kein holder Reigentanz!
  Ein Held warst du und gingst auf Kampfeswegen.
Du hast gesiegt: — jedoch den Lorbeerkranz,
  Nur auf die Gruft konnt' ihn dein Volk dir legen.
Wie eine deutsche Sonne, früh zum Tod
  Zogst du durch Wolken, Nebel und Beschwerde,
Vor Untergang ein flüchtig Abendrot:
  „Das ist das Los des Schönen auf der Erde!" —
Doch still! denn eines Halbgotts war sein Los:
  Wie Herakles durchrang er all' sein Leben,
Um endlich aus des Scheiterhaufens Schos
  Sich sieghaft zum Olympos zu erheben.

So prangt er, seinem Volk ein Heiligtum,
Ein schönster Stern in Gottes Weltgebäude;
Für flüchtig Weh ward ihm der ew'ge Ruhm:
„Kurz ist der Schmerz und ewig ist die Freude!"

———— -

Nachruf an Ludwig Uhland.
(1862.)

Jüngst ist ein Geist emporgestiegen,
Zugleich ein Sänger und ein Held,
Der in der Freiheit heil'gen Kriegen
Sich stets im Vorderkampf gestellt.
Von Schäfern bald und bald von Helden,
Von Sängern und von Jungfrau'n mild,
Vom edeln Wirt wußt' er zu melden,
Der goldne Äpfel trägt im Schild.
Und um zu trösten und zu tragen
Den Jammer einer schweren Zeit,
Auf rief er aus verscholl'nen Tagen
Der alten Kaiser Herrlichkeit.
Wie mannigfach sein Lied erklungen,
Wie holde Weisen auch er fand, —
Am schönsten hat er doch gesungen,
Sang er von dir, mein Vaterland!
Und ob er süß von Lenz und Lieben,
Von alten Zeiten rühmend sang,
Ob von den grimmen Schwerteshieben
Des Rauschebart sein Lied erklang:
Ob er, ein Kämpe sondergleichen,
Für Recht und Licht und Freiheit sprach: —
Stets jauchzte seinen Schwabenstreichen
Das ganze Volk der Deutschen nach.

Denn in dem Goldklang seiner Lieder,
In seinem Leben stark und mild,
Erkannte mit Frohlocken wieder
Dies deutsche Volk das eigne Bild:
Und sind sie längst vergessen alle,
Die fremder Kunst sich zugewandt,
Wird Ludwig Uhlands Lied mit Schalle
Noch rauschen durch sein deutsches Land.

Nachruf an Friedrich Rückert.
(1866.)

So ist der letzte denn hinabgestiegen
Der Sänger, welche, vor den andern ragend,
Hoch in geweihter Hand die Leier tragend,
Die deutsche Kunst geführt von Sieg zu Siegen!
Längst in sicil'scher Lorbeerhaine Frieden,
Im teuern Süden, ruht der edle Platen,
Und, müd von Kampfes- und von Sangesthaten,
Ist Uhland uns, der tapfre, hingeschieden.
Jetzt folgt der weise Rückert den Genossen: —
Ward's ihm zu einsam, daß er also eilte?
Er, der zu längst bei seinen Deutschen weilte,
Hat auch zu tiefst des deutschen Wehs genossen.
Wie hell, gleich Schwertschlag auf Tyrannenkette,
Scholl Freimund Reimars Lied vor fünfzig Jahren,
Wie stürmisch und wie stolz kam er gefahren
Im Siegesschritt gepanzerter Sonette!
Wie sang er schön den Ruhm der deutschen Waffen,
Wie rief er laut nach Rotbart in dem Berge,
Wie kühn und grimmig schalt er, als die Zwerge
Das Werk zerstört, das Heldenkraft geschaffen! —

26*

Und ob er still dann, wo die Palmen ragen,
Uralte Weisheit grub aus tiefstem Schachte, —
Wie hell die Pracht des Morgenlands ihm lachte: —
Sein treues Herz hat immer deutsch geschlagen.
Wieland dem Schmiede möcht' ich ihn vergleichen,
Des Kraft und Kunst gleich hoch die Sagen preisen:
Der deutschen Sprache Silber, Gold und Eisen,
Wie herrlich sprühten sie bei seinen Streichen!
Bald schuf er Kronen voller Edelsteine,
Bald zierlich wie für Elfen, Ring' und Spangen,
Bald Schwerter, die durch Helm und Harnisch drangen: —
Denn ihm geriet das Starke wie das Feine.
Ihm mußten wie im Spiele sich bequemen
Des spröden Wortes tiefstgeheime Spenden. —
Nun glitt der Zauberstab aus seinen Händen:
Wer hat die Zuversicht, ihn aufzunehmen?
Wer's kann, der wag's: ihm würden alle weichen.
Mir aber ahnt: bis nicht aus Kampf und Siegen
Dies deutsche Volk verjüngt ist aufgestiegen: —
Nicht eher kommt ein Meister seinesgleichen.

An die frommen Lyriker.

Wo ist das Maß geblieben?
   „Das haben wir vertrieben."
Wohin die Form gekommen?
   „Wir brauchen sie nicht, wir Frommen."
   Ei, ei, wo Maß und Form gebricht —
   Fromm mag das sein: — doch schön ist's nicht.

Von der Poesie.

I.

Ich bin die Göttin Poesie.
Viel hundert Freier seh' ich hie:
Ich lege jedem die Hand aufs Herz:
Pocht da noch andrer Wunsch und Schmerz,
So schüttl' ich stumm mein Lockenhaupt:
Bis der kommt, der an mich nur glaubt,
Der mich nur will, mich ganz allein,
Der all' sein Glück will und sein Leben,
Ja, seine Seele für mich geben:
Dem will ich gern zu eigen sein!
Ich bin ein Weib: ich will ihn ganz,
Denn ganz auch geb' ich meinen Kranz.

II.

Sie halten mit Spießen, mit Ketten und Stangen
Die liebliche Königstochter gefangen,
Die Tochter des Geists und der Phantasie,
Die goldene, goldene Poesie:
Sie blicket so bang vom umgitterten Haus
Nach einem Ritter und Retter aus: —
Wohlan und wohlauf, ward die Welt so arm?
Was blitzt kein Schwert, was schlägt kein Arm?
Soll die Holde vergehn in unendlichem Harm,
Ihr Ruf übertäubt vom Getöse des Tages?
Und kost' es mein Leben, — ich will es, ich wag' es:
Trotz Schranken und Schreck und Philistergeschrei,
Ich will dich erlösen, du schöne Fei!

Meine Muse.

Nein, nicht in Hellas Marmorhallen,
  Wo Flöten durch die Säulen schallen,
    Ist meiner Muse Aufenthalt:
    Sie schmückt kein Stirnband, golden-kalt:
  Frei läßt sie wirre Locken wallen,
    Und ihre Heimat ist der Wald.

Dort, wo die Buchenwipfel rauschen,
  Darf ich ihr Walten oft belauschen:
    Da schwebt sie hin am stillen See,
    Ihr folgt das junge, fahle Reh,
  Und wilde Tauben Zwiesprach tauschen,
    Leis gurrend, mit der Waldesfee.

Sie zeichnet träumend in den Lüften:
  Da haucht's von wilder Rosen Düften,
    Da steigt mit Erker, Turm und Thor
    Dornröschens Königsschloß empor,
  Schneewittchen taucht aus Todesgrüften,
    Aus Herdruß Aschenbrödel vor.

Sie schlägt in ihre lichten Hände:
  Da wogt ein Leben sonder Ende,
    Denn alle Geister macht sie frei,
    Den Zwerg, den Kobold und die Fei,
  Die Nixe scheu, den Elf behende,
    Und tief im Rhein die Lorelei.

Sie stampft das Füßlein auf den Wasen:
  Horch, Schildesklang und Hörnerblasen,
    Gegrüßt, du schimmernd Ritterheer,
    Das Kreuz am Schild, den Kranz am Speer,
  Die Banner wehn, die Rosse rasen,
    Jerusalem glänzt ferne her.

Sie winkt: — die Helden sind versunken: —
  Wir sind allein und sehnsuchttrunken

Die Arme breit' ich aus nach ihr:
Doch leicht nur streift die Stirn sie mir
Und schwebt schon fern, ein Sternenfunken,
Hoch in der Abendluft Saphir.

Künstlerischer Wahlspruch.

Das Ziel der Kunst erstrahlt in lichter Klarheit:
Die wahre Schönheit ist die schöne Wahrheit.
Der Mißklang selbst des Häßlichen und Bösen, —
Er muß zuletzt in Harmonie sich lösen.

Sonett an Franz Lachner.
(Nach dem Münchner Musikfest 1855 mit einem Lorbeerkranz.)

Mit Lorbeer sollst du deine Schläfe schmücken:
   Siegreiche Helden müssen Lorbeer tragen.
   Wer deutscher Tonkunst Siegesschlacht geschlagen,
   Darf auf die Stirn nicht mindern Kranz sich drücken.
Nur Lorbeer darf dir die Verehrung pflücken:
   Dir, der, den Zaubrern gleich der alten Sagen,
   Die großen Toten aus den Sarkophagen
   Ins Leben wieder klingend kann entrücken.
Du bist ein Zaubrer und es darf dein Haupt
   Der heil'ge Zweig der Daphne nur umkränzen,
   Denn jeder Ruhm hat eigen seine Gaben:
Von Rosen sei das Liebliche umlaubt, —
   Das Heil'ge mag im Lilienschmucke glänzen,
   Den Lorbeer aber trage, wer erhaben.

Zur „Träumerei" von Schumann.

Ich träumte süß: — am Meeresstrande
  Aus Lorbeern stieg ein Säulenbau,
Die Welle ging auf weißem Sande,
  Ein Segel blitzte fern im Blau.
Ich träumte süß: — im Pinienhaine
  Ein göttlich Weib schritt hin mit mir,
Im Haare glänzten Edelsteine,
  Im Auge glänzten Thränen ihr.
Ich träumte süß: — mit goldnem Scheine
  Stieg auf der Wünsche kühner Bau:
Mein war das Schloß, — mein rings die Haine, —
  Und mein die Thräne dieser Frau.

————

Meiner Schwester Constanze mit Gottfrieds von Straßburg Tristan und Isolde.

Dies Lied voll Glanz und Glut und Feuer,
  Voll Wonn' und Weh' und Leidenschaft,
  Voll Minnereiz und Heldenkraft,
Dies Lied, in Leid und Lust mir teuer
  Gestrenge Schwester, nimm es hin!
  Und will dir Manches nicht zu Sinn,
Laß mich und Gottfried nichts entgelten:
  Und willst und mußt du dennoch schelten,
  So schilt — die spröde Leserin.

— — — —

Landschaften.

Ut fons, ut campus, ut nemus placuit.
Tacitus Germania.

Meran.

I.

Welch' schöner Brauch der frommen Alten,
  Wann sie erquickt hat eine Quelle,
  Nicht eh' zu scheiden von der Stelle,
  Bis sie dem Gott des Orts vergalten,
    Des Dankes heil'ger Pflicht gedenk,
    Mit eines Kranzes Weihgeschenk.

So nimm denn meinen Dank und Segen,
  Vom höchsten Berg zum Grund der Wasser,
  Sammtgrünes Thal, das Etsch und Passer
  Zwei Silbergürteln gleich umhegen!
    Du Himmel amethystenblau!
    Ihr Lüfte paradiesisch lau!

Ihr Bergeshöh'n, bis zu den Zinnen
  Umlaubt von Wein und Feigenkränzen:
  Im Grün die Linnenärmel glänzen
  Der hochgeschürzten Winzerinnen:
    Durch Rebgehänge schreiten sie
    Bei süßer Lieder Melodie.

Ihr porphyrroten Felskastelle,
  Daraus der Winzer und der Schnitter
  Verdrängt durch seinen Fleiß den Ritter:
  Der Epheu längst erstieg die Wälle: —
    In Scharten, draus der Pfeil gedräut,
    Da nisten fromme Tauben heut.

O Märchenzauber dieser Berge!
　Träumt nicht Dornröschen vom Erwecken
　In Plantas mauerdichten Hecken,
　Und wohnt zu Gohn im Schutz der Zwerge,
　　Wo sie von alters heimisch sind,
　　Schneewittchen nicht, das Königskind?
Wie ist es hold in dieser Wildnis
　Von Stein und Grün umherzuwandeln:
　Im Trinksaal blühn die roten Mandeln,
　Wildrose rankt ums Ahnenbildnis,
　　Und sieh, des Ausfallspförtchens Raum
　　Füllt riesig ein Kastanienbaum.
Wie süß, im wildverwachs'nen Garten,
　Im Burghof, wo die Brunnen schäumen,
　Die goldnen Stunden zu verträumen
　Und Märchenwunder zu erwarten:
　　Legt denn nicht bald dort am Altan
　　Der Waldfee Taubenwagen an?
Genug, mein Lied, wann willst du enden?
　Ein Eden wird nicht ausgesungen!
　Der Kranz des Dankes ist geschlungen:
　Ich häng' ihn auf mit frommen Händen
　　Und grüße dich, geliebtes Thal,
　　Mit letztem Gruß im Abendstrahl.

II.

Ich weiß im Schos von grünen Hügeln
　Ein Thal, an Segen überreich:
　Dort gehn die Lüfte lind und weich,
　Wie sanft bewegt von Engelsflügeln;
　　Dort bringt die Nacht nur holde Kühle,
　　Wann lau des Abends Duft verrann,
　　Und selbst noch aus des Mittags Schwüle
　　Weht dich ein Hauch des Segens an.

Die Berge stehn wie treue Hüter
　Um das entschlafne Feenkind,
　Und streuen ihm zum Angebind
Zu Füßen märchenhafte Güter:
　Von Honig träuft, von Milch und Weine
　Aus allen Höh'n der Segensguß,
　Der Flugsand führet Edelsteine
　Und Gold und Perlen führt der Fluß.

Wetteifernd ringt um Raum, zu segnen,
　Mit süßen Feigen goldner Mais:
　Wer reicher lohnt, gewinnt den Preis,
Wo Wein und Mandeln sich begegnen:
　Es blüht und reifet durcheinander,
　Es mischt sich Duft und Glanz und Schall:
　Der Sprosser singt im Oleander,
　Im Rosenbusch die Nachtigall.

Und, nicht zu stören, nur zu rühren,
　Ging hier Geschichte leiser Spur:
　Die letzten Wellenschläge nur
Sind hier vom Strom der Welt zu spüren:
　Doch mahnt ein Strahl aus früh'rem Glanze
　An lang verschollne Herrlichkeit:
　Die Burgen auf dem Hügelkranze,
　Sie glühn im Abendrot der Zeit!

Der Römer hat in diesen Stillen
　Von Welteroberung ausgeruht:
　Es spiegelte der Passer Flut
Den Marmorglanz der Säulenvillen:
　Und des Prokonsuls frohe Gäste,
　Sie jauchzten ihrem Wirte zu:
　„Fürwahr auch hier fandst du das Beste,
　Im Thal der Götter siedelst du."

Und als das Füllhorn der Levante
　Getränkt Venedig übersatt,
　Zog hieher aus der Wasserstadt,

Weil er kein schön'res Eden kannte,
Der Adel, dem ein Tizian malte:
Und bald auf allen Hügeln hie
In Purpur, Gold und Cedern strahlte
Geschmack und Pracht der Nobili.
Sie fielen und ihr Werk mit ihnen. —
Doch süßer als ihr Glanz ist nun
Die Stille rings; und schöner ruhn,
Als einst die Schlösser, die Ruinen.
Der Epheu krönt die grauen Zinnen,
Eidechsen huschen durch den Sand,
Die Rosen blühn, die Bronnen rinnen: —
Du wähnest dich im Feenland.
Und doch ist dies ein Stück der Erden,
All' dieser Reiz ist Wirklichkeit! —
Mich faßt der Wunsch, nach allem Streit
Dem goldnen Thal hier gleich zu werden,
Zu ruhn in Friede, Licht und Schweigen,
Zu segnen jeden, der da naht,
Und doch dem Streben noch zu zeigen
Nach immer höh'rem Glück den Pfad.
Denn ganz befriedet ist kein Leben,
Und wo kein Wunsch mehr, ist der Tod: —
O sieh, wie dort im Abendrot
Die Berge von Trient sich heben!
Italia winket fern im Süden,
Es fliegt ein Kranichzug voraus:
Die Seele spannt die nimmermüden,
Die Flügel ihrer Sehnsucht aus.

Frühdämmer am Chiem-See.

Tag oder Nacht? Wes ist die Stunde?
Ein farblos Grau erfüllt die Runde: —
Mit mattem Licht noch spät ein Stern: —
Und doch zieht dort von Osten fern
Ein schmaler Streif schon gelblich fahl: —
Das ist des Frühlichts erster Strahl.
Und horch! Die Buchenwipfel lind
Rührt leise weckend jetzt der Wind,
Und lauter, schneller über'n Sand
Schlägt Wellenkräuseln an das Land:
Rings alles kühl und frisch und jung: —
Es weht wie Ur-Erneuerung:
Mir ist, aus tiefem Schlaf der Nacht
Sei eine neue Welt erwacht. —
Und neu erwacht ist auch mein Herz:
Wie Nebel sinkt der alte Schmerz
Und wie von Morgenwind gehoben
Schwingt sich die Seele frei nach oben:
Da sieh: es eilt mit raschen Schlägen
Der Reiher dort dem Licht entgegen:
Froh sei das Zeichen angenommen:
Willkommen, Morgenrot, willkommen!

Mondscheinfahrt auf dem Chiem-See.

Ich lenkte den Kahn
Auf silberner Bahn
Durch glitzernde Wellen
Verrufener Stellen.

Da hob sich ein Rauschen:
Es zwang mich, zu lauschen,
Ein Grau'n ungewohnt:
Der strahlende Mond
Hielt Ruder und Hand
Mir fest gebannt: — ·—
Mein Schiff, das stand.
Trifft Mondenstrahl
Auf Schilfgesäusel,
Auf Seegekräusel,
Auf Birkenzweige,
Auf Weiden-Geneige
Weiß und schmal, —
Das löset den Bann:
Frei werden dann
In wimmelnder Zahl
Die Geister zumal.
Und siehe, da wallten
Aus schwankenden Schilfen
Die schlanken Gestalten
Verlangender Silphen:
Da wiegt sich mit Reigen,
Mit Bergen und Zweigen,
Auf den Wogen, den gelben,
Der schwebende Reigen
Weißarmiger Elben:
Aus den fließenden Locken
Juwelen triefen,
Wie Harfen und Glocken
Erklingt's aus den Tiefen:
Und nun aus den Binsen,
Von der Wasserlinsen
Breiten Blättern die Hüften bedeckt,
Hat den bärtigen Kopf empor gereckt
Der Wassermann und die Mädchen erschreckt.

Es krochen ihm durch das grüne Haar
Libellen und Muscheln und Krebslein gar
Und es hüllten die Schultern ihm Filz und Tang
Und er winkte mir: „Sei'n Sie vor mir nicht bang,
Herr Professor: ich kenne Sie schon sehr lang.
Sie waren ein Knabe und ruderten schlecht
Und wagten sich doch schon ins Binsengeflecht:
Da lüstet's mich einmal — Sie waren am Fischen —
Sie flugs bei dem langen Gelock zu erwischen:
Doch warfen sie eben mit freundlichem: „Marsch!"
Ins Wasser den kleinen gefangenen Barsch:
Das hat mich gerührt und — Sie hat es gerettet:
Sonst lägen Sie lang schon hier unten gebettet.
— Beliebet ein Pfeifchen vom ältesten Röhrig?
Sie rauchen kein Schilf? Das finde ich thörig! —
Ich gab auch später hier auf Sie acht,
Wo Sie sehr viel Dummes geträumt und gedacht.
Doch gefällt mir Ihr Hang zu alten Geschichten:
Davon will ich Ihnen Manches berichten.
Nur schau'n Sie mir nicht soviel daneben,
Wo die Nixen, das junge Gesindel, schweben:
Ich rat' Ihnen treulich, Sie lassen sie laufen:
Ich kenne den ganzen nixnutzigen Haufen:
Sie verstehen sich reizend auf Tanzen und Scherzen,
Doch haben sie leider! keine Herzen.
Sie fürchten mich, scheint es, so nebenbei,
Und meinen, daß ich nichts Bess'res sei? —"
„O bitte, Sie sind mir sehr einerlei!
Ich möchte Sie nur, verehrter Reck,
Ersuchen, — sonst kommen wir nicht vom Fleck, —
Von dieses Chiem=Gaus alten Geschichten,
Wie Sie eben versprachen, zu berichten:
Von Torfkuh erst und Höhlenbär,
Von Hirschhornart und Sauzahnspeer,
Von Küchenschutt und Pfahlbauhaus,

Von gespaltner Röhrenknochen Schmaus:
Vom Kelten dann mit dem Bronzeschwert,
Und wie er das Pfahldorf brandverheert. —
Wie auf granitnen Straßenbogen
Dann Erz-Kohorten kamen gezogen,
Den Adler vorauf, den Sieg hinterdrein,
Rings Purpur, Marmor und Elfenbein,
Bis endlich vom Nord die blauäugige Schar
Das Lager gestürmt und genommen den Aar
Und dem Wodan und Donar getürmt den Altar.
Erzählen Sie mir von diesen Geschichten!
Doch Sie und die Ihrigen fürchten? — Mit nichten!
Nicht schädigen könnt ihr mich noch berücken:
Ich bin gefeit gen Trotz und Tücken."
Da wurde der Neck vor Wut ganz grün,
Aus den Augen sah ich ihm Funken sprühn:
„Verfluchter Professor, Sie sind sehr kühn!"
— Er that einen gellenden, gellenden Pfiff: —
„Kopfüber den Mann, kopfüber das Schiff!
Herbei, ihr Mädchen, im Wogenschwall,
Herbei, — er höhnt uns — ihr Geister all':
Laßt sehn, ob gegen Ersaufen feit
Die ganze trockne Gelehrsamkeit."
Und er packte das Boot am Gransen im Zorn,
Und die Wellenmädchen, die faßten es vorn
Und es schlugen die Wogen mir über den Rand:
Doch hoch erhob ich die linke Hand
Und rief: „Wohl wär' ich nun verloren,
Wär' ich zum Höchsten nicht erkoren!
Bin nicht Professor nur, ihr Thoren!
Seht hier an meiner linken Hand
Den Königsring von Feeenland:
Den gab, weil ich ihr Liebster bin,
Die euer aller Meisterin,
Titania mir, die Königin!

Der Mann, der ihre Gunst gewann,
Ihn zwingt nicht Schreck nicht Luft fortan,
Und alle Geister groß und klein
In Flut und Glut, in Luft und Hain,
Sie müssen mir gewärtig sein:
Denn alle beugen Haupt und Knie
Dem Zauberworte: Poesie!
Seht hin, am Himmel schoß ein Stern:
Es ruft die Kön'gin mich von fern:
Auf, tragt und führet euren Herrn
Entlang des Mondlichts Schimmerbahn!"
Geräuschlos vorwärts glitt mein Kahn:
Das Steuer rührt' ich spielend bloß
Und leise klang aus feuchtem Schos
Der Geister huld'gend Lied dazu:
„Heil dir, Titanias Liebling du!
Im Menschen- ist und Geisterreich
Kein Mann dem Herrn des Ringes gleich!"

Waldmorgen.

Noch lag das Haus in Schlaf geborgen,
Da zog ich aus an frühem Morgen
Und lautlos glitt mein braunes Boot
Rasch durch die See im Morgenrot:
Laut scheltend auf den frühen Gast
Die Möwe ließ die Binsenrast.
Bald, wo zum See reicht Waldesrand,
Zog ich mein Schifflein auf das Land,
Und wo die Edeltannen rauschen,
Legt' ich mich hin zu schau'n und lauschen.
Auf moos'gem Steine lag mein Haupt,
Von hohem Farnkraut dicht umlaubt,

Zur Rechten über weiße Kiesel
Ergoß der Waldquell sein Geriesel,
Ein mächt'ger Weidenstamm zur Linken
Ließ tief im See die Wurzeln trinken
   Und nickte mit den Zweigen
   In anmutvollem Reigen.
Rings still: nur tief im Föhrenhang
Des scheuen Buntspechts Klopfen klang
   Und manchmal huschte leise
   Durchs Tannengrün die Meise.
O heilig Waldes-Morgenkühl,
In meine Seele wund und schwül
Wie sog ich tief dein tauig Wesen,
Fast glaubt' ich wieder an Genesen.
O daß den Hauch ich wahren dürfte,
Den voll hier in die Brust ich schlürfte:
Ich hätte sacht im Menschentreiben
Ein selig-kühles Stillebleiben.
Waldmorgen dein will ich gedenken,
In deinen Frieden mich versenken,
Brennt's wieder mir zu heiß im Herzen
Von eignen und von fremden Schmerzen.
Auf daß gleichwie im Wunderbade
Die Seele sich der Pein entlade.

———

Sonnenuntergang.

Das ist die sanfte, die heilige Stunde,
   Da die Sonne feierlich scheiden will;
Es bebt kein Blatt in der weiten Runde: —
   Die lauten Lüfte sind alle still.
Noch einmal grüßt sie mit vollem Strahle,
   Noch einmal küßt sie den Wald, den See: —

Ist's heute zum allerletztenmale?
   Es liegt auf der Flur so tiefes Weh!
Jetzt ist sie versunken: — da hebt sich ein Rauschen,
   Durch alle Wipfel ein Schauer weht:
Ich glaube, — könnt' ich dies Flüstern erlauschen! —
   Die Blumen sprechen ihr Nachtgebet.

Sehnsucht nach dem Hochland.
(1865.)

Die Sonne sinkt ob grünen Hügeln,
   In sanftem Gleiten zieht der Main,
Und schließt mit breiten Silberzügeln
   Die schönen Frankenthäler ein.
Die Reben ranken allerwegen,
   Der Pfirsich glüht an jeder Wand
Die warmen Lüfte träufen Segen
   Und wie ein Garten liegt das Land.
Doch reich wie sich die Fluren dehnen, —
   Wann ich ins Gold des Abends schau',
Trägt mir das Herz ein mächtig Sehnen
   Zu fernen Bildern, stolz und rauh.
Es weht mir kühler um die Stirne, --
   Die Ebne sinkt in Nebelflor: —
Und sieh, es steigt mit Fels und Firne
   Mein Hochland prächtig mir empor.
Es jagt Gewölk in raschem Fluge,
   Aus Nebeln ragt der Felsenturm,
Der Geier kreischt in kühnem Fluge
   Und durch den Bergwald rauscht der Sturm.
O Wurzelweg im dichten Walde,
   orellenhusch im Kieselbach,
O Alpenros' auf moos'ger Halde,
   Und wetterbraunes Sennendach!

27*

O blauer See der stillen Buchten,
 O Reiherflug am schilf'gen Strand
Und du mit deinen Zackenwuchten,
 Du zinnenstolze Kampenwand!
Gern gäb' ich diese Reben-Auen
 Und allen Reichtum, der sie schwellt,
Dich jetzt im Abendglühn zu schauen,
 Du meiner Heimat Bergeswelt!

Brief auf der Schweizer-Reise.

Liebes Fräulein, viel erzählen, könnt' ich schon nach kurzer Frist.
Doch zumeist, wie unsern Seelen du so traut geworden bist,
Daß, was wir des Schönen schauen, Berg und Baum und Stein
       und Stern,
Flugs wir möchten's dir vertrauen, möchten's mit dir teilen gern.
Wann die blauen Gletscher blinken, wann da rauschen Wald und
       See,
Wann die Hütten traulich winken, denk' ich dein, du weiße Fee,
Wie du staunend würdest schreiten durch dies Wunderland der Schweiz:
Wie dein Auge würde breiten überallhin neuen Reiz. —
Doch gemach! Wann erst die Flammen winterlich am Herde sprühn,
Wann wir sitzen traut beisammen bei der Abendlampe Glühn,
Liebes Fräulein, — dann erzähle viel ich von den Wundern hier:
Doch noch mehr, wie meine Seele immer sich gesehnt — nach dir.

Gelegentliches.

Die edle Form bannt in Krystall
Der Augenblicke Tropfenfall.

Die Entwaffnung des Marienbergs.
(Der Feste von Würzburg: 1867.)

Altehrwürdige Burg, fränkischer Segensgau'n
Unvordenklicher Waffenschutz,
  Hat so endlich die Hand alles verwandelnder Zeit
    Dich der reisigen Rüstung,
  Die jahrtausendelang stets du in Ehren trugst,
  Deines rostigen Helms und des zerhau'nen Schilds,
    Freundlich lösend entlastet?
Manch' gewalt'gen Kampf hast du gekämpft gesehn,
Manchen freudigen Festestag,
  Seit zuerst auf dem Berg, der des gewundenen Stroms
    Schlänglung weithin beherrschet,
  Menschenhände das Steil steiler behau'n, gehöhlt
  Tiefre Höhlungen sich und von dem Fels zu Thal
    Pfeil geschleudert und Steinaxt.
Ungern thatst du und schwer salischem Scepterkreuz,
Hermundurische Königspfalz,
  Angelknarrend dich auf, als dir der Bischof und Graf
    Kreuz aufzwangen und Scepter:
  Nieder brannten sie dir Wodans geweihten Hain
  Und, noch blumengekränzt, sank in die Glut das Bild
    Manch' goldlockiger Göttin.
Mit Sankt Kilians Schutz sandtest du, o wie oft
  Seither fränkische Krieger aus,
  Wann der Kaiser gebot und sich des Reiches Panier
    Adlerflüglig zum Kampf hob:

Oftmals eichenbekränzt kehrte dein Burgvogt heim,
  Ob auch manchen die Nacht wendischen Walds behielt,
    Manchen Palmen des Jordan.
Doch mit stolzestem Glanz strahltest du von dem Licht
  Hohenstaufischer Herrlichkeit:
    Als die schimmernde Braut, als Beatrice sich hier
      Barbarossa vermählte,
    Als sein siegender Sohn führte herab den Strom,
      Steuernd sein Kaiserschiff, Englands trotzigen Leu'n,
        Deutschen Reiches Gefangnen.
Deutsches Lied, ja damals schollest du hellen Klangs
  Durch das fränkische Rebenland.
    Gerne hätt' ich gelauscht, sinniger Wolfram, dir,
      Dir auch, Konrad, du loser,
    Doch am sehnlichsten dir, Walther, mein Seelenfreund,
      Sei es, daß du des Reichs Ehren und Rechte sängst,
        Sei's Waldvögelein-Lieder.
Auch noch späterhin schritt über die Hügelburg
  Weltgeschichte mit lautem Gang:
    An ihr schirmendes Thor pochte die eiserne Hand
      Götzens stark und vergeblich;
    Unbezwungen und jungfräulich verblieb der Wall,
      Bis der nordische Held schwang auf den Rundturm sein
        Blaugelb flatterndes Banner.
Seufzend trugst du die Last korsischer Zwingherrschaft,
  Deutschen Adlers dereinst ein Horst:
    Oft mit krachendem Gruß sahst du hinauf, hinab
      Ziehn die ringenden Heere: — —
    Lang nur schütternder Schritt gallischer Bataillone, —
      Endlich näher und nah schallte der Hurraruf,
        Freiheitsruf bir der Deutschen!
Alternd schliefst du seither friedliche Jahre durch,
  Bis du endlich zum letzten Kampf,
    Greise Kämpin, nochmals dich aus dem Schlummer hobst,
      Traurig, doch nicht unrühmlich:

Einmal tauschtest du noch kriegerisch Streich auf Streich,
Einmal redete noch kräftig dein Donnermund, —
   Zu verstummen auf ewig.
Altehrwürdige Burg, Friede mit dir fortan!
  Wann das silberne Mondlicht nun
Um dich spielet im Blau sommerlich herrlicher Nacht, —
   Träume Träume der Vorzeit.
Ruf' sie alle herauf, Männer und Frau'n zumal,
Jedes leuchtende Bild deiner Vergangenheit
   Schweb' um Erker und Thore.
Dreifach wachse ein Kranz, wünsch' ich dir, um dich her:
  Wilde Rosen am Fuß des Bergs,
Die so reichlich wie sonst nirgend am Main erblühn;
   Wonnig duftende Reben
Sei'n des mittleren Hangs köstlicher Gürtel dir;
Aber Zinnen und Dach kröne mit tiefstem Grün
   Sagen flüsternder Epheu.

Hausspruch in den Grundstein der Villa Tröltsch.

Aus eignen Geistes Fleiß und Kraft
Hab' ich dies Haus emporgeschafft,
Mit süßem Weib und lieben Kinden
Darin ein freudig Heim zu finden.
Von Blitz und Wetter sei's verschont,
Von lichten Geistern sei's bewohnt:
An Zucht und Sinn und Sitte rein, —
Ein Haus der Ehre soll es sein.
Wen birgt sein Dach, dem sei beschieden
Des Leibes Heil, der Seele Frieden,
Und deutsch, bis dieser Quader birst,
Deutsch sei's vom Grund bis an den First.

Einer Vierzehnjährigen.

Auf dunkeln Bergfels sturmverwittert,
  Wann hold der Strahl des Mailichts fällt,
Ein letzter Freudenschauer zittert
  Noch durch die starre Trümmerwelt:
Dann sprießt auch wohl noch eine Blüte,
  Die Alpenros', aus dem Granit:
So lockte deine holde Güte
  Aus meiner toten Brust das Lied.

———

Einer strahlenden Hellblonden.

Von deinem Haupte strahlt's wie Sonnenschein
  Und wo du nahst, wird's in den Herzen helle:
Glanz wird durchs Leben dein Geleite sein
  Und goldner Frohmut deines Wegs Geselle.
Du wolltst aus deines Lichtes Überfluß
  Auch meinem Dunkel leichte Schimmer schenken:
Leb wohl! — Und ob ich dunkel bleiben muß, —
  Mit Dank will dein, Lucifera, ich denken.

———

Einer Sechzehnjährigen.
(Partenkirchen.)

Oft, wann ich auf Dämmerwegen träumeschwer durchs Dorf gewallt,
  Schwebte schweigend mir entgegen eine liebliche Gestalt.
„Wer da? alle guten Geister!" — rief ich — „ist's ein Spukgesicht?"
  Doch sie lächelt: „Lieber Meister, kennst du deine Freundin nicht?
Schau' im Glanz des Sternenstrahles, schau' mir nur ins Auge
                                                          dreist:
  Bin der Genius dieses Thales, der dich vielwillkommen heißt.

Meine besten Edelsteine, lang für dich verwahrt' ich sie:
   Nimm sie alle: Herzensreine, Jugend, Anmut, Poesie."
Oft, wann ich nun dein gedenke hier in schwüler Niedrung Duft,
   Ist's, als ob ich wieder tränke deines Wesens Alpenluft.
Und aus langen Wimpern leuchtet mir dein Blick so tief, so jung,
   Daß mein Auge selig feuchtet Rührung, Dank, Erinnerung.

Hochzeitgedicht.

Der Muse ziemt, den Darbenden zu spenden,
   Den Trauernden verleiht sie Trost und Kraft,
Sie hebt die Hoffenden mit heil'gen Händen,
   Sie löst die Sorgenden aus banger Haft:
Doch, wo die höchsten Freuden sich vollenden,
   Das Glück das Leben selbst zur Dichtung schafft: —
Da hat sie nichts zu schenken und zu reichen:
Sie schaut in solchem Anblick — ihresgleichen.
Gefüllt sieht sie den Becher bis zum Rande,
   Nichts mag noch schwellen eure frohe Brust: —
Und dennoch flog herab vom blauen Lande
   Die Muse, heil'gen Amtes sich bewußt,
Zu schlingen ihre sternenew'gen Bande
   Um höchste Stunden flücht'ger Erdenlust:
Sie löst den Lilienkranz vom eignen Haare
Und hängt ihn auf am bräutlichen Altare.
O wahrt ihn treu: — er birgt euch reichen Segen!
   Er bleibt euch frisch, welkt jeder andre Kranz.
Er wölbt hoch ob des Lebens staub'gen Wegen
   Zum Himmel euch den Regenbogenglanz.
Und gleich dem Demant unter Hammerschlägen
   Bleibt er im Sturm des Schicksals heil und ganz:
So durch der Tage wechselvolle Reihe
Wahrt er des Hochzeittages heil'ge Weihe.

Wiegenspruch.

Oft, wenn ich an diesem Bette,
   Kind, gerührten Sinnes stehe,
   Fühl' ich's, daß in leiser Nähe
Geister schweben um die Stätte.

Künft'ger Freuden seh' ich viele!
   Flieget lang und flieget heiter
   Um sein Haupt als Wegbegleiter,
Frohe deutsche Knabenspiele!

Und ihr, süße Jünglingsträume,
   Kaum dem Vater ganz verloren,
   Bauet ihm mit goldnen Thoren
Eben in die blauen Räume.

Aus dir soll sein Glück genesen,
   Ist der Knabentraum zerronnen,
   Du, der höchsten Freude Bronnen: —
Heil'ger Stolz auf deutsches Wesen.

Und ihr, feindliche Gewalten,
   Die ihr auch schwebt um die Wiege,
   Treue Pflicht in stetem Kriege
Soll euch ferne von ihm halten.

Schlafe ruhig! Um dein Bette
   Wachen treue, tapfre Geister,
   Und ich fühl's, sie bleiben Meister: —
Friede weilt an dieser Stätte.

Festspruch zur Sommersonnenwende.
(1868.)

Wohl hat in diesen schönen Hallen uns oft vereint die Freude schon,
Doch leis durch allen Jubel schallen hör' ich der Wehmut bangen Ton:
Vergänglichkeit, du Freuden-Ende! — und heut' fühl' ich dich dop-
                        pelt klar·

Wir stehn am Tag der Sonnenwende und morgen neiget sich das
Jahr.
Weh allen, welchen seine Stunden nichts Unvergängliches gebracht:
Bald ist ihr Glück und Glanz geschwunden wie Veilchenduft und
Rosenpracht.
Doch Heil, wer sich im tiefsten Kerne gewonnen weiß den sichern Hort:
Er sieht mit Lächeln Sonn' und Sterne am Himmel wechseln ihren
Ort.
Heil, wem in stiller Brust geborgen ein Gott das höchste Kleinod
lieh:
Er kennt kein Gestern, scheut kein Morgen und seine Sonne wen-
det nie.
Er segnet dankbar sein Geschicke, von jedes Wandels Furcht befreit:
Die Ewigkeit zum Augenblicke, der Augenblick ward Ewigkeit.

Einem jungen Kaufmann.

Zum Lohn der Müh'n sei nicht das knapp bemess'ne,
Des Überflusses heitres Glück sei dein:
Dann soll die Kunst dir weihen das Besess'ne,
Geschmückt dein Haus, bekränzt die Seele sein.

Nach einem Fest der Frau des Hauses.

Weißt du, wie ich Freudenstunden
Nochmals prüfe, wann entschwunden?
Auf des Liedes goldne Wage
Leg' ich sie am andern Tage.
Falsche lasten dann am Herzen
Gleich dem Qualm verloschner Kerzen.

Doch die echten, makellosen,
Duften fort wie frische Rosen.
Und sie klingen fort und tönen
In das Reich des Ewig-Schönen.

Zum Geburtstag meiner Schwester Constanze,
den 25. März, da die Schwalben wiederkommen.

Wo wart ihr, liebe Schwalben, so lang, wo kommt ihr her? —
„Wir waren allenthalben, wir kommen übers Meer."
Da thätet ihr erlauschen wohl Wunderdinge viel? —
„Wir hörten Palmen rauschen am Ganges und am Nil."
Ihr sahet wohl da draußen viel schöneres als hie? —
„Wir sah'n den großen Straußen und den kleinen Kolibri."
Was hat euch meist gefallen, was man auf Erden find't? —
„Das Schönste bleibt von allen eine Mutter und ihr Kind."
So weit ihr baut die Nester, was hat den zweiten Preis? —
„Ein Bruder und eine Schwester, die sich lieben treu und heiß."

Meiner Schwester Constanze.

Wenn einem Mann nicht kann der Himmel geben
Das Ganze der Vollendung: Kraft und Milde, —
In schönem Ebenmaß stellt er daneben
Die sanftre Hälfte in der Schwester Bilde.
In hell'rer Farbe seh' ich in dir glänzen
Mein eignes Auge wie die eigne Seele:
Es will der Himmel freundlich so ergänzen
In beiden, was vereinzelt jedem fehle.
Für dich und mich in mir soll Stärke walten,
Ergänzung dir und Schirm zugleich zu geben:
Und du sollst zwiefach weich dein Herz erhalten,
Weil du die Milde bist in meinem Leben.

Einer versöhnten Freundin.

Uns hatten Scherz und Jugend hold verbunden
Und einen Blütenkranz von frohen Stunden
   Um uns gewunden.
Doch allen Blumen droht ein Herbsteswüten:
Es hätten derer auch sich diese Blüten
   Nicht mögen hüten.
Stets wird darum mein Dank dem Schmerz gebühren,
Der Kränze schuf mit zaubrischem Berühren
   Zu Perlenschnüren.
Was nur erfreut, das mag uns bald entschweben:
Ein Freund, dem eine Kränkung wir vergeben,
   Der bleibt fürs Leben.

An Josef Viktor von Scheffel.

Jüngst kam zu mir zu Gaste ein lieber Wandersmann,
   Den ich in frühen Tagen zum Herzgespiel gewann.
Durch kahle Winterfelder und Hügel schritten wir: —
   Doch wo sein Fuß gewandelt, ergrünt jetzt das Revier.
Und auch mein Herz erklinget, das winterstumm er fand: —
   Ich glaub', in seinem Ränzel trug er den Lenz ins Land.

An Therese.

I.

Ich will dir sein ein Stern, der wacht,
Wann sich dein Pfad verlor in Nacht;
Ich will dir sein ein starker Stab,
Wann Staub und Stein dir Müde gab;

Ich will dir sein ein fester Schild,
Wann's vor Gefahr dich bergen gilt;
Ich will dir sein ein Vogelsang,
Wann dir der Winter währt zu lang;
Ich will dir sein ein Kompaß treu,
Der stets zum Ziele zeigt aufs neu;
Ich will dir sein ein Schwingenpaar,
Das dich emporträgt immerdar;
Ich will dir sein ein Waldquell kühl,
Wenn dir das Leben brennt zu schwül:
Was stark und tief und hoch und rein,
Das alles, Kind, will ich dir sein.
Und wann mein Leben längst verrann, —
Denk' du noch meiner dann und wann
Und sprich: „Das war ein treuer Mann."

II.

Thöricht Kind, laß ab zu heischen! Lieber heischest du von mir?
Ach, was hätten sie zu bieten, meine reichsten Lieder — dir?
Trägt man Sterne noch dem Himmel, Rosen noch dem Frühling zu?
Selber, wie du lebst und wandelst, eitel Poesie bist du.

Inhalt.

Jugendgedichte. (Erste Sammlung.)

Lyrisches.

Episches.

Lehrhaftes.

Gedichte. Zweite Sammlung.

Erste Abteilung.

Romanzen, Balladen, Dialoge und Historische Bilder.